政治と音楽

──国際関係を動かす“ソフトパワー”──

半澤 朝彦 編著

晃 洋 書 房

口絵１　2009年の歌の祭典の会場（タリン，エストニア）（第１章）

祭典最終日，壇上には最大２万人の歌い手が立ち，手前の野原の客席には15万人以上の観客が見守る．全プログラムの最後に，エストニアの三色旗を打ち振りつつ，愛国歌「我が祖国，我が愛」を17万人で大合唱する．大中真撮影．

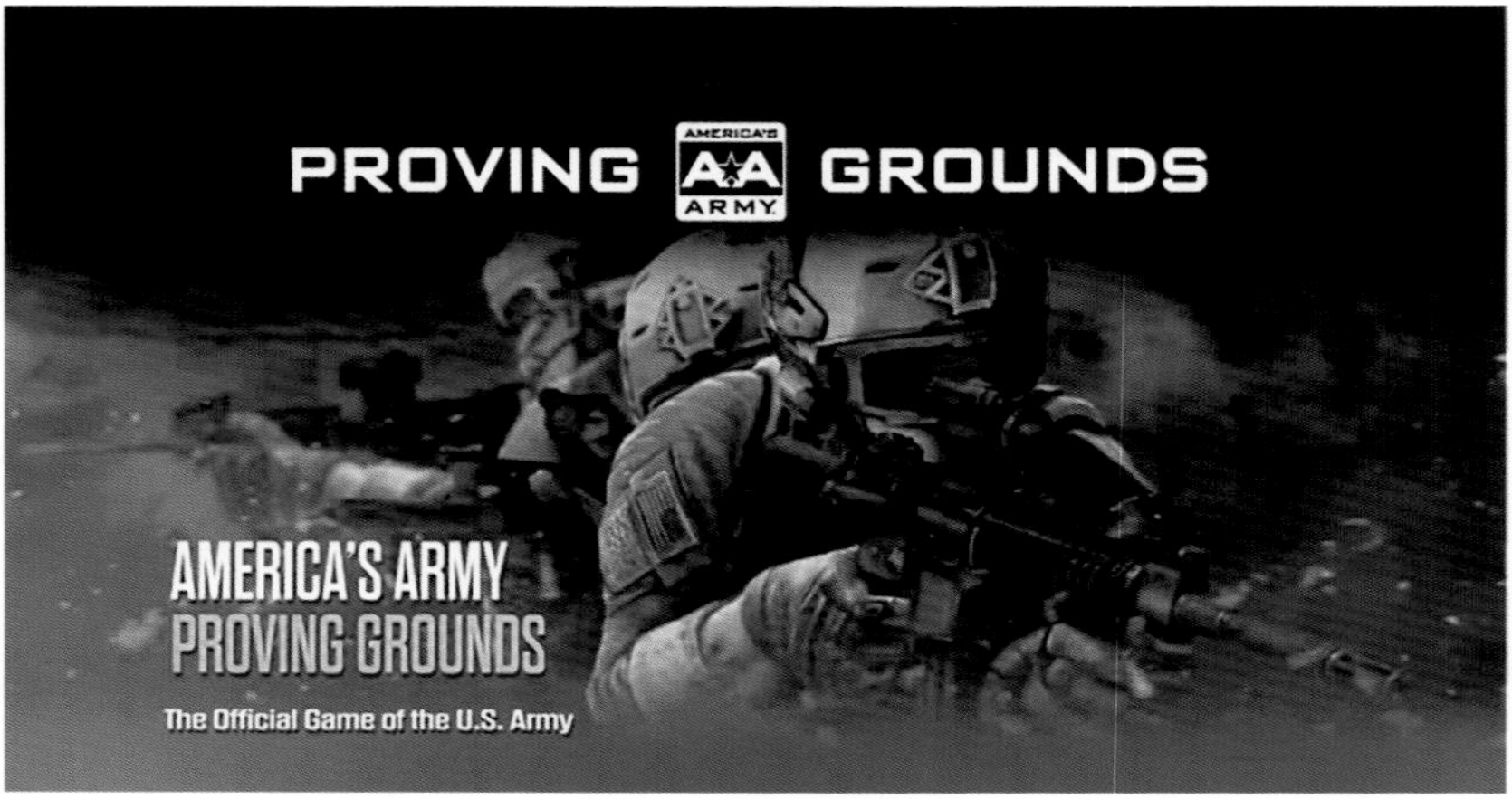

口絵２　アメリカ陸軍の公式オンラインゲーム“America's Army”（第８章）

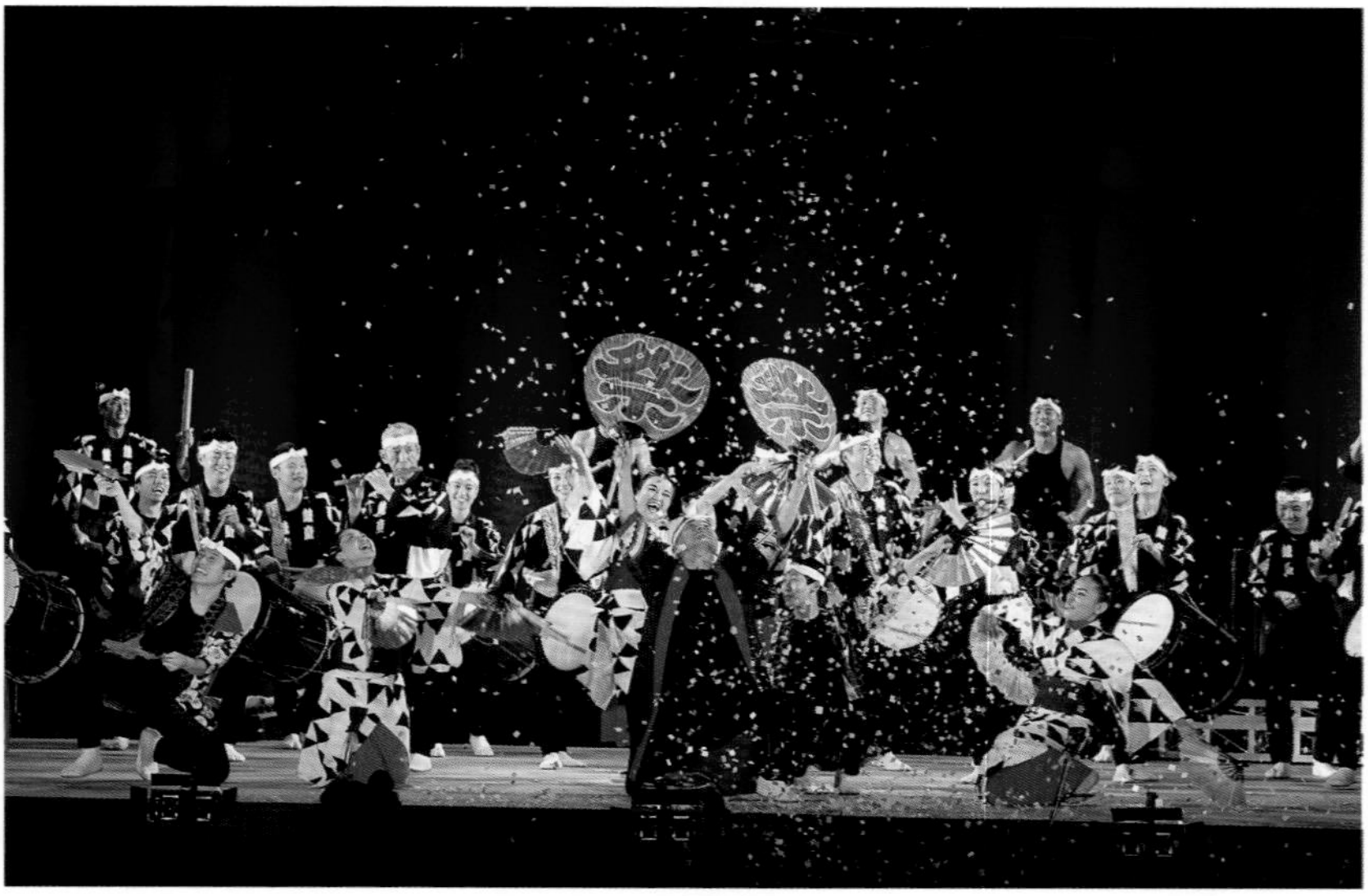

口絵３　アース・セレブレーション2021「鼓童オールスタースペシャルライブ」（第９章）

はじめに

本書は、「政治と音楽」というテーマに対して、政治学や国際関係論、平和学といった社会科学的な立場からアプローチしたものである。音楽学、音楽社会学、ポピュラー音楽研究などの分野では、音楽を取り巻く社会や政治へと関心が拡大している。しかし、政治学などの社会科学から音楽にアプローチすることは少ない。政治を研究する側のいろいろな思い込みやバイアス、長年のマインドセットが邪魔をしている面が大きいが、本書ではあえてそこを一歩踏み出してみようと思う。歴史的な視点も大切にしたので、本書は世界史や国際関係史、ないしは音楽という文化がもつ越境的、トランスナショナルな性格を捉えるグローバルヒストリー研究でもある。

まず、「政治とは何か」という出発点を確認しよう。よくある定義は、「政治とは、権力や権威、ルールをめぐる人間集団の諸関係の全般を指す」というものである。つまり政治学とは、パワー（力）であるとか、人を動かすイメージや規範について考える学問である。そこでは、対立し合うパワーや利益、異なる価値観をどう調整するか、そのためのいろいろな工夫、たとえばデモクラシーや外交、国際協調といったテーマを扱うことになる。本書では、こうした政治の問題意識を念頭において、音楽のいろいろな側面をとらえてみたい。総論や通史ではないが、議論の補助線を引くことで、「政治と音楽」の研究に一石を投じたい。

もちろん、音楽は目に見えるものではない。感じ方も十人十色で捉えどころがない。主観的な説明しかできないのではないか、と考える人もいるかもしれない。しかし、実際にはそうでもないのである。ある種のパワーであるからこそ、音楽は政治の舞台にこれまで繰り返し登場してきた。イメージや価値観については後段で述べるとして、まず、人を動かすものとしての音楽の実例から見てみよう。

すぐに想起されるのは、政治権力によるプロパガンダや文化統制であろうか。とくにナチスドイツやソビエト連邦の文化への介入は悪名高い。ナチスは、ワーグナーやベートーヴェンを政治的に利用し、ユダヤ人の音楽やジャズを排撃した。ソビエト体制は、「社会主義リアリズム」を押し付けて前衛音楽を禁圧する一方、冷戦下ではアメリカのソフトパワーの流入を恐れ、ロックなどの西側のポピュラー音楽を規制した。最近の例では、「音楽政治」を標榜して歌で国民に体制を賛美させる北朝鮮の独裁政治や、音楽自体を弾圧するアフガニスタンのターリバーンなどがある。あるいは、1990年代のルワンダのジェノサイドに際しては、政府系のラジオ局「千の丘ラジオ」がツチ族の殺戮を扇動する歌を繰り返し放送し、のちに歌手が国際刑事裁判所に訴追された［Street 2012］。一般的に、権威主義的、独裁的な体制の下にある国家においては、国歌を始め特定の音楽が強制されることは珍しくない。権力者たちは、音楽に人々を動かす力があると考え、それを利用し、統制や管理を行うのである。

反対に、いわゆる「抵抗の音楽」も枚挙にいとまがない。むしろ、権力者には脅威となる音楽の方が多いかもしれない。ジャズ、ロック、パンク、ラップなどは、少なくともその初期には、弾圧や抑圧、差別に抗するための音楽であり、現在も多かれ少なかれそのスタンスやイメージを残している。今世紀に入ってのエピソードでは、2011年のチュニジアのジャスミン革命において、国民的ラップ・シンガーであるエル・ジェネラルによる政権への抗議の歌が、インターネット上で1000万回を超えて再生された。アメリカ合衆国大統領になったバラック・オバマが『勝利を我らに』という、公民権運動時代からのプロテストソングを演説で引用したことも有名であろう。年配の読者であれば、戦後の「うたごえ運動」や、スペインのフランコ政権のファシズムに抗議するチェリストのパブロ・カザルスが国連総会議場で奏でたカタロニア民謡『鳥の歌』を記憶しているかもしれない［細田 2013］。

ある歌や音楽、音楽のジャンルが、「支配の音楽」か「抵抗の音楽」か、洗脳や扇動なのか自由や希望への道を開くものかは、簡単には決めつけられない。音楽は抽象的で流動性の高い文化である。たとえばベートーヴェンの交響曲第九番の「歓喜の歌」は、ベルリンの壁が崩れた際にも演奏され、現在はヨーロッパ連合（EU）の公式歌であるが、ナチスにも利用されたし、白人支配下の南ローデシアの国歌でもあった。USAフォー・アフリカの「ウィー・アー・ザ・ワールド」は「世界を良くする」音楽には違いないが、自己満足や偽善であるとか、欧米の価値観による文化帝国主義と評すことも可能かもしれない。明治政府が導入した唱歌教育は、音楽によって人々を変えようとした試みである。これを日本独自の近代化の努力と評価するか、儒教道徳や天皇崇拝、国家主義を注入する装置であったと批判するかは、どのような側面に注目するかによる。

しかし、少なくとも次のことは言えるであろう。音楽にはパワーがあるか、多くの人々が音楽にパワーがあると考えている。したがって、音楽は政治のファクターとして分析する価値がある。音楽によって政治や社会を動かそうという発想や行動は、おそらく世界の多くの地域に、時代を越えて見いだせるだろう。個々のエピソードを積み上げるだけでなく、それらを貫く大きな傾向やパターンも析出できるのではないか。

そこで本書は、まず第I部で「政治的動員と音楽」を考える。具体的には、国家やナショナリズムと音楽との関係である。一般的な理解では、ナショナリズムを基盤とする近代国民国家や主権国家システムは、まずヨーロッパで形成され、次第に南北アメリカやユーラシア中央部、アジア・アフリカへとグローバルに広まった。実はヨーロッパでは、歴史的に音楽が社会の中で持つ重みに格別のものがあった。音楽が神学と密接に結びつき、宗教音楽が重視されるキリスト教の文化がまず根底にある。その文化の中で起こったルターの宗教改革は、大衆の心をつかみ、人々をマスで動員する近代的な政治の始まりでもあった。ルターは平易なドイツ語による賛美歌（コラール）を用いた布教の効果を熟知しており、自らも『神はわがやぐら』などの賛美歌を作曲した。その後も、ヨーロッパ発の重要な政治変動のほとんどには人々を動かす音楽が鳴り響いている。フランス革命やそれに続く各地における革命運動では、有名な「ラ・マルセイエーズ」を始めとして数えきれないほどの革命歌が流布し、無数の人々によって歌われた［吉田 1994］。一部はシャンソンなどの形で今に伝わっている。「ラ・マルセイエーズ」は軍歌でもあるが、軍歌ほど19世紀から20世紀前半の世界を席巻した音楽ジャンルもない。日本でも明治から昭和前期までに1万曲以上の軍歌が作曲された［辻田 2014］。

とくにマーチ（行進曲）調の軍歌は世界戦争の時代を象徴している。

第1章が取り上げるエストニアの「歌の祭典」は、こうした流れの中で展開し、ついに一国の独立に大きな影響を与えるに至った驚くべき事例である。これは「辺境」の孤立したエピソードではなく、「コラール・ソサエティ」(1)としてのヨーロッパ近代社会の一つの帰結である。バルト諸国の合唱文化はドイツ東方植民がもたらしたものであり、国境を越える人の移動のインパクトを見ることもできる。

第2章は、イギリスという、帝国や国内の諸地域を含む複雑な構造をもつネーションにおける、音楽の動員を論じている。イギリスでは、広場や公園、劇場やホールといった人々が音を共有できる公共空間が早くから発達し、フェスティバルや博覧会といった大規模なイベントも盛んに開催された。人々はそうした場に集い、歌や音楽によって国民意識や帝国意識を強化した。レコードやラジオなど録音複製・放送技術が登場する20世紀に入ると、人々が同じ音を共有する空間は一気に拡大し、聴覚による「想像の共同体」が成立する。

第3章は、ナチスの音楽統制と、戦後のアメリカによるドイツ占領下の文化統制を連続的に扱ったユニークな論稿である。一般的には、前者は単純な「悪」であるのに対して、後者は「非ナチ化」の一環として前者とは別ものとイメージされるかも知れない。しかし、「政治と音楽」という視点からは、それらには共通する手法が読み取れるのである。また、音楽を単なる客体としての文化アイテム、政治の道具とみる見方をとらず、音楽と政治が相互に影響を与えあうダイナミックな関係が分析されている。

第Ⅱ部では、いったんパワーという論点から離れ、アイデンティティや表象、規範、価値、イメージについて考える。音楽や音楽のジャンルは、しばしば人々のアイデンティティの拠り所となる。地域、民族、種々のコミュニティが「自分たち固有の文化」として心理的に「所有」するだけでなく、他者に対する表象として、また他者からのアイデンティフィケーションにも使われる。たとえば「音楽の国ドイツ」「ジャズの本場アメリカ」「演歌は日本の心」といったナショナリズムに係わる言説もあれば、ステータスシンボルとしてのピアノ、「自由の象徴」としてのジャズといった階層、階級、イデオロギーに関するイメージもある。そこには価値の序列、中心と周辺、権威の問題が生じるし、自己意識や他者との区別のレベルを超え、差別や分断、排除を伴うこともある。

第4章では、ジャズのイメージをめぐる複雑なポリティックスを、「色」という軸で考察する。ジャズはブラック・パワーの象徴として黒色イメージを伴うことが多かったが、「カラーブラインド」なアメリカの理想を強調する「ジャズ外交」においては意図的に色が消されることもあった。最近、いっそうの文化多様性を唱道するユネスコなどの場では、ジャズにレインボー・カラーなど多彩な色が投影されるに至っている。

第5章では、アラブ諸国の国歌が取り上げられる。国歌というテーマは動員の問題にもかかわる一方で、国民国家の統合とアイデンティティという面でも重要である。アラブ地域はヨーロッパなどとは異なり、イスラーム、およびアラブという、国民国家とは異なるアイデンティティに基づく重層的な国際関係が存在する。歌詞や作詞家、作曲家などの詳細な検討から、この地域の越境的な特質を炙り出す。

その次に挿入した「補論」は、日本ではお馴染みの「君が代論争」について、国内における法解釈の現状、近年の国際的な法規範の変容を簡潔にまとめたものである。本書が政治学的な論点で構成されている以上、政治と密接にかかわる法、とくにグローバルな規範の動向ははずせない。

第6章は、音楽の演奏様式の価値序列、ジェンダー、国粋主義、音楽評論などの言説による決めつけといった複雑な問題にメスをいれた論稿である。戦前の日本の女性ピアニストと在日ユダヤ人演奏家を取り上げ、実証史料に基づいて、昭和前期の日本の音楽界における排除や差別の構図を明らかにしている。音楽のジャンルに関わらず、「ジェンダーと音楽」は、明らかに重要でありながら未開拓な分野として残っている。

第Ⅲ部は、以上のような歴史に軸足を置いた考察の上に、20世紀末からさらに深化したグローバリゼーション下における「政治と音楽」のアクチュアルな論点を抽出する。フランス革命やナショナリズム、帝国主義の時代までの音楽は、かなりナショナルなレベルでも説明できた。たしかに、賛美歌やブラスバンド、社会主義と結びついた「インターナショナル」の歌などは世界に広がった音楽の先駆けだろう。西洋クラシック音楽(2)についても、さまざまなグローバルヒストリーを語りうる。しかし、レコードやテレビ、若者の台頭、リベラリズムの波などに乗ってナショナルなレベルを大きく超え、大衆的なレベルでグローバルに広がった音楽、あるいは社会現象といえば、1960年代以降のビートルズに始まる英米中心の西洋のポピュラー音楽であろう。ポピュラー音楽研究の多く、そしてワールドミュージックの研究などは、この時期の「政治と音楽」を論じている(3)。本書では、そうした新しい研究状況を踏まえた上で、1990年代以降のより現代的な状況に焦点を当てる。

第7章は、まさに1960年代のカウンター・カルチャーのエポックであった「サマー・オブ・ラブ」の20年後から説き起こす。そして、冷戦終結後の新しい政治状況の中で現れたパレードやサウンドデモといった、今日の世界の各地でよく見られる社会運動の形がどのように展開してきたかを分析する。そこでは、旧来の「ブルジョワ的な」公共圏を越える、もっと包摂的な「フェス公共圏」が立ち現れているという。

音楽による動員は、識字率や知識水準が低かった時代に、文字や概念を迂回したり単純化したりして人々を動かす手法であり、現代にはあまり適用しないと思う人もいるかもしれない。しかし、それは早計である。録音再生放送技術の一層の進展、世界語たる英語やインターネットの普及、ウォークマンに始まる音楽の「個人化」などによって、今や音楽は公的で特別なものから、むしろ日常的に我々を取り巻き、生活や身体にいっそう容易に侵入するものになった。マクルーハンのいう「身体の拡張」である [McLuhan 1964]。グローバルな音楽はナショナルなレベルを越える共同体をつくるとともに、個人の内部に無意識的にも浸透し、新しい政治の形を生んでいる。

第8章が論じるように、軍産複合体と密接なメディア・エンターテインメントは、高度に軍事化した今世紀のアメリカ社会を内側から支えている。そこでは、単に歌や音楽の力というより、効果音、映像やゲームの端末を操作する手の感覚など五感全体の経験が決定的である。さらに、軍放送のネットワーク、地域で聴く退役軍人の生の声など、軍事的な文化を補強するサウンドスケープとも相まって、一般の人々があたかも主体的にそれを選んだかのように、現代版の

「兵営国家」（ラスウェル）が構築されている。(4)

第9章は、グローバリゼーション時代においてむしろ注目される、国家のソフトパワーやパブリック・ディプロマシー、ローカルなアイデンティティを問う。佐渡の太鼓集団である「鼓童」のグローバルな演奏活動を取り上げ、外交政策とのかかわり、ローカルなリズムとグローバルなリズムとの共振、オリエンタリズム的な演出、ローカルとグローバルがいかに自由に越境しているかなどを論じる。

最後の第Ⅳ部では、第Ⅰ部～第Ⅲ部とはやや毛色が異なるアプローチを試みた。何か事例を取り上げるのではなく、そもそも「政治と音楽」というテーマをどう扱うべきかを考える。空気の振動に過ぎず、その場で立ち上がり、たちまち消えてしまう音楽は、紙上の分析や記述だけでは核心を外れた理解にもつながりかねない。「音楽で世界を読み解く」とはどういうことなのか、教育や社会運動、演奏の現場から考える。

第10章では、「非常勤ブルース」でメディアにも取り上げられた著者が、音楽をどのように教育や社会運動の現場で活かしてきたかをまとめる。「歌う講師」としてのフィールドワークの記録である。フェミニズムが喝破したように、「個人的なことは政治的なこと」なのである。これは、「政治と音楽」にも当てはまる。「音楽などしょせん趣味や娯楽、個人的なことに過ぎない」と片づけるのは的外れである。

第11章は、大学教育の現場からの報告である。「国際関係論」「国際関係とメディア」といった講義の中で、とにかく著者は学生に実際に音楽を聴かせる。学生たちの感想やコメントの分析から、「体験としての音楽」がいかに学生たちの国際政治や国際社会の理解に寄与するかが浮かび上がる。たとえば、『進撃の巨人』や欅坂46のような日本のポップカルチャーと香港の民主化運動とのつながりを体感することは、学生には大きな発見である。大学のみならず、高校や中学でもこうした授業が増えれば、若者の政治参加を促進するかもしれない。

第12章は、音楽のジャンルのイメージ、とくに西洋クラシック音楽につきまとう強固なステレオタイプに疑義を呈する。演奏行為のオリジナル性や即興性が等閑視され、一部の作曲家や学者の言説が幅をきかせている。あくまで「実践の芸」である音楽が一面的な「近代批判」の材料にされるのは、「政治と音楽」研究の前提にかかわる問題ではないか。この章は、編者が20年以上に渡り世界各地のチェロや室内楽のマスタークラスを自ら受講するなどして、第一線の演奏家や音楽学生と長く接した「フィールド報告」でもある。

以上、本書のアプローチを説明しつつ、各章のおおまかな紹介をした。すでに明らかであろうが、本書における「音楽」とは、音楽の作品やアーティストに限るものではない。重要なのは、音楽が引き起こす社会や政治の変化であって、いわば「社会現象としての音楽」である。もちろん、ビートルズもベートーヴェンも、美空ひばりもエミネムも、曲やリズムの分析、アーティスト個人の生い立ちや性格などは、彼らの音楽によって生じる社会の変化と無関係ではない。天才や偉人、スターといった個人の果たす役割は軽視すべきではない。ただ、そのような芸術文化中心のアプローチでは、「政治と音楽」の研究には不足であろう。本書の諸論文の発想は、たとえば合唱、たとえば電子音楽のグローバルな広がり、劇場やホール、音楽教育のあり方、軍隊や宗教団体、移民や専門家など人の移動によってもたらされる音楽活動など、音楽社会学や歴史学の新しい業績に多くを負っている。

音楽のジャンル分けについても、できるだけ相対化するように努めた。ジャンルごとに考えていると、音楽そのものに引っ張られてしまう。特定の音楽ジャンルしか眼中にないと、「政治と音楽」をトータルで捉えるには障害となる。そもそも、「ポピュラー音楽」「(西洋) クラシック音楽」といったジャンル分けや、それぞれのイメージやステレオタイプはかなり社会的なものであり、時代の産物でもあり、アイデンティティ政治の一部でもある。しかし、音楽を対象とする音楽学やポピュラー音楽学などのディシプリンそのものがジャンルによる棲み分けを前提としている以上、本の一冊や二冊で簡単にどうこうできる話ではないのも事実である。(5)

ただ、時代は確実に変わりつつある。「政治と音楽」というテーマが研究しやすくなるような、新しい業績が次々と生まれているのである。たとえばナショナリズムと音楽の関係では、従来のショパンとポーランド、バルトークとハンガリーといった「国民楽派」的関心だけでなく、さらに広い社会的な影響力を持つオペラや民謡などに焦点を当てた研究が展開している［吉田 2013］。音楽を生み出した「背景」としての政治社会だけでなく、音楽によって影響される政治社会、という能動的な方向性も浮き彫りになっている。(6) 音楽学者の渡辺裕は、国民という大きな単位だけでなく、県民、学校、労働者などさまざまな人間の集団のアイデンティティとなる「コミュニティソング」という概念を提唱した［渡辺 2010］。多面的な音楽批評を展開する政治学者の片山杜秀は、音楽の「受け取り手」の歴史を語る中で、「音楽という芸術のあり方は、やはり演劇や映画に近いといえるでしょう。いずれも、予算、演者、消費者が揃わなくては、作品として成立しないのです」と述べている［片山 2018：16］。歴史学の竹中亨も指摘するように、「音楽はつねに一種のコミュニティを前提とする」［竹中 2016：361］文化である。加えて、作品中心のアプローチからの脱却を唱えるミュージッキング概念や、音環境一般を扱うサウンドスケープ、「参加」「市場」など政治経済思想との関係やアナロジーを問う社会思想研究など、新しいパラダイムが登場している。(7)

冒頭でも述べたが、一冊で「政治と音楽」のすべてを語ることなど到底できない。しかし、人を動かし、連帯感を高め、アイデンティティを支える音楽は、十分に能動的なファクターとして政治学的にアプローチしうる。国民国家や地域のボーダーラインを越え、われわれ個人の身体や意識に侵入する音楽は、グローバリゼーション研究の観点からも重要なテーマといえるだろう。政治学や国際関係論、平和学といったディシプリンでは、それなりの理論や概念をもとに現象を分析しようとする。ある種の俯瞰的な枠組み、歴史的な流れや全体像の仮説を呈示することもできる。もちろん、反証可能性も意識される。たとえば、本書の第Ⅰ部〜第Ⅲ部は、明らかに欧米中心のグローバルヒストリーの流れで語ってしまっている面があるが、それも一つの仮説にすぎない。

政治学や国際関係論などにおいて、文化一般に対する関心は高まっている。冷戦終結頃から人口に膾炙するようになったエドワード・サイードの「オリエンタリズム」、ハンティントン「文明の衝突」、イラク戦争後のジョセフ・ナイの「ソフトパワー」、そして最近のポピュリズムやナショナリズムの台頭といった論点は、すべて認識や規範、感情やアイデンティティといった形がないものを問題にする。厳密な「実証」は難しい。その他のアクチュアルな課題を見渡しても、人種、人権、ジェンダー、平和構築など、どれも文化の領域を迂回することはできない(8)。政治家や政策過程、外交史といった伝統的な対象だけに安住していては、政治学そのものが立ちいかないのである。これまでのところ、マスメディア、映画、文学、記念碑、ポスターといった、メッセージが明確で視覚的な対象には少しずつ手がつけられている。本書が、「音楽は難しい」「音楽は抽象的だ」「愛好家の領域だ」という思い込みを脱する一助になればと思う。

最後に、本書のサブタイトルに引用符付きで使用した「ソフトパワー」という語について断っておきたい。音響兵器や音による拷問など、ごくわずかの例外的なケースを除けば、音楽は直接的なハードパワーではない。人間の心に作用し、ときに社会的な意味を持ったり、思想的な影響力を発揮したり、集団を結束させたりする。時には、その集団に属さない人々を排除するための指標にもなりうる。価値や権威の体系にもなるし、アーティストによっては個人的に政治的な影響力を発揮することもある。本書では、あくまでもそうした多様な作用をまとめて「ソフトパワー」という言葉を使用した。本書で考えているソフトパワーは、このタームを有名にしたジョゼフ・ナイの概念よりはるかに範囲が広いだけでなく、質的にも異なるものである。

ナイによるソフトパワーの概念は、「政策理念や文化の魅力によって、国際社会でより高いレベルの発言力や信頼を勝ち得るパワー」といったものである。軍事力や経済力を意味するハードパワーの対語である。イラク戦争を強行したことで減じられたアメリカの政治理念や価値観を取り戻したい、というアメリカ人としての彼の問題意識が背景にあった。その際に彼の念頭にあった例は、リベラル・インターナショナリズムを基調とする国際協調的な政策姿勢のほか、アメリカに対する他国の好意的な世論を醸成していたマクドナルドやジーンズ、ハリウッド映画といった大衆消費文化、ロックなどのポピュラー音楽であった［Nye 2004］。ナイにとっての文化は、基本的に国家、とくにアメリカのパワー・リソースとしてのそれである。音楽であれ映画であれ、他国の人気や尊敬、支持を得るための「材料」にすぎなかった。しかし、ソフトパワーを実際にどのように運用するかを考えるパブリック・ディプロマシーの研究をみると、国家が文化を管理したり所有権を主張したりするすることの難しさが常に指摘されている［渡辺 2011］。本書が、たしかに有望ではありそうな、ソフトパワーの概念を発展させるステップになることも期待している。

２０２２年１月

半澤朝彦

注

(1) 合唱文化については本書の第1章、第2章に詳しいが、この言葉は、Lajosi, Krisztina and Stynen, Andreas [2018] 参照。

(2) 古典（クラシック）音楽は西洋以外の世界各地にあるため、音楽学などでは「西洋」を付すこともでてきた。

(3) たとえば、森［２００８］、山室［２０１２］、みの［２０２１］、古関［２０２１］、Bohlman [2005]。

(4) とくにアフガン、イラク戦争に関して、Gilman [2016] も興味深い。

(5) 詳しくは、半澤［２０１７］、また本書の第12章参照。なお、渡辺・増田ほか［２００５］、東谷［２０２０］など、ジャンル自体のイメージや出自に焦点を当てる研究も出ている。

(6) かつては、美学的アプローチが支配的で、自律的な芸術概念に立脚した作品や作曲家の研究が中心だった音楽学も、音楽社会学の興隆で最近は変化しつつある。ポピュラー音楽学では、そもそも「社会で流行する音楽」を扱うため、社会との関係は前提である。ワールドミュージック研究も、その地域の政治経済文化を広く意識した研究がなされている [Bohlman 2005]。

(7) ミュージキングやサウンドスケープについては、本書第12章参照。思想的な研究として猪木［２０２１］。他に大和田［２０１１］、岡田［２０２０］なども参照。なお、日本平和学会編［２００４：２０１９］も参照。

(8) 感情について、吉田［２０１４］。平和構築について、福島［２０１２］、Barenboim and Said [2002]。

参考文献

〈邦文献〉

猪木武徳［２０２１］『社会思想としてのクラシック音楽』新潮社。

大和田俊之［2011］『アメリカ音楽史――ミンストレル・ショウ、ブルースからヒップホップまで』講談社。

岡田暁生［2020］『音楽の危機――《第九》が歌えなくなった日』中央公論新社。

片山杜秀［2018］『ベートーヴェンを聴けば世界史が分かる』文藝春秋。

古関隆［2021］『イギリス1960年代――ビートルズからサッチャーへ』中央公論新社。

竹中亨［2016］『明治のワーグナー・ブーム――近代日本の音楽移転』中央公論新社。

辻田真佐憲［2014］『日本の軍歌――国民的音楽の歴史』幻冬舎。

東谷護［2020］『ポピュラー音楽再考――グローバルからローカルアイデンティティへ』せりか書房。

日本平和学会編［2004］『平和研究』（特集：芸術と平和）、29、早稲田大学出版部。

――［2019］『平和研究』（特集：平和と音）、51、早稲田大学出版部。

半澤朝彦［2017］「グローバル・ヒストリーと新しい音楽学」『国際学研究』（明治学院大学）、51。

福島安紀子［2012］『紛争と文化外交――平和構築を支える文化の力』慶應義塾大学出版会。

細田晴子［2013］『カザルスと国際政治――カタルーニャの大地から世界へ』吉田書店。

みの［2021］『戦いの音楽史――逆境を越え世界を制した20世紀ポップスの物語』角川書店。

森正人［2008］『大衆音楽史――ジャズ、ロックからヒップホップまで』中央公論新社。

山室紘一［2012］『世界のポピュラー音楽史――アーティストでつづるポピュラー音楽の変遷』ヤマハミュージック。

吉田進［1994］『ラ・マルセイエーズ物語――国歌の成立と変容』中央公論新社。

吉田徹［2014］『感情の政治学』講談社。

吉田寛［2013］『《音楽の国ドイツ》の神話とその起源――ルネサンスから十八世紀』青弓社。

渡辺裕［2010］『歌う国民――唱歌、校歌、うたごえ』中央公論新社。

渡辺裕・増田聡ほか［2005］『クラシック音楽の政治学』青弓社。

渡辺靖［2011］『文化と外交――パブリック・ディプロマシーの時代』中央公論新社。

〈欧文献〉
Barenboim, D. and Said, E.［2002］*Parallels and Paradoxes in Music and Society*, Paris：Panthéon（中野真紀子『音楽と社会』みすず書房、２００４年）.
Bohlman, P. V.［2002］*World Music: A Very Short Introduction*, Oxford: Oxford University Press（柘植元一訳『ワールドミュージック／世界音楽入門』音楽之友社、２００６年）.
Gilman, L.［2016］*My Music, My War：The Listening Habits of US Troops in Iraq and Afghanistan*, Middletown, Connecticut：Wesleyan University Press, Middletown, Connecticut.
Lajosi, K. and Stynen, A.［2018］*Choral Societies and Nationalism in Europe*, Leiden；Boston：Brill Academic Pub.
McLuhan, M.［1964］*Understanding Media：The Extensions of Man*, New York：McGraw-Hill；London：Routledge and Kegan Paul（栗原裕・河本仲聖訳『メディア論――人間の拡張の諸相』みすず書房、１９８７年）.
Nye, Joseph S. Jr［2004］*Soft Power：The Means to Success in World Politics*, New York ：Public Affairs and Administration（山岡洋一訳『ソフトパワー――21世紀国際政治を制する見えざる力』日本経済新聞社、２００４年）.
Street, J.［2012］*Music and Politics*, Cambridge：Polity Press.
Watkins, C. S.［2005］*Hip Hop Matters：Politics, Pop Culture and the Struggle for the Soul of the Movement*, Boston：Beacon Press（菊池淳子訳『ヒップホップはアメリカを変えたか?――もう一つのカルチュラルスタディーズ』フィルムアート社、２００８年）.

付記　第8章と第10章には音源等にアクセスするためのＱＲコードが付されている。

目次

第Ⅲ部　グローバリゼーションと音楽

第Ⅳ部　音楽で世界を読み解く

第 I 部

政治的動員と音楽

第1章

音楽は政治を変えられるか
――エストニアの「歌の祭典」――

大中　真

はじめに

人が声を合わせて一緒に歌う。人々の心を一つにし、気分を高揚させるこの行為は、おそらく太古から地球上の各地で多くの人々によって営まれてきたと思われる。しかし、人々が一カ所に集まり、同じ一つの曲を、同じ歌詞と旋律で歌う、つまり合唱（choir）するという行為は、ヨーロッパにおいては特にキリスト教の発展とともに、すなわち教会内で典礼の際に歌われた聖歌として広がり、発展していったと考えられている。モノフォニー（単旋律音楽）からポリフォニー（多声音楽）へ、やがてホモフォニー（和声音楽）へと変化することで表現方法はより豊かになり、合唱曲は大きく発展した[(1)]。やがて合唱は近代以降、民衆運動や政治思想とも結びつき、現実の政治にも大きな影響を及ぼすようになる。18世紀末のフランス大革命において、革命戦争に参戦する部隊を鼓舞するために作られた「ラ・マルセイエーズ（*La Marseillaise*）」が、今日に至るまでフランスの国歌であることは象徴的である。さらに、2015年11月にパリで起きた同時多発テロ事件の際、その直後に臨時招集されたフランス国民議会の場で、議員たちが死傷者を悼んで自然発生的に「ラ・マルセイエーズ」を大合唱した場面は、映像を通じて世界に深い印象を与えた。

アメリカでは、独立宣言から約40年後の米英戦争の時に愛国歌「星条旗（*The Star-Spangled Banner*）」が完成し、それからさらに100年以上を経て、1931年に正式に国歌となった。大リーグの試合開始前に、毎回歌い手がこの国歌を、時には感極まって涙を流しながら熱唱する場面がよく見られるが、単なる国歌としての地位を超えた、アメリカ国民の一体性を再確認させる曲だと広く認められている。そのアメリカでも、2001年9月の同時多発テロ事件では、「星条旗」よりも鎮魂歌的な旋律の「神よアメリカを守り給え（*God Bless America*）」の方が幅広く人々に歌われたことも、同時に対テロ戦争反対の文脈でジョン・レノンの「イマジン（*Imagine*）」が全米で流れたことも、まだ記憶に新しい。

世界政治に大きな影響を及ぼす大国でなくても、音楽（合唱）と政治の密接な関係は論じられる。日本の男声合唱団の愛唱歌の一つに、「ウ・ボイ（*U boj*）」がある。長らく関西学院グリークラブの「秘曲」とされていて、勇壮な行進曲風の合唱曲であるが、筆者が冷戦終結前に大学合唱団に所属して同曲を歌っていた当時も詳細は不明であった。今では、「ウ・ボイ」は19世紀後半のクロアチアの愛国歌であったことが判明しており、日本への伝播は、1918年の日本のシベリア出兵とチェコ軍団救出が契機となったという歴史的経緯も明らかになっている［関西学院グリークラブ 2021］。一つの合唱曲が、時代や国を超えて、国際政治も絡めながら大きな物語を形成した、稀有な例である。

最後に、エストニアと同じ民族系統に属するフィンランドでは、ジャン・シベリウスが1899年に作曲した「フィンランディア（*Finlandia*）」が、帝政ロシアからの独立を願う人々の心情と一致し、現在に至るまで第二の国歌として愛されている。しかも、当初は楽曲のみであったこの曲は、フィンランド独立後、第二次世界大戦の最中にソ連邦による軍事侵攻によって始まったソ・フィン戦争時、つまり最初の作曲から40年後になってから愛国的な歌詞が付けられ、シベリウス自身の手で合唱曲に編曲されている。

以上のように、大衆が声を合わせて歌う、という行為そのものが、時の政治権力に対抗して現実政治を大きく動かすこともあり（市民革命の勃発や独立の達成など）、またその逆、つまり政治権力がその影響力を行使して大衆を動員し合唱させることで、統制強化と支配服従を再確認させる場として機能することもある（独裁国家による国威発揚のための音楽祭など)。本書は、政治と音楽の関係性を様々な角度から照射するものであるが、この章ではバルト諸国の一つ、エストニアの「歌の祭典(Song Festival)」(民族合唱祭、歌謡祭とも訳される)を取り上げることで、合唱と現実政治との相互関係を明らかにしたい。エストニアは、ロシアとポーランドに挟まれたバルト諸国の中でも最北に位置し、最も人口と面積が小さな国(人口は2021年現在約133万人、面積は4・5万平方キロで北海道の約半分強)である。そこから何が見えてくるのか。読者の皆さんと一緒に考えてゆきたい。

1　歌の祭典を理解するために

2008年、「バルト諸国の歌と踊りの祭典(Baltic song and dance celebrations)」が、ユネスコ(国連教育科学文化機関)により無形文化遺産に正式認定された[UNESCO 2021]。例えば、日本国では2021年現在で既に22にも上る遺産が登録されているが、バルト諸国(エストニア、ラトヴィア、リトアニア)は、国家全人口がそれぞれ100万から300万人弱というヨーロッパの小国である。彼らにとって、一つでも無形文化遺産に登録されることは、自国の文化が国際社会に認められたという意味で、まさに国家的な重大事である。また、バルト地方では歌の祭典そのものが、政治的に極めて大きな意味を持ってきた。本章の題は、「音楽は政治を変えられるか」としたが、それはどのような意味なのか。この点も、読者の皆さんと考えたい第二の論点となる。

バルト諸国が崩壊直前のソ連邦から独立回復したのは1991年9月なので、すでに30年以上の月日が経つ。かつては「旧ソ連の」という枕詞が付くのが常だったが、若い世代にはソ連邦の存在自体が歴史の中の出来事であり、エストニアも他の二国も、ヨーロッパの辺境に位置する平和な小国という印象が強いようである。20世紀の歴史経験から、バルト諸国といえばロシア、ソ連邦との関係が強調されがちであるが、実際には①北欧との関係、②ドイツとの関係、③ポーランドとの関係、そして④ロシアとの関係、以上の四つの複合的視座が、バルト諸国を理解する鍵になると、筆者は以前から考えてきた。中でも、本章の主題である歌の祭典を考える上では、ドイツとの関係を避けて通ることはできない。

現在のヨーロッパ地図を見ると、ドイツとバルト諸国との国境線は遠く離れている。しかし中世には、バルト地方は「異教徒」の地とされ、ドイツ人がキリスト教の布教伝道を名目として、実際には居住するための新天地を求めて、入植していった。山内進の『北の十字軍』は、その歴史過程と背景の政治思想を鮮やかに描き出しているが［山内2011］、ドイツ騎士修道会が現在のラトヴィアの首都リーガを建設して司教座を置いたのが1201年、13世紀最初の年のことである。これ以降、ドイツ人による現在のエストニアとラトヴィア地域への東方植民が続き、バルト地方ではドイツ人領主（バルト・ドイツ人）による政治的支配が実に20世紀初めまで続くこととなった。ロシア帝国が大北方戦争に勝利してバルト地方を手に入れたのは18世紀前半なので（1721年のニスタットの和約）、バルト地方の歴史全体を考えれば、ロシアによる支配はごく近代に入ってからのことである。しかも政治的にはロシア帝国の版図に入りながらも、それ以前から土着していたバルト・ドイツ人貴族による実効支配は認められたので、バルト地方におけるドイツ文化の影響力は圧倒的であった。

16世紀の宗教改革の波はこの地域にも及んだが、リトアニアでは人口の圧倒的大多数がカトリックの信仰に留まったのに対して、現在のラトヴィア（当時のリヴォニア）ではカトリックを維持する者とプロテスタントに改宗する者とに分かれ、逆にエストニアでは多数がプロテスタントに新たな信仰を求めた。ルター派教会がエストニア各地に広まる中で、村々に建てられた教会学校では合唱音楽が導入され、17世紀末には少なくとも5種類の合唱曲楽譜集が刊行されたことが確認されている［Miljan 2015: 421］。

一方、バルト・ドイツ人たちが自らの祖国と見做す19世紀前半のドイツでは、特に1830年代に入ると自由と統一を求める市民階級が、さまざまな「協会《フェアアイン》（Verein）」を自発的に結成する動きを各地でみせた。その代表例が男声四声で歌う「男声合唱協会」であり、1848年のドイツ三月革命までにはドイツ全土でその数1100に上り、10万人もの会員を擁していたという。同協会は1845年にヴュルツブルクで、1846年にケルンで、1847年にはリューベックで、それぞれ合唱祭を開催し、多くの人がドイツ各地から集結して愛国歌を歌ったことが伝えられている［末川1996：246―247］。これらの合唱祭は「ナショナルな一体感を醸成する祭典」［末川1996：275］であり、こうしたドイツ「本国」の動きは、社会の支配層だったバルト・ドイツ人によってエストニアにももたらされた。早くも1830年代にはエストニアとラトヴィアの地で、多声による合唱活動が広まった［Ojaveski 2002：239-240］。バルト・ドイツ人が、「本国」ドイツとの文化的紐帯を確認するために始めた合唱活動が、エストニア人にとってはバルト・ドイツ人の社会支配から離れ、民族としての一体感を確立するための重要な機会へと転化していったことは、この後見ることになるだろう。こうして、歌の祭典の準備がなされたのである。

以下では（1）黎明期（1869―1910年）、（2）興隆期（1923―1938年）、（3）抑圧期（1947―1985年）、（4）再興期（1990年―現在）と4つの時代区分を設定し、歌の祭典を検証したいと思う。興味深いことに、エストニアが国家として独立したのが1918年であるのに対して、第1回エストニア歌の祭典が開催されたのは1869年、実に国家成立の50年前にその起源を遡れることである。この合唱祭が、エストニア民族のアイデンティティにとって、どれほど重要であるかは、想像に難くない。

2　黎　明　期――ナショナリズムの勃興――

19世紀後半、もう少し時代を絞ると1860―1885年の間を、エストニアでは「民族覚醒（National Awakening）」の時代と呼んでいる。それまでバルト・ドイツ人の支配下にあり、民族人口のほとんどが貧しい農民であったエストニア人が、自らを独立した一個のエストニア民族として意識しだした時代であり、知識人のもとでエストニア語出版物が刊行されるようになった。すでに地方農村で根付いていた合唱活動が、この民族覚醒に合流するのは当然の成り行きだったといえるだろう。

こうした機運の下、文化的首都であるエストニア第二の都市タルトゥに、各地からエストニア人が集結し、第一回歌の祭典が1869年6月に開催された。エストニア語の新聞を創刊するなど、民族としての啓蒙活動をしていたヨハン・V・ヤンセンが、祭典実現に大きな役割を果たした。3日間に亘って開催されたこの記念すべき第1回大会は、46の男声合唱団と5つのブラスバンド、878名の歌い手と演奏者により、成功を収めた［Miljan 2015: 422］。当時エストニア人が多く居住していたのは、ロシア帝国内のエストラント県とリーフラント県の北半分であり、行政区分としては分断されていた。したがって、この歌の祭典の成功は、エストニア人の一体感を現実に体感するものとしても、極めて重要な歴史的意義があった。

この第1回大会で特筆すべきことは、他にもある。一つは、F・パシウスが作曲したものに先に述べたヤンセンが作詞した「我が祖国、我が至福と歓喜（*Mu isamaa, mu õnn ja rõõm*）」が初演されたことである［白井 2012：77―78］。パシウスはドイツ人だが、フィンランドに移住してその地で生涯を閉じた音楽家であり、1848年に彼が作曲した旋律は現在のフィンランド国歌「我らの地（*Maamme*）」となっている。他方、「我が祖国、我が至福と歓喜」は1869年の初演から50年後の1920年、独立したエストニア共和国の国歌となった。つまりエストニアとフィンランドは、同じ旋律に異なる歌詞の国歌を持っている。

もう一つ、ヤンセンの娘であるエストニアの国民的詩人リディア・コイトラの作品「我が祖国、我が愛（*Mu isamaa on minu arm*）」に、A・S・クニレイドが曲を付け自らも第1回大会で指揮を振って演奏したことが挙げられる。後にこの同じ詩に、「エストニア音楽の父」グスタフ・エルネサクスが1944年に曲を付けたが、コイトラ＝エルネサクス版の「我が祖国、我が愛」は、エストニア第二の国家として愛されることになる［西村 2012：262―67］。

中世以来、バルト・ドイツ人貴族が支配階級だったという点でエストニアと社会構造が似ているのが隣国ラトヴィアであるが、エストニアに遅れること4年、1873年にリーガにおいて、同様の歌の祭典が開催されている［森川

2016：112―16〕。自分たちラトヴィア人としての民族性、一体感を形成することに、この合唱祭が多大な影響を与えた点も、エストニアと同様である。

さて、エストニアの歌の祭典は、第1回の成功体験を受けて、その後も発展しながら開催されていく。しかし当然、帝政ロシア政府側も、歌の祭典がエストニア人の民族意識を高揚させることを警戒しており、開催許可が降りるまでの折衝は困難を要した。例えば、第1回大会は「リヴォニアの農奴解放50周年」を記念する、という大義名分を掲げて開催申請を当局に申請したが、ヤンセンの奮闘努力にも拘らず、許可を得るまでに2年間かかっている。また、その当時既にエストニアでは混声合唱が主流を占めていたが、ドイツの合唱祭を手本にしたために男声合唱団しか参加を許されなかったり、開催許可や運営に当たって支配層のバルト・ドイツ人の協力が不可欠だったことから、演奏の合間にドイツ語でバルト・ドイツ人有力者の演説が行われるなど、現実の政治権力が反映されたものだった〔Ojaveski 2002：239–240〕。

それでも、1879年には第2回大会が、またバルト・ドイツ人や教会の影響力を避けるため1880年には第3回大会が会場をタリンに移して（ロシア皇帝アレクサンドル2世の在位25周年記念と銘打たれた）、1891年に会場を再びタルトゥに戻して第4回大会が、以後1894年（第5回）、1896年（第6回）、1910年（第7回）と、第一次世界大戦までに合計7回の歌の祭典が続けられた。回を重ねるに従い、祭典の運営と実行は、徐々にエストニア人の手に移っていった。プログラムの曲目も、宗教曲が減りエストニア人作曲の作品が増えてゆき、また当初は禁止されていた混声合唱団、女声合唱団、児童合唱団の参加が許可されていった。さらに、ブラスバンドに加えてオーケストラによる演奏も祭典に組み込まれ、規模も参加者も、大掛かりなものとなった。帝政ロシアの支配下で、バルト・ドイツ人と、あるいはロシア政府当局との交渉や駆け引きを粘り強く続け、全民族的な大規模祭典を組織化し、定期的に実現できたことは、エストニア人に大きな自信を与えた。この行政経験と民族意識の高揚が、やがて国家独立へと結びついていくことになる。

3　興隆期――独立国家の形成――

第一次世界大戦が１９１４年に勃発し、ロシア帝国も参戦したが、長引く戦争への不満と生活苦から社会情勢が不安定となり、ついに１９１７年にロシア二月革命が、ついで十月革命が起き、エストニアも革命の動乱に巻き込まれていった。混沌とした情勢の中で成立したエストニア臨時政府は、１９１８年２月24日に独立を宣言するが、独立国家として国際社会に承認させるには、ソヴィエト＝ロシアのボリシェヴィキ軍との厳しい戦いを勝ち抜かねばならなかった。エストニアでは、この戦いを独立戦争（１９１８-１９２０年）と呼んでいる。戦争は、愛国心と祖国防衛の士気が高かったエストニア軍の勝利に終わり、１９２０年２月に歌の祭典発祥の地であるタルトゥで講和条約が調印され、エストニアのロシアからの独立が法的に認められた。第１回大会から50年、ついに独立国家の行事として、合唱祭が開催される時代が訪れた。

驚くべきことに、この独立戦争の最中の１９１９年、早くも新国家の首都となったタリンに音楽学校が開設され、２年後の１９２１年にはコンセルヴァトワールへと改称された。さらに同年９月には、合唱活動を強化するため、エストニア歌手連盟（ESU : Estonian Singers Union）が設立されている［Ojaveski 2002 : 246］。

こうして、独立後初の歌の祭典は、１９２３年６月30日から７月２日までの３日間、現在の会場と同じタリン郊外のカドリオルグ公園の草地で開催された（「歌の原（Lauluväljak）」と呼ばれている）。開会はエストニア共和国の国家元首であるリーキヴァネム（国家元老）のユハン・クックにより行われ、諸外国からも賓客――ハンガリー王国摂政のミクローシュ・ホルティなど――が訪れた。通算では第８回大会だが、この大会で初めて、どこからの干渉も受けず、合唱プログラムの全曲目がエストニア人作曲家の作品で占められた。内訳は、混声合唱が18曲、男声合唱が６曲だった。この大会には、ＥＳＵによれば１万５６２人の歌い手や演奏家、３８６の団体が参加した。またＥＳＵは、今後の祭典を５年ごとに開催することを決定し、これは現在まで続く伝統となった［Ojaveski 2002 : 247］。

独立後の重要な国家行事となった歌の祭典は、1928年に第9回大会（ちょうど独立10周年となった）を予定通りに開催し、フィンランド合唱連盟、ラトヴィア学生混声合唱団、ノルウェー女子学生合唱団など、外国からの合唱団との合同演奏も実施されるようになった。第10回記念大会は1933年に開催され、記念硬貨や記念切手が発売、歌の祭典のドキュメンタリー映画も制作されるなど、祝祭色溢れるものとなった。同時に、初めて合唱祭がラジオで放送された［Ojaveski 2002 : 247–49］。

1930年代に入ると、世界大恐慌の影響もありヨーロッパ各国でファシズムが広がり、その波はバルト地域にも及んだ。エストニアでも、1934年のクーデタにより議会制民主主義体制が崩壊し、1937年に共和国憲法が改正され、強力な権限を持つ大統領職が新設された。独立時に臨時政府首相を務めたコンスタンティン・パッツが初代大統領に就任し、権威主義体制を敷いたが、このような政治情勢の中で、1938年の合唱祭を迎えた。第11回大会は、エストニア独立20周年を祝う場ともなった。入念な準備の下、パッツ大統領の開会宣言とともに、史上最大規模の祭典が挙行された。今回も北欧や東欧近隣諸国からゲストとして合唱団が参加し、大会は成功裡に終わった［Ojaveski 2002 : 249–250］。もちろん、その僅か2年後にエストニア国家そのものが消滅するなど、誰一人予想だにしなかった。

前述したように、エストニアと同様に19世紀後半から合唱祭の伝統を守ってきたラトヴィアも、1918年に独立宣言を出して独立国家となり、1926年、1931年、1933年、1938年に歌の祭典を実施している。またリトアニアも同じく1918年に独立宣言を出して独立国家となっていたが、中世以来、リトアニア人の圧倒的多数がカトリックを信仰していたこともあり、また歴史的、文化的にもポーランドの影響を色濃く受けていたので、教会を通じて会衆が聖歌を唱和するルター派教会（プロテスタント）伝統も弱く、バルト・ドイツ人を通じてドイツ文化が流入する機会も少なかった。リトアニアでの歌の祭典の開始が他のバルトの2国と比べて遅かったのはこうした理由が考えられる。しかし19世紀末になってようやく、リトアニアでも合唱運動が見られるようになり、独立後の1924年に第1回の合唱祭が開催され、これ以降は急速に発展し、1928年、1930年と開かれ、他に各地方での大会も催された［佐藤 2020：282―86］。こうして、戦間期のバルト3国で合唱祭の伝統が確立されていったのである。

4 抑圧期――ソ連邦による占領――

第二次世界大戦は全世界に甚大な被害をもたらし、計り知れない命を奪ったが、その悲劇度において、エストニアをはじめとするバルト諸国の損失の大きさは、世界を見渡しても他に比類のないものだった。1939年8月23日にヒトラー率いるナチス＝ドイツと、スターリンを指導者とするソ連邦との間で独ソ不可侵条約が調印されたが、そこには悪名高い付属秘密議定書が添えられていた。これにより、エストニアとラトヴィア、後にリトアニアの3カ国は、ソ連邦の勢力圏に組み込まれることが密約された。9月に第二次世界大戦が始まり、西欧諸国の身動きが取れない間隙を縫って、ソ連邦はバルト諸国の軍事占領に乗り出し、1940年8月までに3国ともソ連邦へ「自発的に加盟」させられた。こうして、バルト諸国の短かった独立主権国家時代は、20年余りで幕を閉じた。ソヴィエト連邦を構成する一共和国となったエストニア・ソヴィエト社会主義共和国では、ボリシェヴィキによる大規模な粛清、迫害、大量殺戮とシベリア追放が大々的に実施され、数多くの無実のエストニア人が殺されていった。

1941年6月22日、突如ドイツ軍がソ連邦領内に攻め込み、独ソ戦が開始されると、バルト地域の情勢は一挙に逆転した。破竹の勢いのドイツ軍はエストニア全土を席巻し、ボリシェヴィキのテロからの「解放者」としてエストニア人はドイツ軍を歓迎したものの、独立の回復は認められず、ナチスへの戦争協力が強制された。大戦末期の1944年、三度形勢が逆転し、ソ連邦の赤軍がエストニア領内に侵攻を開始すると、祖国を脱出する道を選んだエストニア人も少なくなかった。とりわけ芸術家や音楽家を含む知識人階級は、1940-1941年の経験から真っ先にソヴィエト当局による逮捕や処刑、殺害の対象になることが予想されたため、混沌とした状況の中、国を後にした。ラトヴィアやリトアニアもそうだったが、エストニアも第二次世界大戦とその結果による人口喪失は、戦前の人口の3分の1にも及ぶという、壊滅的な損害を受けた［Kasekamp 2010：邦訳229―32］。

しかし、このような破局の時代にあっても、ドイツ占領下において、エストニア人たちは来たる第12回大会の準備を始めていた。この試みは失敗に終わったものの、再びエストニアの支配者となったソ連邦は、歌の祭典の許可を出すこととなる。エストニア共産党中央委員会は、１９４７年に第12回大会を開催する布告を出した。言うまでもなく、ロシア十月革命30周年に合わせた開催設定であり、今やソ連邦内のあらゆる芸術文化活動は、完全にモスクワ中央からの統制支配下に置かれていた。したがって、ソヴィエト政府の温情主義的な民族政策や懐柔策というよりは、合唱祭というエストニア民族の伝統の根幹をも共産党支配の中に完全に組み込むことで、ソ連邦によるエストニア支配を恒久的なものとすることが目的だったと筆者は考える。実際にスターリン主義の有名な定義「形式においては民族的、内容においては社会主義的」に、バルト地方の合唱祭は打ってつけだった［Raun 1991：188］。その証拠に共産党からは、戦前の「ブルジョワ合唱祭」を大きく超える人員を動員することが至上命題とされ、２万５７６０名の歌い手からなる７０３団体が参加し、観衆は10万人に上った。祭典の最後は、モスクワのスターリンへ感謝の手紙が送られ、「我々の賢明なる指導者、教師にして偉大なる友である同志スターリンに万歳！」という「伝統的」な言葉で締め括られた［Ojaveski 2002：250–251］。独立共和国時代の国歌でパシウスが作曲した「我が祖国、我が至福と歓喜」は、歌うことが厳しく禁止され、口ずさんだだけでシベリア追放となるほどであった［Miljan 2015：342］。なおエストニアでは、戦前の１９３４年から、華やかな民族衣装を身に纏い、音楽に合わせて集団で踊る民族舞踊祭、「踊りの祭典（Dance Festival）」が開催されるようになっていたが、この１９４７年からほぼ合唱祭と同時に開催されるようになった。

第二次世界大戦後、スターリンの恐怖政治と個人崇拝が再び頂点に達し、エストニア共産党執行部でさえもいつ自分が粛清されるか分からない緊迫した政治情勢の中で、わずか3年後の１９５０年、第13回歌の祭典が挙行された。エストニア・ソヴィエト社会主義共和国成立10周年記念という、極めて政治的理由による前倒しの開催であった。当時の写真を見ると、会場には巨大なスターリンの肖像画が飾られ、至るところに政治的スローガンが掲げられ、大会の開会を告げる最初の曲はA・アレクサンドロフ作曲の「スターリン・カンカータ」、さらにスターリンに捧げられた曲が続くといった、異常な祭典となった。また、「ブルジョワ期の時代遅れ」として伝統的な曲が廃止され、代わりにスターリンを讃える歌やロシア語の歌がプログラムに採用された［Ojaveski 2002：251］。政治権力が芸術に暴力的に介入した結果どうなるか、を体現したような大会となったが、参加者3万1907名、団体数1106という数字は空前絶後で、その後も20世紀中に破られることはなかった。

独裁者スターリンが1953年に死去すると、ようやく政治的緊張が収まり、1955年の第14回大会は以前よりも多少制約が緩められて開催された。その場にいたヴァイオリニストのダヴィッド・オイストラフは、合同合唱の素晴らしさを感嘆している［Ojaveski 2002：252］。これ以降、原則として5年ごとの歌の祭典開催が決まり事となり、ソヴィエト共和国時代も定期的に続けられた。1960年の第15回大会からは、建築家のA・コトリが設計した、独特な形状のコンサート会場が完成し、現在に至るまで合唱祭を象徴する建築物として使用されている（本書口絵1を参照）。もう一つ、この第15回大会で言及すべきことがある。プログラムが全て終了した後、感極まった合唱団が自然発生的にエルネサクス作曲の「我が祖国、我が愛」（本章第2節参照）を歌い出し、それに観客の大観衆が唱和したのである。愛国的過ぎる（かつての独立共和国時代を思い起こさせる）との理由で、この「非公式国歌」［Raun 1991：218］は歌うことを忌避されていたが、大観衆が集う会場の熱気と興奮がその軛を一気に取り払った。その場にいたエルネサクス本人が急遽指揮棒を握り、会場の人々は最後まで歌い切ったが、もはや共産党幹部もそれを止めることはできなかった。これ以降、毎回の祭典では、プログラムには掲載されないものの、最後に合唱団と観客十数万人が「我が祖国、我が愛」を大合唱することが「慣例」となった（エストニア共産党政府も、事実上「黙認」した）。エストニア人は5年に一度、4分間だけ、真に自由な空間で呼吸することができたのである。

1965年（第16回）、1969年（第17回、この年だけ、歌の祭典100周年として変則の年に開催）、1975年（第18回）、

１９８０年（第19回、同年にモスクワ・オリンピックが開催）、１９８５年（第20回）と祭典は続き、社会主義体制という制限の中でも、合唱の伝統は守られ、また次の世代へと受け継がれていった。

一つ、忘れてはならないこととして、ソヴィエト再占領を嫌って西側自由世界に国外脱出したエストニア人コミュニティの活動がある。彼らは亡命先でエストニアの言語、文化、歴史など民族のアイデンティティを維持するため、「エストニア人の祭典」を開いた。もちろん、合唱祭はその重要な行事の一つであった。最初は１９５８年にカナダのトロントで開催され、カナダおよびアメリカ合衆国から８００名の演奏者と７５００名の参加者が集まり、成功を収めた。以後、ニューヨーク市やトロントでこの祭典は継続された。同様の動きは、スウェーデンのエストニア人コミュニティでも起こった。このような流れを受けて、１９７２年にトロントで、一国を超えた世界規模でのエストニア人の祭典が開催され、エスト（ＥＳＴＯ）と呼ばれるようになった。やがてESTO II, ESTO III, と祭典は定期化され、アメリカ国内各地、ストックホルム、トロント、（同じく亡命エストニア人が多かった）オーストラリアのメルボルンなどで開催され、冷戦終結後および独立回復後の現在に至るまで続いている［Miljan 2015 : 211-212］。このように、故国を遠く離れても歌うことを止めなかったエストニア民族の強い想いが、やがて祖国に合流することとなる。

写真１－１　合唱祭の公式ピンバッジ

注：（左）ソヴィエト社会主義共和国時代の1975年の第18回大会，（中）独立回復後1994年の125周年記念第22回大会，（右）2009年の第25回大会のもの．それぞれ社会主義リアリズム，復古主義的，エストニアのデザインを活かしたものとなっており，合唱祭が開催された時代背景を反映している．

筆者所蔵のものを撮影．

5　再興期――独立回復の原動力――

ソ連邦で１９８５年にゴルバチョフが書記長に就任し、ペレストロイカ

写真1－2　2009年の合唱祭を告げる街中の横断幕，タリン市中心部にて

筆者撮影.

（改革）とグラスノスチ（情報公開）の新政策が実施されると、バルト3共和国では急速に情勢が動き出した。ソ連邦解体の引き金を引き、連邦内でも最初に民主化、自由化運動が立ち上がり、大規模な民族運動が発生、展開したのがエストニアであったことは、すでに多くの書物や論文で明らかにされている［kasekamp 2010：塩川　２０２１］。とりわけ１９８８年4月、エストニアで人民戦線が結成されると、１９３９年の秘密議定書の公開要求、シベリアへの大量追放の真相究明、エストニア語の保護、経済の自立化などが公の場で議論されるようになった。

　本章で特に触れるべきは、１９８８年の夏にエストニアで起こった「歌う革命（Singing Revolution）」（「歌いながらの革命」ともいう）であろう。これは同年の6月から7月にかけて、ほぼ白夜に近いこの時期（日没はおおよそ23時頃）、首都タリンの公園や広場に人々が連夜自発的に集まり、夜通し愛国的な歌を歌った（合唱した）ことを指す。自由を求めて、この「夜の合唱祭」に集った参加者はのべ10万人にのぼった。さらに人民戦線の呼びかけで、群衆はタリンの合唱祭の会場「歌の原」に集結し、エストニア共産党の指導部に対する民主化要求へと発展した。この結果、それまでの保守派の共和国第一書記がモスクワによって更迭され、より民族主義的な共産党員が最高指導者に就任する事態となった。そして9月11日には、「歌う革命」の頂点として、人民戦線が主催する合唱祭が開催され、実に30万人が集まった（この数字はエストニア全人口の5人に1人が、同じ時間、同じ場所に集結したことを意味する）。ここに、エストニア人は合唱を武器として、平和的に自由と民主主義の回復、さらには国家を再独立させる革命をもたらしたとする、現代の「神話」が生まれることとなった［Miljan 2015: 411-14: 420］。また、この「革命」が日本にも非常に早い段階で紹介されていたことも指摘しておきたい［津村１９８９］。

これ以降のエストニアは、さらに加速度的に変化を遂げ、やがてソ連邦からの離脱と独立回復が公然と政治目標に掲げられるようになっていった。実に、東欧革命やベルリンの壁崩壊の一年前の出来事であったが、この「革命」が流血によらずに成功したことは、エストニア人が今でも誇りにするところである（不幸にもラトヴィアとリトアニアでは、この独立回復の過程で複数の死者が出る衝突事件が発生した）。

写真１－３　2009年合唱祭当日の様子．鮮やかな民族衣装を纏った各地方の合唱団が，タリン中心部から「歌の原」まで行進し，大勢の観客が沿道から声援を送る．

筆者撮影.

１９９０年6月から7月に開催された第21回大会は、名称こそ、エストニア・ソヴィエト社会主義共和国合唱祭だったものの、モスクワの統制から離れ自由に実行された。当時の写真を見ると、１９８５年の大会では、まだ合唱のステージ上にはレーニンの巨大な肖像画が飾られ、エストニア人が忌み嫌っていた赤旗の社会主義共和国旗がたなびいていた。しかしこの大会では、社会主義色は一掃され、人々は堂々と戦前の独立時代の三色旗を持って行進した。プログラムの大半をエストニア人作曲家の作品が占め、愛国的な歌や聖歌の合唱が復活した。さらに、アメリカ、スウェーデン、ドイツ、オーストラリアなど、海外に亡命していたエストニア人の合唱団が参加し、再びエストニアが世界に繋がったことを印象付けた。大会の最後では、冷戦のソヴィエト体制下でもエストニアに留まり、合唱祭の継続と発展に尽力してきた高齢のエルネサクスが、自ら指揮を振り、「我が祖国、我が愛」を大合唱した。これが、彼の生前最後の演奏となった［Ojaveski 2002：256–257］。

ソヴィエト時代の歌の祭典は、既述したように極めて政治的な理由から、0と5のつく年に5年おきに開催されてきた。1991年にエストニアが法的にも正式に独立回復し、国際社会に復帰すると、その痕跡を消すこととなった。1869年の第1回開催から125周年に当たる1994年、従来から1年前倒しで第22回大会が開催されることになり、エストニア大統領レンナルト・メリが開会挨拶を行い、祭典の後援者（パトロン）を引き受けた。以後は4と9のつく年の7月初旬開催が固定化され、現在に至っている。1999年の第23回には、日本・エストニア友好協会のメンバーが歌と踊りの祭典に鑑賞訪問し、エストニアの合唱団と交流するなど、日本との繋がりも育まれていった(2)。その後2004年（第24回）、2009年（第25回）、2014年（第26回）、2019年（第27回）と、回を重ね、特に直近の第27回大会は、歌の祭典150周年記念として、盛大に挙行された。

おわりに

本章では、バルト諸国のエストニアに焦点を当て、歌の祭典がどれほど現実政治に影響を及ぼしたか、なぜ合唱なくしてエストニア民族やエストニア共和国を語ることができないのか、考察してきた。本章の題を「音楽は政治を変えられるか」と設定したことに立ち返るならば、エストニアの場合はまさに合唱の力が民族の団結と誇りを守り、最後には共産党独裁政治を崩壊させる原動力となった、と言えるだろう。1988年夏に頂点を迎えた「歌う革命」については、その劇的な過程が、ジェイムズ・タスティとモーリン・タスティが監督したドキュメンタリー映画‘The Singing Revolution’（2006年）によって感動的に描かれている。ぜひ、読者には一見をお勧めしたい。

しかし、この「革命」は、決しておとぎ話でも、ファンタジーのような麗しい出来事でもない。ナチス＝ドイツやソ連邦による苛烈極まりない現代史を振り返る時、どれだけ多くの無垢の命が失われてきたことか。そうした悲劇と苦難の末の「革命」であり、人々の願いと祈りのこもった歌声だったことを、忘れてはならない。1918年の独立宣言以降、ほぼ似たような軌跡を辿ったラトヴィアとリトアニアも、今日に至るまで合唱祭は国家と民族にとって最も核心的なアイデンティティであり、だからこそ、バルト3国揃って2008年にユネスコの無形文化遺産に登録されたと見るべきであろう。

バルト諸国の歌と踊りの祭典は、ユネスコの遺産登録の効果もあり、今や世界的に知名度の高い祭典である。筆者は2009年のエストニアの合唱祭と舞踊祭の両方に一観客として参加したが、5年に一度の祭典ということでチケットの確保やホテルの予約も難しく、期間中は国全体が祝祭的雰囲気に包まれる。大会最終日のプログラムのフィナーレでは、歌い手と観衆の合計17万人が「我が祖国、我が愛」を大合唱し、感動して涙ぐむエストニア人が、筆者の周囲そこかしこに見られた。2019年の大会には日本から和歌山児童合唱団が演奏者として参加するなど、歌の祭典自体もエストニア民族の枠を超えて国際的に発展している。ラトヴィアとリトアニアの祭典も同様に、世界的に有名な音楽祭の一つに数えられるまでになった。

本章の冒頭で記したように、大勢の人が声を合わせて歌うという行為は、感情を高揚させる。軍歌や戦時歌謡のように、戦争遂行に大きな役割を果たすものもあれば、革命歌のように直接政治行動に訴えかけるものもある。しかし、エストニアをはじめとするバルト諸国の合唱祭は、民族の誇りとともに平和を強く希求するものである。他国からの強制や介入がなく、伝統が維持され、定期的な歌の祭典が実施されること、それ自体が、バルト地域が平和である証であり、それが今後も末長く続いて欲しい、と筆者は願っている。(3)

注

（1）ヨーロッパにおける合唱の歴史について、宗教音楽史が専門で桜美林大学クワイヤーの指揮者でもあった、横山正子教授（桜美林大学）から教示を得たことに対して、特に感謝したい。
（2）エストニアが独立回復した1990年代から現在に至るまでの、エストニアの合唱団と日本との交流について貴重な話を伺った、日本・エストニア友好協会事務局長の荒井秀子氏に、感謝したい。
（3）本章の内容については、執筆前に世界遺産研究会（代表：故大沼保昭教授）で筆者が行った報告「エストニアの民族合唱祭―無形文化遺産と小国の国際政治」（2020年11月26日）での質疑応答から、多くの有益な示唆を受けた。ここに感謝を申し述べたい。

参考文献

〈邦文献〉

伊東孝之・井内敏夫・中井和夫編［1998］『新版世界各国史　ポーランド・ウクライナ・バルト史』山川出版社。

大中真［2003］『エストニア国家の形成――小国の独立過程と国際関係』彩流社。

――［2011］「エストニア　歌と踊りの祭典によせて」桜美林大学『桜美林論考　人文研究』（2）。

――［2019］「歴史の中のバルト諸国」『ロシア・ユーラシアの経済と社会』（1042）。

金澤正剛［2005］『キリスト教音楽の歴史――初代教会からJ．S．バッハまで』日本キリスト教団出版局。

小森宏美［2009］『エストニアの政治と歴史認識』三元社。

佐藤浩一［2020］「歌と踊りの祭典」櫻井映子編『リトアニアを知るための60章』明石書店。

塩川伸明［2021］『国家の解体――ペレストロイカとソ連の最期』東京大学出版会。

志摩園子［2004］『物語　バルト三国の歴史』中央公論新社。

庄司博史［1986］「エストニアの歌謡祭」『季刊民族学』10（1）。

白井明子［2012］「民族覚醒の時代とエストニア語」小森宏美編『エストニアを知るための59章』明石書店。

末川清［1996］「ウィーン体制下の政治と経済」成瀬治・山田欣吾・木村靖二編『世界歴史大系　ドイツ史2』山川出版社。

津村喬［1989］『歌いながらの革命――クレムリンを揺がす小国エストニアの闘い！現地緊急報告』ＪＩＣＣ出版局。

西村英将［２０１２］「祖国を愛する40万人もの歌い手たち」小森宏美編『エストニアを知るための59章』明石書店。
森川はるか［２０１６］「歌と踊りの祭典」志摩園子編『ラトヴィアを知るための47章』明石書店。
山内進［２０１１］『北の十字軍――「ヨーロッパ」の北方拡大』講談社。

〈欧文献〉

Hoffmann, S.-L.［2006］*Civil Society, 1750–1914*, New York: Palgrave Macmillan（山本秀行訳『市民結社と民主主義　１７５０-１９１４』岩波書店，２００９年）.
Kasekamp, A.［2010］*A History of the Baltic States*, New York : Palgrave Macmillan（小森宏美・重松尚訳『バルト三国の歴史――エストニア・ラトヴィア・リトアニア 石器時代から現代まで』明石書店，２０１４年）.
Lajosi, K. and Stynen, A., ed.［2015］*Choral Societies and Nationalism in Europe*, Leiden : Brill.
Miljan, T.［2015］*Historical Dictionary of Estonia*, 2nd ed., Lanham, MD. : Rowman & Littlefield.
Ojaveski, T.［2002］*130 aastat eesti laulupidusid*, Tallinn : Talmar ja Põhi.
Purs, A. and Plakans, A.［2017］*Historical Dictionary of Latvia*, 3rd ed., Lanham, MD. : Rowman & Littlefield.
Raun, T. U.［1991］*Estonia and the Estonians*, 2nd ed., Stanford, CA. : Hoover Institution Press.
Sužiedėlis, S.［2011］*Historical Dictionary of Lithuania*, 2nd ed., Lanham, MD. : Scarecrow Press.
Vesilind, P.［2008］*The Singing Revolution : How Culture Saved a Nation*, Tallinn : Varrak.

〈ウェブサイト〉

エストニア歌と踊りの祭典事務局（Eesti Laulu-ja Tantsupeo SA）（https://2023.laulupidu.ee/en/, ２０２１年７月23日閲覧）.
関西学院グリークラブ「ウ　ボイを知っていますか?」（http://www.kg-glee.gr.jp/uboj/index.html, ２０２１年５月16日閲覧）.
日本・エストニア友好協会（Jaapani-Eesti sõprusühing）（https://j-efa.com/, ２０２１年７月24日閲覧）.
ラトヴィア歌と踊りの祭典（ラトヴィア国立図書館）（Latvijas Nacionālā bibliotēka）（https://enciklopedija.lv/skirklis/10526, ２０２１年７月23日閲覧）.

リトアニア歌の祭典事務局（Lithuanian National Culture Centre）（http://www.dainusvente.lt/en/, ２０２１年7月23日閲覧）.

'Baltic song and celebrations,' intangible cultural heritage, UNESCO（https://ich.unesco.org/en/RL/baltic-song-and-dance-celebrations-00087, ２０２１年5月16日閲覧）.

〈映画〉

Tusty, J. & M. C. [2006] *The Singing Revolution*, New York : Sky Films.

第2章

帝国のこだま
――イギリス帝国と公共音楽――

等松春夫

はじめに――政治・社会と公共音楽――

音楽はときには時代の様相を反映し、またときには時代の変容を先導する。19世紀末から20世紀半ばのイギリスは、世界帝国として頂点を極めてから2度の世界大戦を経て、非植民地化の進行に伴い多民族帝国から西ヨーロッパの国民国家へと変貌していった。この時代のイギリスの政治・社会と「公共音楽」の関係はいかなるものだったのか。

分析に先立ってまず「公共音楽」の簡単な定義をしておきたい。音楽を含め芸術作品には二面性がある。すなわち、王室や教会や政府の要請に応じて特定の目的のために作られる作品があり、これは「公式」(state/official) な作品と言えよう。具体的には君主の戴冠式、国葬、国家的・社会的な記念行事などで使用される音楽である(1)。その一方では18世紀以降ヨーロッパでの市民社会の成立にともなって、芸術家が自己表現の追求として作品を作る風潮が生まれた。王侯貴族や教会や政府からの命令や依頼とは関係なく、権力から自立した芸術家が作品を自発的に書くのは「私的」(personal/private) な行為である。

むろん「公」と「私」は厳密に区別できるわけではない。発端は王室や教会や政府からの委嘱でも、作曲家が依頼の趣旨に意義を見出し、たんなる機会音楽ではない芸術性の高い作品を書くこともある。要するに音楽作品が「誰によって」「誰のために」「何を目的として」書かれ、「いかなる場所で」「いかなる機会に」演奏され、「どのような性質の、どれくらいの数の聴衆によって」聴かれたか。そして聴衆や社会に対して「どのような効果や影響があったのか」が作品の公共性の度合いを判定する尺度となる。

たとえば、イギリスにおいては18世紀後半より中産階級の市民たちが運営する合唱音楽祭がバーミンガム、リーズ、ノリッジ、ハダースフィールド、ウースター、ヘレフォード、グロースター、マンチェスター、リヴァプール等の地方都市で盛んであった。合唱作品の演奏は時には数百人に及ぶ人数を要するため、音楽祭は必然的に地域社会の人々が集う場となる。これらの合唱音楽祭は国王や政府の命令で開催されたのではない。しかし、地域社会の人々の力が結集される自発的な催しとして「公共的」(public)な性格を備えており、新作の委嘱や演奏者の手配等で相互に協力するネットワークを作っていた(2)。

19世紀にヨーロッパ大陸諸国が家産国家から国民国家へと変容する過程で、「公式／公共」音楽は王侯貴族や教会の威信を高めるための装飾から、国民国家の統合と強化を目的とする装置に変化していった［Curtis 2008 : Introduction］。そこで、本章では王室や国家の命令や委嘱の有無にかかわらず、作曲家が社会の要請や時代状況に応じて書き、政治的・社会的な意義や影響力を持った音楽を「公共」(public)の音楽と呼ぶこととしたい。

本章ではヴィクトリア女王のダイヤモンド・ジュビリー（1897年)、ジョージ5世のインド皇帝戴冠式（1911年)、帝国博覧会（1924年)、英国祭（1951年）そしてエリザベス2世の戴冠式（1953年）に因む代表的な音楽作品の分析を通じて、イギリスの国家と社会の変容に公共音楽がどのように関わったかを考察したい。

1　帝国の自己像――ダイヤモンド・ジュビリーからデリー・ダーバーまで　1897～1912年――

(1)　ダイヤモンド・ジュビリーと《カラクタクス》(1897～1898年)

19世紀後半から第一次世界大戦直前までの時代はイギリス帝国の絶頂期であった。イギリスはヴィクトリア女王（在位1837―1901年）の60年を超える長い治世に地球上の陸地面積と人口の4分の1を支配する世界帝国になっていた。国民国家化の波と社会主義思想の広まりの中で王室制度も一時は危機を迎えたが、それを克服し王室と帝国は安泰に見えた。そのため1897年の即位60周年のダイヤモンド・ジュビリーは、ソールズベリー政権の下で国家行事として盛大に祝われた［君塚 2007：109―16；251―54］。このときにはいかなる音楽作品が演奏され、そこでは何が表現されていたのであろうか。

ジュビリーに因む作品を書いた作曲家はアーサー・サリヴァン、ヒューバート・パリー、チャールズ・スタンフォード、アレグザンダー・マッケンジーなど多岐にわたる(3)。その中で現在でも時折演奏されるのはエドワード・エルガー（Edward Elgar 1857–1934）の《帝国行進曲》（1897年）、カンタータ《聖ジョージの旗》（1897年）と《カラクタクス》（*Caractacus*, 1898）である。現在でこそエルガーはイギリスの国民的大作曲家の地位を占めるが、ジュビリー当時はウェスト・ミッドランド地方で多少知られている名前に過ぎなかった(4)。また、エルガーのこれらの作品は王室や政府からの委嘱によって作られたのではない。《帝国行進曲》と《聖ジョージの旗》はジュビリー関連の祝祭音楽の需要を見込んだ楽譜出版社ノヴェロからの委嘱であった。

一方、《カラクタクス》はリーズ音楽祭運営委員会からの新作委嘱であった。カラクタクスは紀元1世紀に実在した先住民ブリトン人の族長。ブリテン島に侵攻したローマ帝国軍に果敢に抵抗するが武運拙く捕らわれ、ローマに連行される。時の皇帝クラウディウスの前に引き立てられたカラクタクスは何ら弁明をせず、自らの命と引き換えにブリトンの民に自由を与えてくれるようにクラウディウス帝に訴える。その高潔さに打たれたクラウディウスはカラクタクスを助命し、ブリトンの民に自由を与えローマ文明の恩恵に浴させてやった。この物語が5人の独唱者、混声合唱、大規模な管弦楽によって約１００分にわたり演奏され、血沸き肉躍る戦い、森の中の逍遥、敗北の屈辱と自己犠牲の精神が描かれる(5)。

台本は地域の伝承や古代ローマの歴史家タキトゥス（Cornelius Tacitus c.55–c.120）の『年代記』等をもとにH．A．アクワース（Harry Arbuthnot Acworth 1849–1933）が執筆した。引退してウースターシャーに住む元インド高等文官（Indian Civil Service）で、マラーティー語の詩集の英訳なども刊行していた知識人である(6)。エルガーの筆は冴え、ワーグナーの楽劇ばりの雄渾な作品に仕上がった。

この作品はローマに抵抗したカラクタクスを讃えるのみでは終わらない。カラクタクスは勇敢に抵抗するが、結局はローマに己と一族の運命を委ねる。そしてクラウディウス帝はカラクタクスをローマに留めたうえ一定の自由を与える。これは当時の広範な社会層のイギリス人が抱いていた帝国支配の自己像であった。イギリス帝国は未開人たちに法と秩序を与え、文明の恩恵に浴させる。抑圧と強制ではなく威信と合意によって異民族はイギリスの支配を受け入れる。堅忍不抜の族長カラクタクスと寛大な賢帝クラウディウスは、ヴィクトリア朝イギリスの時代精神である「尚武」と「寛容」を象徴していた(7)。全曲の終結部ではローマの衰亡と未来におけるブリテンの興隆が高らかに歌われる。これには現在のイギリス帝国がいにしえのローマ帝国をしのぎ、威信と合意による文明の帝国になったという自負が込められている［Blumnie 2016: 40–44］(8)。

現在の価値観から見れば独善的な帝国主義思想の発露であるが、１８９８年10月5日のリーズ音楽祭における初演は好評であった。ヴィクトリア女王に献呈が受け入れられ、作品はいわば「王室御用達」となる。こうしてダイヤモンド・ジュビリーの熱気が冷めやらぬ１８９８年からの数年間、《カラクタクス》はイギリス各地の合唱音楽祭で頻繁に演奏された。１８９９年から１９０１年にかけて《エニグマ変奏曲》、オラトリオ《ゲロンティアスの夢》、行進曲《威風堂々》第1番の成功で、エルガーの名声は全国に広がるが、その露払いを果たしたのが《カラクタクス》であった。

同じ頃、1899年から1902年にかけてイギリスはボーア戦争で南アフリカを征服する。激しく抵抗した後に帰順したボーア人の国家、トランスバール共和国とオレンジ自由国は1910年にイギリス帝国を構成する自治領、南アフリカ連邦となる。そして4年後に勃発した第一次世界大戦ではイギリス帝国の一翼を担ってドイツと戦った［Ross 2008：邦訳 83-85：92：97-98］。この顛末に《カラクタクス》に馴染んでいたイギリスの聴衆は、改めて帝国の自己像を重ねただろうか。

(2) デリー・ダーバーと《インドの王冠》（1911～1912年）

1901年1月ヴィクトリア女王が崩御、皇太子が即位してエドワード7世（在位1901-1910年）となる。エルガーはこの王の治世に《威風堂々》第1・2番、《戴冠式頌歌》（1902年）を書き、この2曲から派生した合唱曲《希望と栄光の国》（1902年）は「第2の国歌」といわれるほど現在のイギリスで国民の間に定着している。1904年には国王からナイトに叙され、サー・エドワード・エルガーは「帝国の吟遊詩人」になったと言えよう。国王が亡くなると大作の交響曲第2番を「故エドワード国王陛下の想い出に」献げている(9)。

次の国王ジョージ5世（在位1910-1936年）の治世にエルガーの「帝国の音楽」の頂点といえる作品が書かれる。仮面劇《インドの王冠》（*The Crown of India*, 1912）である。言うまでもなくインドはイギリスにとって最重要の植民地であった。17世紀以降、東インド会社のムガル帝国への経済進出に始まり、紆余曲折を経て1857～8年のインド大反乱を鎮圧した後ムガル帝国と東インド会社を廃し、1877年以降はイギリス国王がインド皇帝を兼ねる体制が作られた。ダーバー（Durbar）とは本来はムガル帝国時代に皇帝や藩王たちが臣下を謁見する儀式をさした。英領時代にはイギリス国王がインド皇帝に即位する戴冠の儀式となり3回行われたが、最初（1877年）と2回目（1903年）のダーバーに際してヴィクトリア女王とエドワード7世はインドを訪問しなかった。しかし、1911年12月に行われた3回目のダーバーにジョージ5世はメアリー王妃をともなって臨御する。12月7日から16日にかけてデリーではのべ50万人以上が参加する式典が挙行され、またこれに合わせてカルカッタ（コルカタ）からデリーへの遷都が宣言された[10]。

本格的な映画撮影が始められた時代であり、ダーバーの模様は映像に収められてイギリス本国と帝国各地で広く上映された。ロンドンやイギリス各地の都市の劇場やミュージックホールではダーバーの映画に楽団が音楽を付け、弁士のナレーションで見せるショーが流行した［Mackenzie 2015 : 211 ; Gould 2007 : 148–51］。ロンドンの劇場街ウェストエンドの一角にあり、トラファルガー広場に接するのが1904年に開場した座席数約2500の劇場ロンドン・コロシアム（London Coliseum）である。このブームに目を付けたコロシアムの支配人は、1912年1月にエルガーにダーバーに因む劇場作品を依頼する。台本作者はヘンリー・ハミルトン（Henry Hamilton 1854–1918）。父親は下級官吏としてインドでの勤務経験があったが、ハミルトン自身にはインド体験はない[11]。こうして作られたのが、第一部〈インドの諸都市〉（*Cities of Ind*）と第二部〈皇帝万歳！〉（*Ave Imperator!*）から構成される仮面劇《インドの王冠》であった[12]。

「母なるインド」、「インドの主要都市」、「歴代のムガル皇帝たち」「東インド会社」、「イギリスの王権」等が仮面を付けた演者によって擬人化されて登場し、約70分にわたり科白とパントマイムと管弦楽でイギリスのインド統治の理念が描かれる。「母なるインド」のもとにボンベイ、ベナーレス、アグラ、ハイデラバード、マドラス等14の都市が呼び集められ、その過程でインドの歴史が回顧される。遅れてやって来た商都カルカッタと古都デリーが首位を争うが、イギリスの王権を擬人化した「聖ジョージ」の裁定でデリーが新しい首都とされ、諸都市も同意する。最終場面ではイギリス国歌《神よ、王を守り給え》が高らかに奏され、イギリス帝国と一体となったインドの繁栄が歌われる。インドに関する音楽には半音階と変拍子が多用されて神秘性と混沌が示され、対照的にイギリスに関する音楽は長調と全音階で、理性と秩序が強調される[13]。

《インドの王冠》は1912年3月半ばから4月末にかけて約7週間、1日2公演が行われ、一部はエルガー自身が指揮した。作曲者の知名度とコロシアムの立地の利もあって、約20万人が観劇するヒットとなった。純粋な商業公演であったが、作品はデリー・ダーバーとイギリスのインド統治の正統性を人々に再認識させる公共音楽の機能を果たしたのである。

2　帝国からコモンウェルスへ——帝国博覧会（1924年）——

第一次世界大戦（1914〜1918年）はイギリス帝国の構造に大きな変化をもたらした。帝国からコモンウェルスへの段階的な変容である。イギリスが4年余りの大戦を戦い抜けたのはカナダ、オーストラリア、ニュージーランド、南アフリカというドミニオン（白人自治領）と植民地インドの協力があってであった。戦後、自らの貢献に対して自治領とインドは、イギリス本国に対して政治的地位の向上を求める。その結果、4自治領とインドは1919年1月から6月にかけて開かれたパリ講和会議に個別に参加することが認められ、新たに設立された国際連盟にも加盟した［秋田2012：193—202］。このような時代に開かれたのが、帝国博覧会（The British Empire Exhibition）である。

博覧会は大戦終結から6年目の1924年に戦後復興と帝国の団結を記念する国家的祝祭として、初の労働党政権であるラムゼイ・マクドナルド内閣のもとで開かれた。会場はロンドン北郊のウェムブリー（Wembley）に建設された帝国競技場（The Empire Stadium）。12万人を収容できる巨大施設である。この競技場を中心に各種の展覧会場、娯楽設備が設けられ、4月から10月までの会期中に1700万名以上の入場者を数えた。4月23日の開会式では国王ジョージ5世が自ら演説し、大閲兵式に合わせて上空にはイギリス空軍の戦闘機の編隊が飛来して帝国の技術と威武を示した(14)。

2年前の1922年、イギリス放送協会（BBC）が設立され公共放送として活動を始めており、開会式の模様は全国にラジオで中継された(15)。この実況放送は、イギリス国民の家庭にラジオ受信機を普及させる画期となったのである。

当然のことながら、帝国博覧会でもさまざまな音楽が使用された。中でも公共性が高かったのが、広大な競技場を活用した「帝国のページェント」（*Pageant of the Empire*）である。これは帝国の拡大発展を描くマス・ゲームのようなショーで、1万2000名の出演者とダンサー、400名の合唱と100名を超える管弦楽団、さらには帝国の各地から集められた馬300頭、ロバ50頭、鳩1000羽、猿72匹、象7頭、ラクダ8頭、熊3頭が動員された。全曲上演には3日連続で8時間以上を要したが、7月後半から8月までの6週間に少なくとも全曲で12回上演され、延べ300万人以上が観賞した［Richards 2015 : 194-207］。

このページェントのための音楽を依頼されたのは「帝国の吟遊詩人」エルガーである。エルガーは新しく《帝国行進曲》（*Empire March*, 1924）と8曲の管弦楽付き歌曲・合唱曲を作曲した。新しい《帝国行進曲》はリハーサルが間に合わず、ページェントでは1897年の古い《帝国行進曲》が使用された。新しい8曲のタイトルは以下の通りである。

1〈シェークスピアの王国〉*Shakespeare's Kingdom*
2〈島々（ニュージーランドの歌）〉*The Islands*（*A Song of New Zealand*）
3〈青い山々（オーストラリアの歌）〉*The Blue Mountains*（*A Song of Australia*）
4〈カナダの心〉*The Heart of Canada*
5〈西方への船出〉*Sailing Westward*
6〈冒険商人たち〉*Merchant Adventurers*
7〈不滅の軍団〉*The Immortal Legions*
8〈団結の歌〉*A Song of Union*

作詞者はアルフレッド・ノイズ（Alfred Noyes, 1880-1958）。オックスフォード大学出身、44歳の気鋭の詩人である。代表作の長編詩集『ドレイク』（1906-8年）は、エリザベス1世時代の海賊軍人フランシス・ドレイクを描いた勇壮な内容。「帝国のページェント」にはうってつけの人物であった。ページェントのインドを扱うシーンには1912年の《インドの王冠》の音楽から〈序〉〈ムガル皇帝たちの行進〉〈「インドの王冠」行進曲〉が使われた。《帝国行進曲》、前出の1～7、そして《インドの王冠》からの3曲の演奏時間を合計すると約40分である。ページェントでは有名無名の他のイギリス人作曲家たちの作品も用いられた[16]が、ノイズ／エルガーの歌詞と音楽が全体に統一感を与えるライトモティーフのように使用された［Gulman 2015：221–23］。

《帝国のページェント》に一貫するのは、タイトルに相違して「帝国」の強調よりも自治領およびインドへの言及である。第1曲は英語諸国民共通の文化遺産であるシェークスピアへの言及で始まる。続く第2～4曲ではニュージーランド、オーストラリア、カナダという自治領の讃歌が続く。第5曲と第6曲では帝国建設に乗り出したイングランド人たちの気概と冒険が歌われる。第7曲は帝国建設に倒れた人々への哀悼歌。第8曲は演奏時間の制約でページェントでは用いられなかったが、帝国を構成する諸国民の団結を讃える歌詞で、新しい《帝国行進曲》の中間部の旋律が転用されている。後に独立した合唱曲に編曲されてしばしば演奏され、ラジオでも放送された。

会期中に帝国博覧会を訪れたイギリス国民と自治領・植民地の市民は、コモンウェルスを構成する自治領とインドの展示館を見学し、さまざまなアトラクションを楽しみ、そして会期中に繰り返し上演された《帝国のページェント》を観劇し、分厚いプログラム冊子を記念に購入して持ち帰った。そして家庭や職場ではラジオから流れてくるBBCの放送で、エルガーはじめイギリスの作曲家たちが博覧会のために書いた音楽を耳にしたのである[17]。

このような流れの末、2年後の1926年にロンドンで開かれたイギリス帝国会議では「バルフォア報告書」が採択され、1931年の「ウェストミンスター憲章」の制定により自治領と本国は共通の王冠のもとで対等の関係になった[18]。一方、インドではイギリスからの分離独立の動きが強まっていく。分離しようとする傾向にある自治領とインドを帝国に繋ぎ留めておく努力の一環が帝国博覧会であり、公共音楽もその努力の一翼を担ったのだった。

3　国民国家と王室――イギリス祭とエリザベス女王戴冠式　1951～1953年――

（1）イギリス祭におけるパーセルとブリテン（1951年）

帝国博覧会から15年後の1939年9月、第二次世界大戦が始まる。大戦は帝国からコモンウェルスへ変容していたイギリスにとり更なる試練となった。戦勝国にはなったものの国力の消耗は著しく、大戦後は覇権国の座を米ソという超大国へ譲らざるを得なかった。この過程でカナダ、オーストラリア、ニュージーランド、南アフリカの分離は決定的となる。何よりも1947年のインドの独立は、名実ともに帝国の終焉を意味した［秋田 2012：225―27］。この変化の中でイギリスはいかなる国家的アイデンティティを求め、公共音楽はいかなる役割を果たしたのか。

戦後のイギリス社会の方向性を決めた画期が1951年5～10月のイギリス祭（Festival of Britain）である。(19) 1945年5月、ウィンストン・チャーチル率いる保守党は総選挙で敗れ、クレメント・アトリーを党首とする労働党が勝利を収めた。有権者は保守党が体現してきた帝国の栄光よりも、労働党が主唱する福祉国家を選択したのである。労働党は「新しいコモンウェルス」（New Commonwealth）のスローガンを掲げて、自治領諸国や独立するインドなど旧植民地との協調の継続を図った。しかし、結果として労働党政権がめざしたのはイギリスを世界帝国から西ヨーロッパの国民国家へ変容させることであった。戦争で疲弊したイギリスに植民地を維持するゆとりはなく、有限な資源は国内の経済再建と福祉にまわさざる得ない事情もあった。

このような中、政府の指示で1948年春に準備委員会が設けられ、イギリス祭の計画が練られていった［Fyrth 1995：181–96］。全国の1万7000以上の市町村でさまざまな祝賀行事が行われることになったが、本会場はロンドンのテムズ川南岸のビール醸造所の跡地である。戦火で荒廃した地域の再開発も狙った土地選定である。この土地にサウスバンク・センター（SBC）と呼ばれる会場が整備され、さまざまな展示館やアトラクション施設が建設された。

大戦の終結から6年がたち、国民生活がようやく落ち着いた頃に開かれたこの国家的イヴェントは「国民を元気づけるもの」(Tonic to the Nation)と呼ばれた。偶然ながら音楽用語として「トニック」には「主音」という意味がある。事実、イギリス祭における公共音楽は新しいイギリスの主音を形成するために動員された。しかし、27年前の１９２４年の帝国博覧会と比べると、イギリス祭の基調はまったく異なるものであった。「帝国」(Empire)ではなく「イギリス」(Britain)が徹底して強調されたのである。コモンウェルス諸国の展示館はＳＢＣから離れた地域に集められた[Lew 2017: 3-9; Auerbach 2015: 135]。会期中に本会場を訪れる人は徹頭徹尾「イギリス」を強調する現代建築、展示、アトラクションや催事に浸ることとなった。５カ月の会期中に本会場ＳＢＣの入場者は約８５０万人、それ以外の各地の会場における催しへの入場者も含めれば約１０００万人がイギリス祭を訪れた。総人口４９００万の中の５人に１人以上である[Turner 2011]。

ＳＢＣの目玉の一つが、ロイヤル・フェスティヴァル・ホール(ＲＦＨ)という収容人数２９００名のクラシック音楽専用のコンサートホールである。戦前ロンドンの中心的音楽ホールは、都心のランガム地区に１８９５年に建設された収容人数２５００名のクイーンズ・ホール(Queen's Hall)であったが、１９４１年にドイツ空軍の爆撃により焼失した。そのため、戦時中のロンドンの音楽会の大半は、夏のプロムスも含めてケンジントン地区のロイヤル・アルバート・ホール(Royal Albert Hall)で行われていた。しかしこれは収容人数８０００名の多目的ホールでクラシック音楽の演奏に適しているとは言い難く、新しい音楽専用ホールの建設が望まれていたのである。

この新ホールを中心に、ロンドン各所で「イギリス芸術シーズン」(Season of the British Arts)の名称のもと、５月から10月のイギリス祭期間中に３００以上の音楽会が開かれた。１９５１年５月３日ＲＦＨの柿落としを兼ねた開幕演奏会が国王ジョージ6世(在位１９３６-１９５２年)夫妻臨御のもと催された[20][Mullins 2007: 46]。ロンドンの５つの管弦楽団と各地の10団体からの選抜メンバーで構成された合唱団をエイドリアン・ボールト(Adrian Boult 1889-1982)とマルコム・サージェント(Malcolm Sargent 1895-1967)が指揮した。とりあげられた作曲家はエルガー、パリー、アーン、ヴォーンウィリアムズ、ヘンデル、パーセル。帰化ドイツ人のヘンデルもイギリス人とみなせば演目はすべてイギリス人作曲家の作品で固められていた。指揮者とオーケストラも「オール・イギリス」である。この選択はイギリス祭主催者たちが考えていた「イギリスの国民音楽」のイメージを示していた。RFHでは同じ週に続けてBBC交響楽団、ロンドン交響楽団、フィルハーモニア管弦楽団、ロンドン・モーツァルト・プレイヤーズなどロンドンを本拠地とする楽団によってイギリス・プログラムの演奏会が6つ行われた。さらに会期中にロンドン各所で行われた300以上の音楽会で170名以上のイギリス作曲家たちの約750曲の作品が演奏された［Kenyon 1981 : 243; 252; Lew 2017 : 33–42］。

イギリス芸術シーズンの大きな特色の一つはヘンリー・パーセル（Henry Purcell 1659–1695）の重視である。17世紀後半の王政復古期に活躍した夭逝の天才パーセルの名は、1895年に歌劇《ダイドーとエネアス》（*Dido and Aeneas, 1684*）が約200年ぶりに蘇演されてから、音楽史研究者と一部の音楽愛好家の間では知られていた。とはいえイギリス国民の間に広く定着していた名前とは言い難かった。イギリス芸術シーズン中には90曲以上のパーセル作品が演奏された。また、パーセル作品に特化した8回の演奏会が行われ、《妖精の女王》（1692年）のような劇音楽や歌劇の多くも上演されたのである［Wiebe 2015 : 77–84］。

もう一つの特色はベンジャミン・ブリテン（Benjamin Britten 1913–1976）の作品の演奏頻度の高さである。RFHにおける開幕演奏会の演目に含まれておらず、エルガー（36回）、ヴォーンウィリアムズ（35回）、ヘンデル（18回）には及ばないが、ホルスト、ウォルトンと並ぶ9回であり、ディーリアスとスタンフォード（各8回）をしのいだ［Lew 2017 : 35–42］。まだ40歳にもならない新進作曲家としては破格の扱いである。また新作歌劇《ビリー・バッド》の初演も期間中に行われ、好評を博した。精緻でユニークな作風と英語によるオペラを制作する能力が、「イギリスの国民音楽」を求める時代の要請と合致して、ブリテンが第2次大戦後のイギリス音楽界の中心に押し出されていたことがうかがえる。その画期となったのが1945年5月、対独戦争終結直後にロンドン市内のサドラーズ・ウェルズ劇場で初演された歌劇《ピーター・グライムズ》である。この作品はたちまち国際的な評価を得て、英語の台本に基づくオペラとしては初めて世界の主要な歌劇場のレパートリーに定着していった。

このようなパーセルとブリテンの急速な復興と勃興を象徴する作品が１９４５年に書かれたブリテンの《青少年のための管弦楽入門：ヘンリー・パーセルの主題による変奏曲とフーガ》（*A Young Person's Guide to the Orchestra: Variations and Fugue on the Theme of Henry Purcell*）である［Oliver 1996 : 124 ; Wiebe 2015 : 78–79］。初等・中等教育レベルの児童生徒にオーケストラの仕組みを教える教育映画用の音楽で、ブリテンはパーセルの劇付随音楽《アブデルザールまたはムーア人の復讐》（１６９５年）中の旋律を主題に選んだ。いわば17世紀後半のイングランドの天才作曲家と20世紀半ばイギリスの気鋭の作曲家のコラボである。ブリテン自身パーセルに深く傾倒しており、埋もれていた作品を編曲・蘇演し、多くの作品からインスピレーションを得て新作を書いている［Oliver 1996 : 121 ; Kildea 2013 : 189–190 ; Wiebe 2015 : 88–91］。ブリテンは18～19世紀にフランス・ドイツ音楽の影響に圧倒される以前のイングランドの作曲家に着目したのである。この方向性は、ブリテンが左派シンパであったことと相まって「帝国から国民国家への移行」を目指していた労働党政権の政策と親和性があった。

《青少年のための管弦楽入門》を学校の音楽教育で聴かされた児童生徒たちは、イギリス祭期間中にさらに多くのパーセルとブリテンの作品に触れ、両者を結ぶ線を「イギリス音楽の正統」と考えるようになったかもしれない。(21) このようなイメージを広範囲の国民に伝えることに成功したとすれば、労働党政権がめざしたイギリス祭の目的はかなり達成されたと言えよう。

(2)　エリザベス２世戴冠式と《グロリアーナ》（１９５３年）

しかし、イギリス人がみなすぐに自己イメージを転換できたわけではない。その意味で帝国と国民国家の葛藤が表れたのが１９５３年のエリザベス２世（在位１９５２–）の戴冠行事であった。(22) １９５１年秋の総選挙で労働党が敗れ、保守党が政権を奪還した。首相には第二次世界大戦時の英雄チャーチルが返り咲いた。イギリス祭が労働党政権の産物であったとすれば、エリザベス2世の戴冠行事は保守党政権のショーであった。かくして1953年6月3日、エリザベス2世の戴冠式が挙行された。25歳の若き女王は16世紀後半の同名の女王エリザベス1世（在位1558–1603年）のイメージと重ねられ、政府とメディアはこぞって「新エリザベス時代」(New Elizabethan Age) の到来を強調した。「帝国の栄光」への郷愁はいまだに強かったのである。

エリザベス2世の戴冠行事に際しても多くの公共音楽が提供された。マルコム・アーノルド、アーサー・ブリス、レノックス・バークリー、アーノルド・バックス、ウィリアム・ウォルトンらの作品が演奏された [Starkey and Greening 2013: 347–51][23]。しかし、歌劇の分野で公共音楽を提供できる作曲家は、実績においてブリテンをおいていない。しかし、左派シンパのブリテンは保守党政権にとって「両刃の剣」であった。戴冠週間のロイヤル・ガラではロンドンのコヴェントガーデン王立歌劇場においてブリテンの新作歌劇が初演された。リットン・ストレイチー（1880–1932年）の小説『エリザベスとエセックス』（1928年）を原作とする台本に基づく《グロリアーナ》(*Gloriana*, 1953) である[24]。「グロリアーナ」とはウォルター・ローリー（1554–1618年）やドレイクを引き立て、スペイン無敵艦隊を破りイギリス帝国興隆の礎を築いたエリザベス1世の尊称である。しかし、この新作は権謀術数渦巻くテューダー朝の宮廷を舞台に、猜疑心と虚栄心が強く、はるか年下のエセックス伯爵への恋情に悶える中年を過ぎたエリザベス1世を生々しく描いたドラマであった。このような「不敬」な作品は、若き清新な女王の門出を寿ぐ作品とは程遠い。案の定、初演の評価は芳しくなく、戴冠週間中の上演は続けられたが、興行的には失敗に終わった。エリザベス1世の実像は別にしても《グロリアーナ》で描かれたイングランドは、宮廷の雅と田園の美に象徴される内向きの「古き良きイングランド」[25]であり、そこには無敵艦隊の撃破など帝国の栄光のかけらもない [Kildea 2013: 372–75; Oliver 1996: 148–52]。時代錯誤な夢に対するブリテン一流の皮肉であった。

おわりに

公共音楽とメディアの関係について考えると、イギリス帝国の全盛期は紙媒体の時代であった。この時代の公共音楽には人々の志向に応える形で時代精神が反映された。王室や国家とは関係なく地方の合唱音楽祭の委嘱から生まれた《カラクタクス》や劇場の商業公演のために書かれた《インドの王冠》は、イギリス国民の持つ帝国のイメージを再生産し、増幅する装置となった。一方、映像や音声（ラジオ）が強力な媒体として広まったのは、帝国凋落の兆しが見え始めた第一次世界大戦後である。それ以降、公共音楽は国民の意識を特定の方向へ誘導する機能を、時の政権から期待されるようになる。政府主導で行われた帝国博覧会とイギリス祭における公共音楽の扱われ方は、その顕著な例と言えよう。

エリザベス2世戴冠式の3年後、1956年秋にスエズ戦争が勃発。反植民地主義を掲げる国連と米ソ両超大国からの圧力のみならず、頼みの綱のコモンウェルス諸国からも強い反発を受け、イギリスのエジプトへの軍事介入は惨憺たる失敗に終わった。イギリス国民は名実ともに帝国の没落を実感し、翌年1月、アンソニー・イーデン首相の保守党内閣は総辞職した［秋田 2012：239―42］。

偶然ながらその1957年はエルガー生誕100年の年であった。これ以降演奏されるエルガーの作品からは、「帝国の音楽」が外されていく。1960年代以降にエルガーを知った人々にとって、彼は《エニグマ変奏曲》、《ゲロンティアスの夢》とチェロ協奏曲の作曲家であり、《カラクタクス》、《インドの王冠》、《帝国のページェント》の作曲家ではない。いつのまにか「帝国の吟遊詩人」ではなく「イングランドの抒情詩人」の像が作られていったのである。(26)

1972年にイギリスの作曲家で初めて郵便切手の図柄に選ばれたのが、その年が生誕100年のヴォーンウィリアムズであったのも象徴的である。民謡と中世の多声音楽に創作の源泉を求めたヴォーンウィリアムズは、帝国ではなく、まさにイングランドの作曲家であった(27)。

それでもロンドンの夏の風物詩であるＢＢＣプロムナード・コンサートの最終日には、現在でもエルガーの行進曲《威風堂々》第1番が演奏され、《希望と栄光の国》が歌われ続けている［Storry and Childs 2016 : 18］。これが帝国の残滓なのか、それとも国民国家へ変貌したイギリスの新たなアイデンティティの反映なのかは、改めて考察したい。

注

（1）イギリスでは国家的式典の音楽をつかさどる官職として１６２６年に王室音楽師範（Master of the King's Musick）が設けられ現在に至っている。等松［２０１３］を参照。

（2）大人数の演奏者とその数倍の聴衆が、歌詞を有する大規模な楽曲を介して一堂に会する合唱音楽祭は、ナショナリズムの発揚に絶大な効果を有していた。イギリスに限らず、19世紀後半にはヨーロッパ各国で合唱運動および合唱音楽祭の隆盛が見られた［Lajosi and Stynen 2015］。バーミンガム音楽祭については Elliott［2000］, ウースター、ヘレフォード、グロースターのスリークワイヤーズ祭については Boden［1992］を参照。

（3）ダイヤモンド・ジュビリーで演奏された音楽については Starkey and Greening［2013 : 222–26］, Richards［2001 : 136–45］を参照。

（4）エルガーに関するスタンダードな評伝としては Moore［1984］と Kennedy［1987］を参照。イギリス社会と帝国におけるエルガーの位置付の概略は等松［２００９ａ：２００９ｂ］を参照。

（5）楽想と楽曲構造の分析は Richards［2001 : 49–50］, Grimley and Rushton［2004 : 75–80］を参照。

（6）引退したインド高等文官たちはイギリス社会に隠然たる影響力を有し、ビジネスや学芸の分野で活躍する者も少なくなかった［本田２００１：１４―１６：１６８―７２］。アクワースの背景およびエルガーとの関係については McGuire［2007 : 50–77］を参照。

（7）民を救うためには自らの命を顧みないカラクタクスの姿勢にはキリストに通じる宗教的な自己犠牲がある［Blunnie 2016: 35–39］。「尚武」「寛容」に「敬虔」を加えた人物像はヴィクトリア時代後期の国民的アイコンであったチャールズ・ゴードン（Charles Gordon 1833–1885）将軍に集約される。マフディーの反乱から住民を守るためスーダンのハルツームに留まり壮烈な戦死を遂げたゴードンは理想化された大英帝国の英雄であった。エルガーの交響曲第1番（１９０８年）の最初の構想はゴードンをテーマにした交響曲であり、その構想を練っていたのはちょうど《カラクタクス》の作曲時期と重なっていた。エルガーの《ゴードン交響曲》構想についてはEtherington［2017：163–196］参照。

（8）カラクタクスに含まれる帝国主義イデオロギーについてはMortensen［2013；2014］参照。一方、インド体験の長いアクワースの台本にはオリエンタリズムの要素もあった［Upperton 2007］。

（9）エルガーは「作曲家の使命はいにしえの吟遊詩人のようなものだ。軍勢の前に立ち人々を鼓舞する」と語っている。国家という共同体を励ますという意味で、エドワード7世に認められてからのエルガーは、まさに「帝国の吟遊詩人」であった。エドワード7世とエルガーの密接な関係についてはReynolds［2010］を参照。エルガーの帝国に対する態度はLace［1997］, Porter［2001］およびRichards［2001：44–87］を参照。保守的な地方社会出身で、イギリス・インド陸軍少将の娘と結婚したエルガーは政治的には保守党の支持者で、「開明的な帝国主義」の素直な信奉者であった。ゴードン将軍を題材にした交響曲の構想にもその姿勢が示されている（注7も参照）。エルガーの多くの作品に見られる帝国へのノスタルジーについてはRiley［2007：152–67］を参照。

（10）第3回ダーバーの概要についてはRaman and Agarwal［2012］およびMcAleer and Mackenzie［2015：194–219］を参照。

（11）ハミルトンはミュージックホールの日常的な演目の台本を多く執筆しており、共作者のセシル・ローリー（Cecil Raleigh 1856–1914）とのコンビで「メロドラマのギルバート・アンド・サリヴァン」と呼ばれ人気があったPucciarelli［2018：165］。

（12）仮面劇とは本来はスチュアート王朝時代に流行した音楽劇の様式で、政治的含意を含むものが多かった。19世紀後半から20世紀前半にかけてイギリスでは仮面劇の復興が見られた。《インドの王冠》もその潮流の中で書かれたHeckert［2018：21–23；175–84］。《インドの王冠》の概要についてはHarper-Scott［2004：172–173］, Guhman［2014：53–104］およびMcAleer and Mackenzie［2015：194–219］を参照。

（13）《インドの王冠》に表れるオリエンタリズムについてはGould［2007］を参照。

（14）１９２４年の帝国博覧会の概要はGuhman［2014：168–69］, Guhman［2015：220–56］を参照。帝国の全盛期に複数回行われた同種の博覧会の概要はMackenzie［1984：97–120］を参照。

（15）ＢＢＣと帝国プロパガンダの関係についてはMackenzie［1986］を参照。

（16）《帝国のページェント》が上演されていた１９２４年8月、前任者のウォルター・パラット死去に伴い、帝国博覧会への貢献も含めて長年の国家への奉仕が認められ、エルガーはジョージ5世より王室音楽師範に任じられた（本章注１も参照）。

(17) ラジオ放送が開始された1922年からエルガーが没した1934年の間にBBCが放送したエルガー作品の回数では《威風堂々》第1番や《愛の挨拶》(共に多すぎてカウント不可能)、歌曲集《海の絵》(*Sea Pictures*, 1899)(256回、ただし全5曲の歌曲集の中の1曲のみでも数えて)を別にすると、もっとも多かったのは《インドの王冠》の音楽から作られた組曲であった(102回)。これはエルガーの代表作である《エニグマ変奏曲》(69回)、《ゲロンティアスの夢》(14回)、交響曲第1番(13回)、ヴァイオリン協奏曲(24回)、交響曲第2番(12回)、チェロ協奏曲(19回)を大きく上回る。帝国に関わる音楽では《帝国行進曲(1897年)》(65回)、《聖ジョージの旗》(10回)、《戴冠式頌歌》(1回)、《イングランドの精神》(*The Spirit of England*, 1917)(6回)、《帝国行進曲(1924年)》(21回)、《帝国のページェント》(23回)なども放送されていた。ヴィクトリア女王のダイヤモンド・ジュビリーを想起させる《帝国行進曲(1897年)》と《聖ジョージの旗》(1897年)、デリー・ダーバーの産物である《インドの王冠》(1912年)組曲、帝国博覧会のために作られた《帝国のページェント》と《帝国行進曲(1924年)》の放送頻度もかなり高かった。ラジオという新媒体が国民に帝国のイメージを伝えることに積極的に活用されていたことがうかがえる[Taylor 1993 : 31–37]。本章注15も参照。

(18) コモンウェルスの概念と構造については小川[2012]を参照。

(19) イギリス祭の概要とその社会的影響についてはTurner [2011] を参照。

(20) 演奏会の具体的な演目についてはLew [2017 : 1] 参照。

(21) ブリテンの「イギリス性」についてはDay [1999 : 209–22] を参照。

(22) 戴冠式の模様は君塚[2020 : 59–65]を参照。

(23) ロイヤル・フィルハーモニック協会、アーツ・カウンシル(音楽芸術振興協会)、BBC、ロンドン市の共催でイギリス音楽に特化した8つの戴冠式祝賀演奏会も行なわれた[Kenyon 1981 : 251–252]。

(24) ストレイチーはブルームズベリー・グループと呼ばれた20世紀前半イギリスの左派系知識人・芸術家グループの一員であった。ヴォーンウィリアムズもシンパであった。ブリテンがあえてこの台本を選んだ経緯についてはKildea [2013 : 361–64], Lew [2017 : 145–46]を参照。「新エリザベス時代」の風潮と《グロリアーナ》作曲の関係についてはWiebe [2015 : 109–50] を参照。

(25) とはいえ、本公演に先立って行われたプレヴューを観たエリザベス2世には好評であったといわれる。2013年のエリザベス戴冠60年記念およびブリテン生誕100年の年にロンドンのコヴェントガーデン王立歌劇場で60年ぶりに上演された《グロリアーナ》では、このプレヴューのエピソードを演出に取り入れている。この2013年の公演は市販のDVDで見ることができる。

(26)「イングランドの抒情詩人」のイメージを決定的にしたのはおそらくケン・ラッセル（Ken Russell）監督によるBBCドキュメンタリー「エルガー：ある作曲家の肖像」（*Elgar: The Portrait of a Composer*, 1962）である。そこでは故郷ウースターシャーの田園をこよなく愛し、第一次世界大戦で自分の音楽が戦意高揚に使われることを嫌悪し、帝国博覧会の趣味の悪さに辟易するエルガーが描かれている。ドキュメンタリー作品の古典的名作として英国ではしばしば再放映され、DVDでも視聴が可能である。また1965年にEMIからリリースされた、チェロ協奏曲（1919、独奏はジャクリーヌ・デュプレ）と歌曲集《海の絵》（独唱はジャネット・ベーカー）を両面に収めたジョン・バルビローリ指揮ロンドン交響楽団のLPレコードは、販売累計数十万枚というロングセラーとなり、「帝国の吟遊詩人」から「イングランドの抒情詩人」へのエルガー・イメージの転換に大きく貢献した。そして1999年から2007年にかけて発行されたイングランド銀行の20ポンド紙幣の図柄にエルガーが選ばれた際は、王室音楽師範の正装姿ではなく、故郷のウースター大聖堂を背景にした《ゲロンティアスの夢》作曲当時の内省的な肖像が使用されている。

(27)ヴォーンウィリアムズの「イギリス性」についてはDay［1999：173-195］を参照。盟友のセシル・シャープ（Cecil Sharp 1859-1924）とグスターヴ・ホルスト（Gustav Holst 1874-1934）と共にイギリス各地の民謡の蒐集と研究に励んだヴォーンウィリアムズは1934年に「国民音楽とは何か」という論文Vaughn［1963］も執筆している［Curtis 2008：101；108］。

参考文献

〈邦文献〉

秋田茂［2012］『イギリス帝国の歴史――アジアから考える』中央公論新社。

小川浩之［2012］『英連邦――王冠への忠誠と自由な連合』中央公論新社。

君塚直隆［2007］『ヴィクトリア女王――大英帝国の〝戦う女王〟』中央公論新社。

――［2020］『エリザベス女王――史上最長・最強のイギリス君主』中央公論新社。

等松春夫［2009a］「エドワード・エルガーと帝国の精神――エルガーの社会文化史（1）」『フィルハーモニー』81（4）。

――［2009b］「エルガーと帝国の黄昏――エルガーの社会文化史（2）」『フィルハーモニー』81（7）。

――［2013］「公的音楽と英国の作曲家たち――王室音楽師範をめぐって」『フィルハーモニー』85（4）。

本田毅彦［2001］『インド植民地官僚――大英帝国の超エリートたち』講談社。

〈欧文献〉

Adams, B. ed. [2007] *Edward Elgar and His World*, Princeton : Princeton University Press.

Andersen, R. A. [2002] *Elgar and Chivalry*, Rickmansworth : Elgar Editions.

Auerbach, J. [2015] "Empire under Glass : The British Empire and the Crystal Palace, 1851–1911," in McAleer, J. and Mackenzie, J. M. eds. *Exhibiting the Empire : Cultures of Display and the British Empire*, Manchester : Manchester University Press.

Blunnie, R. [2016] "Seeking the Sacred : Edward Elgar's Caractacus and Surpassing the Roman Empire," *REA: Journal of Religion, Education and the Arts*, Issue 10.

Boden, A. [1992] *Three Choirs : A History of the Festival*, Stroud : Alan Sutton.

Clayton, M. and Zon, B. eds. [2007] *Music and Orientalism in the British Empire, 1780s–1940s Portrayal of the East*, Aldershot : Ashgate.

Cowgill, R. and Rushton, J. eds. [2006] *Europe, Empire, and Spectacle in Nineteenth-Century British Music*, Aldershot : Ashgate.

Curtis, B. [2008] *Music Makes the Nation : Nationalist Composers and Nation Building in the Nineteenth-Century Europe*, Amherst : Cambria Press.

Day, J. [1999] *'Englishness' in Music : from Elizabethan Times to Elgar, Tippett and Britten*, London : Thames Publishing.

Elliott, A. [2000] *A Brief History of the Birmingham Triennial Musical Festivals 1784–1912*, Birmingham : Birmingham Library Services.

Etherington, N. [2017] *Imperium of the Soul : The Political and Aesthetic Imagination of Edwardian Imperialists*, Manchester : Manchester University Press.

Foreman, L. ed. [2001] *Oh, My Horses! : Elgar and the Great War*, Rickmansworth : Elgar Editions.

Fyrth, J. [1995] *Labour's Promised Land? : Culture and Society in Labour Britain 1945–1951*, London : Laurence and Wishart.

Gould, C. [2007] "An Inoffensive thing' : Edward Elgar *The Crown of India* and Empire," in Clayton, M. and Zon, B. eds., *Music and Orientalism in the British Empire, 1780s–1940s Portrayal of the East*, Aldershot : Ashgate.

Grimley, D. M. [2007] "The Spirit-Stirring Drum' : Elgar and Populism," in Adams, B. ed., *Edward Elgar and His World*, Princeton :

Princeton University Press.
Grimley, D. and Rushton, J. eds. [2004] *The Cambridge Companion to Elgar*, Cambridge : Cambridge University Press.
Guhman, N. [2007] "Elgar and the British Raj : Can the Mughals March?" in Adams, B. ed., *Edward Elgar and His World*, Princeton : Princeton University Press.
——— [2014] *Resonance of the Raj : India in British Musical Imagination 1897–1947*, Oxford : Oxford University Press.
——— [2015] "Elgar's Pageant of Empire, 1924 : An Imperial Leitmotif," in McAleer, J. and Mackenzie, J. M. eds. *Exhibiting the Empire : Cultures of Display and the British Empire*, Manchester : Manchester University Press.
Harper-Scott, J.P.E. [2004] "Elgar's unwumbling : the theatre music," in Grimley, D. and Rushton, J. eds. *The Cambridge Companion to Elgar*, Cambridge : Cambridge University Press.
Heckert, D. [2007] "Working the Crowd : Elgar, Class, and Reformulations of Popular Culture at the Turn of the Century," in Adams, B. ed., *Edward Elgar and His World*, Princeton : Princeton University Press.
——— [2018] *Composing History, National Identities and the English Masque Revival, 1860–1920*, Woodbridge : Boydel.
Kennedy, M. [1987] *Portrait of Elgar*, 3rd edition, Oxford : Clarendon Press.
Kenyon, N. [1981] *B.B.C. Symphony Orchestra : The First Fifty Years, 1930–80*, London : BBC Books.
Kildea, P. [2013] *Benjamin Britten : A Life in the Twentieth Century*, London : Allan Lane.
Lace, I. [1997] "Elgar and Empire," *The Elgar Society Journal* (*ESJ*), 10 (3).
Lajosi, K. and Stynen, A. [2015] *Choral Societies and Nationalism in Europe*, Leiden : Brill.
Lew, N. G. [2017] *Tonic to the Nation : Making English Music in the Festival of Britain*, London : Routledge.
Mackenzie, J. M. [1984] *Propaganda and Empire : The Manipulation of British Public Opinion*, Manchester : Manchester University Press.
——— [1986] "In Touch with the Infinite' : BBC and the Empire," in Mackenzie, J. M. ed. [1986] *Imperialism and Popular Culture*, Manchester : Manchester University Press.
——— [2015] "Exhibiting Empire at the Delhi Durbar of 1911," in McAleer, J. and Mackenzie, J. M. eds. *Exhibiting the Empire : Cul-*

tures of Display and the British Empire, Manchester : Manchester University Press.

Mackenzie, J. M. ed. [1986] *Imperialism and Popular Culture*, Manchester : Manchester University Press.

McAleer, J. and Mackenzie, J. M. eds. [2015] *Exhibiting the Empire : Cultures of Display and the British Empire*, Manchester : Manchester University Press.

McGuire, C. E. [2004] "Functional Music : Imperialism, the Great War, and Elgar as Popular Composer," in Grimley, D. and Rushton, J. eds., *The Cambridge Companion to Elgar*, Cambridge : Cambridge University Press.

――― [2007] "Elgar and Acworth's Caractacus : the Druids, Race, and the Individual Hero," in Rushton, J. and Harper-Scott, J.P.E., *Elgar Studies*, Cambridge : Cambridge University Press.

Monk, R. [1993] *Edward Elgar : Music and Literature*, Aldershot : Scolar Press.

Moore, J. N. [1984] *Edward Elgar : a Creative Life*, Oxford : Oxford University Press.

Mortensen, B. [2013] "Imperial Propaganda and *Caractacus* : The Woodlands and Elgar's Love of Country," *The Elgar Society Journal*, 18 (3).

――― [2014] "Imperial Propaganda and *Caractacus* : Chivalry, Militarism and the Multi-faceted Character of Elgar's British Army," *The Elgar Society Journal*, 18 (5).

Mullins, C. [2007] *A Festival on the River : The Story of Southbank Centre*, London : Penguin Books.

Oliver, M. [1996] *Benjamin Britten*, London : Phaidon.

Porter, B. [2001] "Elgar and Empire : Music, Nationalism and the War," in *Oh, My Horses! : Elgar and the Great War.*

Pucciarelli, E. [2018] "Edward Elgar's Masque *The Crown of India* : Resonance of the Raj at the London Coliseum," *Il Tolomeo*, 20.

Raman, S. and Agarwal, R. [2012] *Delhi Durbar 1911 : The Complete Story*, New Delhi : Roli Books.

Reynolds, A. [2010] "The King and the Troubadour : Edward VII and Edward Elgar," *The Elgar Society Journal*, 16 (5).

Richards, J. [2001] *Imperialism and Music : Britain 1876–1953*, Manchester : Manchester University Press.

Riley, M. [2007] *Edward Elgar and the Nostalgic Imagination*, Cambridge : Cambridge University Press.

Ross, R. [2008] *A Concise History of South Africa*, 2nd ed., Cambridge : Cambridge University Press（石鎚優訳『南アフリカの歴史』創

土社，２００９年）.

Rushton, J. and Harper-Scott, J.P.E. [2007] *Elgar Studies*, Cambridge : Cambridge University Press.

Starkey, D. and Greening, K. [2013] *Music and Monarchy*, London : BBC Books.

Storry, M. and Childs, P. eds. [2016] *British Cultural Identities*, 5th edition, London : Routledge.

Taylor, R. [1993] "Music in the Air : Elgar and the BBC," in Monk, R., *Edward Elgar : Music and Literature*, Aldershot : Scolar Press..

Turner, B. [2011] *Beacon of Change : How the 1951 Festival of Britain Helped to Shape a New Age*, London : Aurum Press.

Upperton, L [2007] "Patriotic Vigour or Voice of the Orient? Re-reading Elgar's *Caractacus*," in Clayton, M. and Zon, B. eds., *Music and Orientalism in the British Empire, 1780s–1940s Portrayal of the East*, Aldershot : Ashgate.

Vaughan, W. R. [1963] *National Music and Other Essays*, Oxford : Oxford University Press.

Wiebe, H. [2015] *Britain's Unquiet Pasts : Sound and Memory in Postwar Reconstruction*, Cambridge : Cambridge University Press.

第3章

政治のための音楽、音楽のための政治
――ナチスドイツとアメリカ占領軍政府――

芝崎祐典

はじめに

国家ないし政治が音楽文化を利用しようとする局面は様々にあるが、ここでは強権を行使できる政治主体が対外関係を意識して音楽の利用を試みた二つの事例を糸口に考えてみる。一つはナチス・ドイツ、もう一つはドイツ占領アメリカ軍である。ナチスドイツは公然と音楽に介入した代表的な例だが、ドイツ敗北後の占領国の一つであったアメリカもまた占領政策を通じて音楽に公然と介入した。この両国は音楽を権力下に置くための政策を意識的に追求した点で似通っていたが、その介入手法も似通っていた。そして両者の類似点は政府側が音楽を利用しようとしたことだけではなく、音楽側もまた政治を利用しようとしたことにあった。これらの事例を通して政治と音楽の相互関係について考察する。

1　ナチスドイツが音楽に対して行ったこと

ナチスドイツは様々な文化領域に対して権力の浸透を図ったが、その一分野として音楽にも介入し政治的に利用することを試みた。

様々な文化領域の中でも音楽は、ドイツにとって個別と普遍という二つの側面をあわせ持っていた点が特徴であった。それは一方でドイツ的文化であると主張しうる音楽であり、ナショナリズムの一角を構成するものと位置付けられていた。ドイツ的なるものであり、他国にはない（あるいは或は他国より優れた）自国固有のものであるという文化的ナショナリズムの足場とされたのである。他方で、「ドイツ音楽」とくくられた音楽は、国民国家の枠を超えて普遍的価値が与えられていた国際文化でもあった。そもそも歴史的にみてドイツの音楽は周辺の様々な音楽文化が融合して形成されたという特徴を持っていた。このこともドイツの音楽が国際的な音楽芸術と接続していることを認めさせる足がかりとなった。すなわちドイツの権力者にとって音楽は国内的には国家統合と求心力を高める上で、また対外的にはソフトパワーを高め世界的な影響力を強化する上で有益な政治の道具であった。

したがって全体主義体制を固め、広域に支配力を及ぼすことを目指すナチスの体制にとっても、音楽は有益な政治の道具であるとみなされたのであった。そしてそれ以前にナチスは芸術国家を指向しており、特にヒトラーに至っては国家芸術の構築さえ目指していたという体制の特性があった。こうした体制の指向性が音楽を重視する姿勢の前提にあった。

(1)　ユダヤ音楽の排除

独裁的な権力が文化領域に介入しようとするとき、承認と排除という手法が用いられることが一般的だが、ナチスも音楽に対してそのような扱いをした。一方で、体制側が望ましいとみなした音楽には特別な地位を与え、政治的に重要な場で演奏させたり褒賞を与えたりした。これは何が望ましい音楽であるかを示す体制側による「教育的」な企てでもあった。

他方で排除については、根絶すべき音楽を指定し演奏機会を奪うことによっておこなわれた。排除すべき音楽の筆頭に掲げられたのがユダヤ音楽であった。音楽の世界からユダヤの要素を取り除こうとする執拗なまでの排撃は体制の意志に沿ってなされたものではあるものの、それだけで進められたものではなかった。ナチス政権発足以前から社会の随所に埋め込まれていた元来の反ユダヤ主義が、ナチス体制のもと様々な形で「音楽の中のユダヤ」に総攻撃を加えたのである。

ユダヤ音楽を排除する圧力は大きくみて二つの方向へ向かった。一つはユダヤ人作曲家の作品を演奏会など公共の場で演奏させないことを目指すものであった。排除された作曲家の筆頭にあげられるのがメンデルスゾーンである。ナチス発足当時で既に没してから80年以上経っていたメンデルスゾーンの作曲作品は、ドイツのみならず西洋音楽において重要なレパートリーの一つとなっていたが、政権は彼がユダヤ人であることを理由として、排撃すべきユダヤ音楽であると定めたのであった。「ユダヤ人特有の模倣と盗用によって北方の文化が汚染される」という、反ユダヤ主義的攻撃が文化に向けられる際の決まった論法がメンデルスゾーンの作品に対しても投げつけられた。例えば肖像画を根拠に、彼が中東及び東方のユダヤ的特徴を混合した人相を持っていると「解釈」した上で、人種の混交が偉大なドイツ音楽を堕落させるのであるといった根拠薄弱な反ユダヤ主義の論法がさまざまに、かつ執拗に流されていった。

こうした差別的排撃の言説は政府による人種政策から出てくるものであったのはいうまでもない。しかし、それとあわせて思想家や学者、批評家らこそが積極的に展開したものであり、それらを政府が選択的にテコ入れするという形で広められていった。こうしてメンデルスゾーンの作品は非ヨーロッパ的であり、北方の精神とも相容れず、さらにはドイツ音楽を汚すものであるという文脈が作られていったのである。メンデルスゾーンに限らずユダヤ人の作品はこうした形で排撃された。上からの押し付けだけで形成された認識ではなかっただけに、そのような言説が広がるにつれ市民らの力で取り除くことは次第に困難になっていった。

グスタフ・マーラーも、ユダヤ人であったことを理由としてナチス体制のもとで音楽の世界から放逐されたうちの一人であった。マーラーの場合もナチス以前から既に存在していた反ユダヤ主義音楽史の研究や批評を土台として、複数の音楽学者や批評家によって排除の言説が形成されていった。マーラーはワーグナーの音楽を盗用しそれを自己の作品となしてドイツ及びヨーロッパの音楽文化に持ち込んだのであり、それは模倣と寄生しかできない典型的なユダヤ文化人のありようを示している、といった議論が組み立てられていった。創造的独創性を発揮することのないユダヤ人作曲家の作品はドイツ文化を腐敗させるという論法である。マイアベーアなどそのほかのユダヤ人作曲家も同様の攻撃を受けることになった。こうしてナチス体制と反ユダヤ主義音楽学者や批評家の手によって、いわば両者の共犯によってユダヤ人作曲家の作品が排除されていった。

ユダヤ人作曲家の作品がドイツ人作曲家の作品と比べていかに有害であるかの楽理上の証明も試みられた。楽曲の形式によってその特徴をある程度客観的に音楽学的に示すことによってユダヤ人作曲家作品の排撃をより強力に進めようとする企図であった。しかし客観的形式においてドイツ人作曲家との差異は全く明らかなものではなく、学術的に差異を示すことはできなかった。そうであるからこそ、反ユダヤ主義ありきでの観念的な排撃はより過激なものとなっていった。

ユダヤ音楽の排撃の向かったもう一つの矛先はユダヤ人演奏家であった。作品の排除がモノの排除であったとすれば、こちらはドイツで活動する存命のヒトの排除であった。ナチス政権発足からまもない1933年4月に施行された職業官吏再建法は、公的空間からユダヤ人を排除するための立法であるが、その延長にある措置としてユダヤ人指揮者や演奏家を活動停止に追い込んでいった。オーケストラなどでもユダヤ人メンバーが辞任に追い込まれていった。体制から有用性を認識されていたベルリンフィルハーモニー管弦楽団のようなトップクラスのオーケストラの団員はユダヤ人であってもしばらくは活動を続けられたが、そのような特別のケースを除けば、多くのオーケストラのユダヤ人音楽家は直ちに排撃の対象となった。

ユダヤ人を完全ユダヤ人、反ユダヤ人、4分の1ユダヤ人とカテゴリー分けしたアーリア人条項に沿って排除が進んでいく中で、自身がユダヤ人でなくともその家族や親戚にユダヤ人がいるドイツ人演奏家は、家族に身の危険が及ぶことを懸念して強制的に排除される前に亡命するものも少なくなかった。こうしたユダヤ人音楽家の迫害はいわば制定した法による形式的基準にのっとって進められたが、大規模な排除を可能としたのは、上からの政策的措置だけではなく一般ドイツ人の中に広がっていた反ユダヤ主義の協力があったためであった。

(2) 退廃音楽

ユダヤ音楽と並んでナチス期に排除の対象とされたのがモダニズム音楽であり、ナチスのいうところの退廃音楽であった。ただし排除すべきとされた作品の基準はおよそ一貫したものではなかった。

特に目立ったのが無調音楽への攻撃であった。無調音楽は、音楽芸術の中のゲルマン的要素を破壊する病理であり退廃そのものであるばかりでなく、反ドイツ的でありドイツ音楽の破壊者である、というのが攻撃者のおよその論法であった。したがってそれは楽理上の批判というよりはイデオロギー的な攻撃であった。無調音楽の作曲家たちは政治思想において左派に傾斜しており、ゆえにそれらの音楽は芸術的ボリシェビズムでさえあるといった攻撃もしばしばなされた。こうした無調音楽の排撃はナチス政府が主導したものというよりは、ナチスの見解を援用した音楽界の保守分子、例えば作曲家のパウル・グレーナーなどがその中心となって展開された。

ただ無調音楽の様式や形式がどのようなものを指すのかについての見解は攻撃者たちの間でさえ一致したものではなく、ましてや体制側にとっては全く不正確な理解にとどまった。そのため具体的に誰が無調音楽作曲家であるかということについてはヒンデミット、シェーンベルク、ヴェーベルンに加えて、ヴァイルやストラヴィンスキーに対してさえまとめて無調音楽のレッテルが貼られることもあった。こうして様式の異なる作曲家が一まとめにされていたことからも分かるように、無調か否かというのは方便であり、作品の排除と受容はおよそ一貫した基準をもつものではなかった。

無調音楽のレッテルを貼られた作曲家にはユダヤ人作曲家だけでなくドイツ人作曲家も含まれていた。ドイツ音楽の正統な継承者を自認し、自らの12音技法は、以後100年間のドイツ音楽のへゲモニーを確かなものにするだろうと主張していたシェーンベルクは、ナチス体制において真っ先に非難の対象となった。彼の場合、様式の問題以前にユダヤ人であることが問題とされた。彼の弟子にあたるベルクやヴェーベルンはユダヤ人ではなかったが、彼らの作品も厳しい攻撃にさらされ上演が禁止された。

ただ、その他の非ユダヤ人の作曲家による無調音楽の扱いは一貫したものではなかった。例えばプフィッツナーの調性からの部分的逸脱や、リヒャルト・シュトラウスの無調楽節の組み込みについては取り沙汰されることなく、むしろナチ期に繰り返し演奏された。

いずれにせよ音楽界の中の攻撃者は道具としてナチスのイデオロギーを援用し、体制側は音楽界側の対立を選択的に利用することで特定の作曲家を排除し音楽に対する支配力を浸透させていったのである。そして体制側はこうした支配力を自らの体制強化に利用することで音楽の抑圧体制が出来上がった。つまり退廃音楽の「創出」は、体制と音楽界および文化的保守主義者たちの合作であった。

こうした音楽に対する抑圧の一端を明示するものの一つとしてよく知られているのが1938年に開催された退廃音楽展である。ここでは無調音楽を含め、ドイツ音楽のみならずドイツ文化を腐敗させるとされた作曲家が侮辱的に展示され、あわせて楽曲作品のレコードを試聴できるコーナーも設置された。それは作品に対する嘲笑にとどまらず、人種的観点からも攻撃を企てるものであった。

戦後に現代美術の拠点の一つとなるデュッセルドルフで開かれた退廃音楽展は、造形芸術を排撃することを目的としてミュンヘンで開かれた退廃芸術展（1937年）を模したものであった。ただし当時は退廃芸術展ほど注目を集めるものではなかった。退廃芸術展が体制の中枢による企画として開かれたのに対して、退廃音楽展は政府によるものではなく、市民側が主導して開かれたものであった。企画したのは反ユダヤ主義にして国粋主義者であり、ワイマールの歌劇場音楽監督を務めていたハンス・ゼフェルス・ツィーグラーであった（帝国美術院総裁を務めた画家のアドルフ・ツィーグラーとは別人である）。退廃音楽展の運営や展示はお粗末なものであったが、それだけにかえって対象とされた作曲家への攻撃は露骨なものであった。H・ツィーグラーが退廃音楽展で行った講演はのちにパンフレットとして刊行されたが、その表紙はダビデのマークをつけた黒人を侮蔑的にイラスト化した図像が用いられた。このイラストは退廃音楽展そのものとあわせてナチス期の音楽抑圧のシンボルとして後に有名になる。

そのパンフレットの表紙の図像から察することができるように、退廃音楽展で攻撃の対象となったのはハイカルチャー音楽だけではなく、当時ヨーロッパで流行していたジャズも攻撃対象となった。

退廃音楽展はH・ツィーグラーの企画によるものであって、政府によるものではなかったがゆえ、ナチスの方針から外れることを恐れた彼は、ことさらナチ党の反ユダヤ主義言説を強調して繰り返し引用した。こうした排撃の言説は、一方では当時の音楽界の保守的勢力を活性化し、他方でナチ党にとってはユダヤ人排撃の一つの形態として利用しうる道具となったのである。

以上のようなナチス体制下での音楽への弾圧は一方的に上から及ぼされたものではなく、音楽家側が積極的にナチスの支配と排除の言説を取り込み、これをいわば道具としたという面があったことは見落とされるべきではないだろう。音楽界を含め各方面の文化人やワイマール時代から活動していたローゼンベルクの文化闘争同盟に代表されるように、反ユダヤ主義の民間団体などいわば市民の中に弾圧の火種があった。これがナチ体制によって選択的に利用されると同時に、反ユダヤ主義の市民は自らの勢力を維持するためにナチのイデオロギーを先回りして利用したのであった。体制は音楽を利用したかもしれないが、音楽家もまた体制を利用したのである。音楽は上からのみナチ化したのではなく、かなりの程度自らナチ化したのであった。

(3)　統制の手段

体制側が文化を手なずけようとする場合、表彰と管理という二つの手法が用いられることが一般的である。表彰についていえば、政府の名において特定の作品や芸術家に勲章や褒賞を与えて評価することによって、政府が正しいと考える作品のあり方を国民に示す教育的企てである。特に抑圧的な体制のもとでは表彰されなかった作品は価値が低いか無価値であるというレッテルを貼られることにもなる。したがって、文化的なものに対する政府による表彰は、権力でもって作品の価値を定める有益な道具の一つとして機能する。ナチス体制下においても文化を手なずけることを目的として自覚的にさまざまな表彰制度が設けられた。

一方、管理については芸術家各個人を組織化するという手法が用いられる。一部の例外を除けば近代において芸術家は多くの場合組織化されていない個人である。ところが権力者にとって組織化されていない多数の人々に影響力を行使することは効率がよいとは言えず、権力の浸透も十分でなくなる場合が多い。そこで政治が芸術を支配するためにしばしば用いられるのが、個人としての存在である芸術家を組織化し、その上でその組織を支配することによって影響力を及ぼそうとする手法である。この組織化は会員制度や許認可制度という形で実施されることが多い。

ナチス体制下では文化全般を管理する帝国文化院という政府機関が創設され、その下部に各文化7部門の組織が置かれた。そのうちの一つが音楽を統制するための帝国音楽院であった。この帝国音楽院は作曲家や演奏家、オーケストラや音楽ホールに対して許認可を与えたもののみが活動できるような制度を設け、音響実践を統制下におくことを目的とするものであった。

ただし音楽についていいば、体制側からの全面的かつ一方的な統制のみによって管理されたかといえばそうでもない面があった。帝国文化院はゲッベルスの采配下に置かれたものの、彼自身はこの機関でもって徹底して文化各領域から自由を奪い統制することには批判的な立場をとっていた。ゲッベルスは公にはモダニズム芸術を排除する政策を打ち出しつつも、それらの一部に対して一定の理解を示しており、文化活動にある程度の自由を与えることで、より新しい活力が生み出されると考えていた。完全な統制下におくのではなく、むしろ各分野の自律性をある程度認めていたのである。音楽家を「創造的ドイツ人」とみなしていたゲッベルスは音楽芸術団体を半独立組織として編成し、「国家の指導による自己運営組織」として扱った。ヒトラーもまた音楽芸術への敬意から直接音楽界全体を直接支配しようとはしなかった。

しかしヒトラーやゲッベルスを積極的な文化支援者ととらえるべきではないし、ナチス体制全体としても文化を抑圧し弾圧する政策をとっていたとみなさなければならないことは言うまでもない。ただ、芸術と政治との関係において、「自由か制限か」という二元論は単純にすぎるとらえ方であり、そのような抑圧する体制と抑圧された文化という単純な二元論はナチス体制下においてさえ当てはまるものではないという点には注意を向けておく必要があるだろう。いずれにせよ、ヒトラーやゲッベルスの意志がそのままナチス体制の音楽文化支配の特徴を意味するものではなく、そもそもナチスの文化政策に対する見解や姿勢自体、体制内で全く一致したものではなかった。

帝国音楽院がユダヤ人音楽家を排除する装置の一つとなったことは明白であった。反ユダヤ主義の文化人が音楽界からユダヤ人を排除する道具として利用したとするならば、帝国音楽院は体制側にとっての統制機関であると同時に下からのアーリア化の足場としても機能したといえるだろう。

ここで見てきたように、上からだけでなく下からのナチ化がかなりの程度強いものであったことがナチス期の政治と音楽の関係を見る際に重要な点である。

2　敗戦国ドイツでアメリカ占領軍政府が音楽に対して行ったこと

戦勝国は敗戦国を国際社会に復帰させ、安定した戦後国際秩序を創り出すことを目的として占領政策を展開する。敗戦国は主権を行使できない状態にあるため占領国の権力ははっきりとした形で可視化されることになる。占領政策は文化分野も含めあらゆる領域に及ぶことが一般である。

無条件降伏したドイツは英米仏ソの四カ国によって分割占領されることになったが、占領国の一つであるアメリカによるドイツ占領政策において展開された音楽政策には、何層もの要素が重ね合わせになっており音楽と政治との関係を見る上で興味深い断面が数々あらわれている。

アメリカがドイツ占領政策として音楽政策を展開するということは、ドイツにおける音楽への介入を意味する。アメリカによる音楽への介入には、大きくわけて二つの側面が見られた。一つが民主化ないしは非ナチ化、もう一つが米ソ対抗を主軸とした冷戦政策である。まずは占領政策の理念として民主化が掲げられたものの、冷戦の様相が鮮明になるにしたがって、より直接的にソ連に対抗しうる政策へとなし崩し的に方針転換されていくことになった。そしてこうした状況をドイツ側も利用することで音楽の復興を図った。これらについて以下でみていくことにする。

(1)　音楽の民主化、非ナチ化

アメリカが占領政策を組み立てる上で当初最も重視したのは民主化であった。ナチス期に強力なイデオロギーがドイツを支配していたと捉えたアメリカは、特に非ナチ化を民主化と合わせて占領政策の主軸に据えた。これはナチスのイデオロギーを洗浄し、戦後ドイツを民主国家とすることでドイツが再び軍事国家とならないようにするための安全保障上の措置であると同時に、自由主義や民主主義といった理念を広げていこうとするアメリカ外交の理念によるところでもあった。こうした方針にそってアメリカ占領軍政府は、占領下ドイツの音楽についても民主化ないし非ナチ化を施さなければならないと考えたのである。特にアメリカが音楽の非ナチ化に強くこだわったのは、音楽がドイツのナショナルアイデンティティの中核にあると認識していたためでもあった。

音楽を非ナチ化ないし民主化するにあたって、アメリカ占領当局が実施した措置は大きくとらえて音楽家の次元と作品の次元に分けられる。まず音楽家の次元についてであるが、作曲家にせよ演奏家にせよナチス体制とどの程度関わったかを査定し、ナチ性を強く帯びていると判断された音楽家には活動許可を与えず、そうではないと判断された音楽家には許可を与えるといった形で進められた。こうした形式の非ナチ化の措置は他の分野でも行われたことだが、グレーゾーンがあったり判断が恣意的になったりなどナチとの関係の程度の査定は容易ではなかった。

次に作品の次元の非ナチ化についてである。大きくいって推奨と統制の両面から施された。推奨されたのはナチス体制下で演奏が禁じられたり抑圧されたりしていた楽曲であった。すなわちユダヤ人作曲家の作品や、いわゆるモダニズム音楽などである。ここでいうモダニズム音楽とは無調音楽など芸術音楽として新しい創作を試みた主に20世紀の作曲家の作品である。こうした作品を音楽会のプログラムに加えることがアメリカ占領当局によって推奨された。その影響で例えばメンデルスゾーンの作品が頻繁に演奏会で取り上げられたり、それまでドイツでの演奏機会がなかったヒンデミットの作品が演奏されたりした。そのほかドイツ国外の作曲家の作品も非ナチ化に資すると考えられ、積極的に演奏会で取り上げることが推奨された。

作品の統制については、ナチス体制下において様々な政治的セレモニーで演奏された楽曲は「ナチ性を帯びている」として当面演奏許可を与えないという方針が立てられた。ワーグナーの楽曲はその筆頭に挙げられたが、しかしのちに触れるように占領政策実施直後からこうした方針はほとんど形骸化したものとなった。いずれにせよ作品の演奏機会を統制したり推奨したりすることで占領当局は音楽作品そのものに非ナチ化を施そうとしたのである。

(2)　冷戦政策

このようにアメリカ占領当局は、戦後ドイツの音楽環境を非ナチ化ないし民主化するという考えのもとナチス体制と関係の深かった音楽家や作品を規制の対象としたものの、それはあらかじめ思い描かれていたようには進まなかった。

第二次世界大戦終結後、ほどなくして米ソの間で冷戦が先鋭化する。冷戦対立は軍事安全保障や経済のみならず文化の領域においても激化した。それは音楽も例外ではなく、特にクラシック音楽では「よりよい音楽環境を提供する」という形で米ソが張り合うこととなった。こうした状況は占領期のドイツにおいてもはっきりとみられた。

ただし戦後ドイツにおいて「よりよい音楽環境を提供する」とは、戦前の主流音楽を再び復興することに他ならなかった。ナチス期において不当に抑圧された音楽を取り戻すことは問題ないとしても、ナチス体制と関係が深かったと考えられる音楽を戦後において制限することは、音楽環境の復興にとって容易なことではなかった。なぜならナチス体制と関係が深かったとアメリカが捉えた音楽は、まさにドイツ音楽の主流であり、かつそれは国際的にも価値が共有された音楽だったからである。つまり戦後ドイツにおいて「より良い音楽環境」を取り戻すということは、ナチスとの関係が深かった音楽を再導入することに他ならなかった。

すなわち音楽の非ナチ化政策と冷戦対立の中の音楽政策は、この点において相互に矛盾するものであった。それでも占領当初は非ナチ化政策を優先させていたのだが、冷戦対立が顕在化するとこれを急激に転換させていくことになった。ソ連占領地区よりも「よい音楽環境」がアメリカ占領地区において復興されている姿を見せる必要が出てきたためであった。実際にソ連側は、傑出した音楽家についてはナチ期の過去をほとんど問うことなく演奏の機会を与え、ソ連占領地区における音楽環境の復興を戦前の状態を再構築する方向ですすめていた。そしてそれは実際にアメリカよりも質の高い音楽環境を取り戻しているかのように見えた。例えばオペラについてみれば、ソ連側は早い段階から多くの準備が必要な劇場上演を再開していたが、アメリカ側はようやく演奏会形式でしかも抜粋での上演の再開が精一杯の状態であった。このような状況は少なくともアメリカからみれば音楽の復興においてソ連に劣っているように感じられたのであり、非ナチ化の名の下に音楽の制限を続けていくことは対外政策上望ましいことではないと考えられるようになった。

こうした状況におかれたアメリカは当面活動を停止させていた音楽家たちに「非ナチ化」の認定を与え、アメリカ当局の統制下にあった音楽家は程なくして音楽界に復帰することとなった。あたかも「再ナチ化」ともいえる様相であり、ナチス体制下で活躍した一級の演奏家たちが活動を再開した。

(3)　クラシック音楽の戦後復興

こうしてアメリカが占領下に置いていた地区における音楽への介入は、かつての音楽環境を結果としてほぼそのまま復興する方向へ作用することになった。もちろんこうした形での復興はアメリカ当局にとっても外交戦略上の利益があったためになされたのであり、必ずしも当初の政策的意思が貫徹しなかったためではない。優れたドイツ音楽を早急に立て直すことでアメリカは対外的な威信を補強することができると同時に、統治対象であるドイツ側の「心をつかむ」ことにもなるためである。

そしてここには一つ興味深い転倒がみられた。復興されるに値する音楽とは何か、すなわちどの音楽家の活動を再開させ、どの楽曲を演奏会で取り上げるべきかという「音楽の価値」にかかわる判断はドイツ側の主導で進んでいくことになり、芸術音楽においてドイツの後進にあると自認していたアメリカとしてはそれを承認せざるを得なかった。それを承認するのでなければアメリカはドイツの音楽の保護者としての威信を獲得できなかったためである。すなわちこの点ではアメリカの占領音楽政策において、占領国と被占領国の主導権が本質的な部分で逆転していたのであった。それはナチス体制が音楽界に対して一定の自立性を尊重したことと同種の関係であるとも言えるだろう。

占領下ドイツの音楽家たちは、こうしたアメリカ側の思惑を存分に利用して自らの活動基盤を復興していった。パトロンが必要な芸術音楽であるクラシック音楽界は戦後に生き残っていくための最初の立ち上がりにおいてアメリカ占領軍を利用したのである。戦後国際政治において圧倒的な影響力を持つアメリカが承認した音楽という形での正統性の獲得は、戦後クラシック音楽にとって大きな力をもたらすものであった。これに加えてソ連側もクラシック音楽を対外文化戦略の一つの柱として力を入れたことの影響も大きかった。

こうしてドイツの音楽界、ひいてはクラシック音楽界とアメリカ占領当局の双方にとって利する関係の中で戦後が始まったのである。

3　ナチスと在独アメリカ占領軍の類似性？

(1)　音楽への介入

既に見たようにナチスの統制は帝国文化院の下部組織に各文化芸術部門の組織を設置し、許認可制度を通じて文化活動を制御しようとした。音楽もその一部門として統制の対象となったが、統制の目的などを別とすればアメリカの占領政策はナチスドイツの統制形式と組織面においても似通ったものであった。アメリカは音楽を「自由にする」という目的で音楽の自由に制限をかけたわけであるが、この「自由」をいかなるものと捉えるかという問題は音楽と政治の関係を考える上で本質的に重要である。ナチズムの汚染を洗浄し自由を音楽に導入する権力の装置が全体主義国家のそれと酷似していたことは皮肉であった。それは音楽に政治が関与しようとするときに共通して現れる特徴の一つでもあった。

しばしば音楽と政治の関係は権力か反権力かという二項対立的思考で把握されるが、問題はそれほど単純なものではない。政治から自由な音響実践の場を確保するためにはやはり政治が必要になるという意味において音楽活動は常に政治的であらざるを得ない。特にオペラやオーケストラなど音響実践の形態が大規模であり、多額の費用がかかることに加えて、市場原理では収支の均衡を保つことが困難な音楽分野である。また小規模編成の作品であってもポピュラーカルチャーのように商業的には成立しにくいものであり、現代においてはしばしば公的助成が必要となる。この点においてクラシック音楽はその存在自体が政治と近いところにあるというのが、ハイカルチャーとしての音楽が常に直面する政治との距離感である。政治が音楽を利用しようとするときがあるとすれば、音楽も政治を利用しようとするときがあり、したがって問題は政治的か、非政治的かということではなく、音楽と政治との関係がいかなるものであるべきかという点にあると言えるだろう。これは今後の文化政策および音楽界のマネジメントのあり方において重要な問題である。

(2)「古典音楽」中心の支援

音楽に対する政策が古典音楽への支援が中心であったという点においてもナチスドイツとアメリカ占領軍政府は類似していた。占領期から冷戦期にかけてのソ連もまた同様であった。同時に前衛音楽に対しては無関心かあるいは反対の立場を取ったことについても似通っていた。

政策論的な観点では、この場合の音楽政策が国家威信や権力浸透を目的とするものであった以上、ある程度広範な人々を動員するために、すでに評価の定まった音楽が必要であったということになるだろう。それに加えて高級芸術に価値が置かれていた時代にあっては対内的にも対外的にも威信を確保するためには大衆音楽を主に据えた音楽政策ではなく、芸術音楽である必要があった。ここに政治からみたクラシック音楽の「使いやすさ」があったと言えるだろう。

既に見たように、アメリカ占領軍政府は戦後ドイツに民主化政策を施す一環として音楽環境の民主化を目的とした政策を展開したが、その主たる音楽は西欧古典音楽が対象だった。戦後の「ドイツの音楽を民主化する」のであれば、自由な国を標榜するアメリカの音楽として既にヨーロッパでも流行していたジャズを占領軍政府主導で占領下のドイツに導入することは、それがナチ期に排除されたことを合わせて考慮すれば有効な政策であるはずであった。実際にこうした理由からジャズの導入は占領軍政府の中で検討されたものの、実施は見送られた。もし占領ドイツにジャズを占領軍主導で導入しようとすれば、「高級な」音楽をもつドイツ人が、アメリカは「低俗な」流行音楽しかもたない国であるとの印象を強めることになり、アメリカのドイツに対する影響力浸透の阻害となってしまうと考えられたためである。音楽環境の復興においては一見するとソ連占領地区の方が進んでいるようにみえたことにアメリカが強い焦りを感じたのも、ソ連が「高級な」音楽を中心に演奏会支援を行なっていたためであった。冷戦的な対抗意識もさることながら、高級芸術を持たないアメリカの劣等感から音楽においては特に古典音楽の支援が中心に据えられたのであった。

践の足場を築いたと言えるだろう。

アメリカの政策決定者層のこうした価値認識を一つの支えとしてドイツの音楽界はその正統性を補強し戦後の音響実践の足場を築いたと言えるだろう。

(3)「前衛」の扱い

既に触れた通り、ナチスと同様にアメリカ占領軍政府もいわゆる「現代音楽」のドイツへの再導入には積極的ではなかった。ナチスがシェーンベルクやヒンデミットなど当時の前衛音楽家たちを排撃していたことを踏まえれば、戦後、音楽の非ナチ化ないし民主化を進める上で現代音楽の音響実践空間を整備することは、占領政策として「効果的」であるはずであった。新しい時代の新しい音楽文化を振興するという文化的にも意義のある政策を実施しうる機会でもあったはずである。またナチスを逃れアメリカに拠点を移していた前衛作曲家も多数おり、こうした音楽家を受け入れてきたアメリカの文化的先進性をアピールする上でも占領政策の中で前衛音楽を支援する措置を中核に据えることはアメリカの対外文化政策にとってメリットがあったはずである。実際にこうした点からドイツの占領音楽政策において例えばヒンデミットのドイツ復帰を支援するなど前衛音楽の整備を占領政策の中心にするアイディアは米軍政府当局の中になかったわけではない。

しかし現代音楽の支援は、ダルムシュタット夏季講習会の発足支援に占領軍政府の一部局であるバイエルン州支局がほんの小規模に行うにとどまり、またハルトマンのムジカ・ヴィヴァにささやかな支援を提供する程度にとどまった。ヒンデミットのドイツ「復帰」も独音楽政策の予算ではなく、「専門家派遣プログラム」の予算で実施された。

このようにアメリカ占領当局が前衛音楽の「復興」に消極的であったのは、本国議会が前衛を忌避する姿勢を示したことが最大の要因であった。トルーマン大統領が前衛芸術への理解をほとんど示さなかったことはよく知られているが、当時の連邦議会も前衛芸術に対して敵意すら示す傾向があった。こうした議会の文化に対する保守的姿勢は音楽に対してだけではなく、前衛芸術全般に向けられたものであった。例えば占領期より少し後の時期のことになるが、冷戦対立の中でアメリカの文化的影響力を世界的に高めるために、国際的美術潮流の中で存在感を高めつつあったジャクソン・ポロックをはじめとするアメリカ前衛美術の企画展を世界に巡回させる構想が持ち上がった時、政府や議会の様々な勢力から激しい反対論が持ち上がった。公金を使って「恥ずべきガラクタ」を並べれば、アメリカは世界からの嘲笑を集めることになるだろうとのことであった。こうした発想は、退廃芸術展を企画し一部の「前衛美術」を恥ずべきガラクタだと罵声を浴びせたナチスを思い起こさせるものでもある。

前衛を忌み嫌う態度は「政治」の中のどのような性質からもたらされるものなのか。これは決して過去の問題ではなく、現在においても様々に議論を重ねる必要があるだろう。

おわりに

アメリカ占領当局は自国の文化的先進性を示すことを目的として「アメリカのクラシック音楽」の水準をドイツに知らしめるためのアメリカ人演奏家からなるドイツツアーを企画し実施した。アメリカ人器楽奏者によるドイツ音楽の演奏や、アイヴスやバーバーといったアメリカの作曲家による作品の演奏などで演奏会プログラムが組み立てられ、これを占領下ドイツで演奏しようとするものであった。いわば官製の政治的意図が剥き出しの、これら一連の演奏会は結果としてドイツでの高い評価を得ることはなかった。

アメリカ占領軍政府による「アメリカ音楽」の売り込みがうまくいかなかったことは、公然とした介入が音楽に対してなされるとき、その音楽はたちまち魅力を失ってしまう一つの例であった。とはいえ音楽にとって、政治と良好な関係にあること自体は音響実践において必ずしも害のあるものではなく、ときとしては活動上大きなテコになりうる。問題はこうした関係がどのような形で保たれているかにある。政治とどのような関係が音楽にとって良いことであるのかは時代や体制、諸環境によって異なってくるのであり、絶えず考え続けなければならない課題である。音楽と政治は癒着すべきものではないことは当然だとしても、同時に必ずしも相互排他的なものではないと認識することが重要であろう。

参考文献

〈邦文献〉

芝崎祐典［２０１９］『権力と音楽』吉田書店。

田野大輔［２００７］『魅惑する帝国政治の美学かとナチズム』名古屋大学出版会。

吉田寛［２０１５］『絶対音楽の美学と分裂する〈ドイツ〉（〈音楽の国ドイツ〉の系譜学３）』青弓社。

〈欧文献〉

Dümling, A.［2015］*Das verdächtige Saxophon—"Entartete Musik" im NS-Staat*, ConBrio : Regensburg.

Janik, E.［2005］*Recomposing German Music*, Leiden : Brill.

Levi, E.［1994］*Music in the Third Reich*, Basingstoke : Macmillan（望月幸男監訳『第三帝国の音楽』名古屋大学出版会、２０００年）.

Monod, D.［2005］*Settling Score*, Chapel Hill : The University of North Carolina Press.

Potter, P. M.［1998］*Most German of the Arts*, New Haven : Yale University Press.

Ross, A.［2008］*The Rest is Noise : Listening to The Twentieth Century*, London : Fourth Estate（柿沼敏江訳『20世紀を語る音楽（２）』みすず書房、２０１０年）.

Steinweis, A. E.［1993］*Art, Ideology, and Economics in Nazi Germany : the Reich Chambers of Music, Theater, and the Visual Arts*, University of North Carolina Press.

Thacker, T.［2007］*Music after Hitler, 1945–1955*, Farnham : Ashgate.

Column 1　ロックは権力に「飼い慣らされた」のか

1950年代末にロックが誕生した当初，この音楽は破壊的な力を持つと考えられていた．例えば，この時期に徴兵されたアメリカのエルヴィス・プレスリーが西ドイツの米軍基地に送られると，東ドイツはロックを冷戦の武器として悪用したと批判した．当時の NATO 機関誌でも，音楽を社会主義に対する戦いに利用しうるといった論考が掲載されていた．

当然ながら，旧東欧諸国の社会主義政権はロックの流入を大いに警戒していたのだが，その波を止めることはできなかった．ビートルズが1962年にレコードデビューすると，東側でもすぐさまコピーバンドが結成された．1965年には，チェコスロヴァキアだけでも1000を超えるロックバンドが誕生していた．特に1960年代後半の同国では「プラハの春」と呼ばれる改革運動が進められており，ロックはそうした「新しい」時代を象徴する存在となった．

1968年 8 月に「プラハの春」がソ連など東側諸国の軍隊によって押し潰された後，チェコスロヴァキアは「正常化」と呼ばれる揺り戻しの時代に入った．ロックは当局による管理の対象となり，ミュージシャンに対して厳格な資格制が導入された．バンド活動を行うためには，音楽理論や実技だけでなく，マルクス・レーニン主義の知識も要求された．

とはいえ，実際のところは当局がロックの「飼い慣らし」に成功したかどうかという単純な構図ではなかった．ロックが社会に定着し，また，パンクなど新しいジャンルが次々と生まれたことで，ロックそのものが多様化した点も重要である．体制を派手に賛美する歌詞が，実際にはパロディーと化し，体制批判として機能するような事例も存在した．音楽と政治は時として密接に結びつくが，その内実については慎重に見極める必要があるだろう．

（福田　宏）

Column 2　体制転換の夢と愛国パンク

1987年のベルリンでのデヴィッド・ボウイの野外ライブは，政治権力に強いられた分断を乗り超えて，東西の人々の連帯をもたらしたという美談として語られる．1970年代，イギリス発のパンクロックがソ連に流入すると，若者を中心とする音楽シーンを席巻した．この現象は，パンク文化の持つ反体制的要素に彼らが反応し，抑圧的な体制下でカウンターカルチャーに自由を見出したものと理解される．

これらは史実としては間違いではない．しかし，ソ連社会の現実を内側から描出した研究で知られるアレクセイ・ユルチャクが論じたように，冷戦後，「西側」世界からこの時代の音楽と政治を見る際には，どうしても西側リベラリズムの哲学命題を分析の出発点に据え，「主体」「権力」「抵抗」「自由」といった概念を通した解釈をしがちである．そしてそこでは，「体制」を否定的に捉え，「抵抗」にロマンを見る傾向が強い．

ロビン・ヘスマンの秀作ドキュメンタリー *My Perestroika* は，音楽表現の自由が格段に広がったソ連末期に結成され，1991年にデビューしたNaïveというパンクロックバンドのエピソードを拾い上げている．彼らが歌っていたのは，「NATO をぶち壊せ！金持ち同盟なんてぶっ潰せ！」「祖国ロシアに栄光を」といった愛国主義的リリックであり，当時急激に流れ込んできた資本主義的価値観への批判であった．作中では，同バンドが KGB 黙認で活動を開始したことを匂わせている．後にバンドを脱退するルスランは，ソ連時代の閉塞感からパンクに喜びを見出していたが，期待を裏切った体制転換に対する失望を隠さない．親友と酒を酌み交わしながら，「アメリカ人はくだらない思想を持ち込んだ」「彼らの生き方はただ一つ．一番になって金を稼ぐこと」だとまくしたてる．ゴルバチョフには失望しても，ポピュリスト的なエリツィンには好感を抱いている．

この事例を上記カテゴリーの中に布置するとどうなるだろうか．彼は自由を求め体制に抵抗して歌ったのか．ただ体制に利用されたのか．急速に自由化を進めたエリツィンには好感を持って，アメリカ人に批判的なのはなぜか――ルスランが悟ったのは，「西側」とソ連世界は対抗関係にあったのではなく，「地続き」だったという現実であろう．パンク文化に夢見た「想像上の西側」は，ソ連解体と共に崩れ去った．一般市民の「リアル」は単純な二項対立図式では掴めない．

（浜 由樹子）

第 II 部

音楽とアイデンティティ・表象・規範

第4章

音楽の「色」が投影するもの

——ジャズは何色か——

齋藤嘉臣

はじめに——ジャズの「色」から見えるもの——

1938年5月、ドイツのデュッセルドルフで催された「退廃音楽展」に人目を惹くポスターが掲げられた(1)。ここに描かれているのはサックスを吹く黒人音楽家で、一九二七年代にライプツィヒで初演されたオペラ作品〈ジョニーは演奏する〉に登場するサックス奏者「ジョニー」として知られる。ユダヤ人エルンスト・クルシェネクによる、ジャズ、調性、無調、既存オペラのツギハギ的なこの作品は、シーズン中に四百回を超える上演がなされ、ヨーロッパ中の劇場で人気となったが、ナチ党の台頭に伴って上演禁止となっていた。ポスターに描かれたジョニーの右胸にはユダヤの星章が描かれており、それが黒人文化とユダヤ人によって毒されたものとする当地のジャズ像を如実に示している。当時のドイツでは、ユダヤ人や共産主義者による作品、あるいは不道徳的、性的、無調とみなされた作品が排斥されており、ジャズも無調音楽とともに「文化的ボルシェヴィズム」として排撃の対象にあった［Kater 1992:30–33；沼野2021：63；91—92］。

ナチス政権の人種イデオロギーや反ユダヤ主義を象徴するものとして知られるこのポスターが、異様なほどの強い印象を与えるのは、その色使いにもよるのだろう。周囲を赤く彩られたこの人物は、白いシャツと黒い燕尾服に身を包み、黒い帽子を被っている。肌の色は黒い。白と黒と赤の強烈なコントラストは、見る者をして彼の演奏する音楽に「色」があることを感じさせるのである。

ドイツで「退廃音楽展」が開催されてから70年余を経た2012年4月、パリのユネスコ本部で第一回国際ジャズデーが開催された。興味深いことに、国際ジャズデーの広報用ロゴは多くの彩りに溢れている。(2) 白鍵と黒鍵を模したそのロゴには、九つの色使いが施され、異なる文化が平和裏に共存する世界への期待が象徴化されている。公式ポスターの色使いも印象的で、白く型どられた五人のミュージシャンの背後には、色彩豊かな絵の具がキャンパスに打ち付けられてできたような抽象的な模様が投影されている。さらに上部には、エッフェル塔、タージマハル、ビッグベン、東大寺盧舎那仏像をはじめとした各国の文化象徴が、同じく彩り鮮やかに描かれている。(3) それは三色のコントラストが強烈な印象を与えた「退廃音楽展」の色使いとは、対照的でもある。

ユネスコが国際ジャズデーを開催した理由は、それを多様性の象徴として捉えるからである。イリナ・ボコヴァ事務局長が自らこの点を繰り返し強調しており、第1回目の開催に際しては、「ジャズは人間の多様性を最大限に利用する音楽です。それはあらゆる境界を超え、人々をつなぎます」と語った。(4) その後も「ジャズとは多様性を意味します」(第4回)、「ジャズの国際的な芸術形態と、文化間の対話を促し、多様性を最大限に利用し、人権やあらゆる表現形態への敬意を深める力を祝福します」(第6回)といったように、国際ジャズデーやそれに付随して行われるイベントの広報媒体には、しばしばジャズの「多彩さ」が宣伝されてきた。(5) つまり、多様な「色」を持つ音楽としてのジャズ理解こそ、ユネスコがこの音楽に期待を寄せる理由であり、そこではジャズが異文化対話、寛容、平和の象徴として捉えられている。

「退廃音楽展」と国際ジャズデーとでは、その開催趣旨が大きく異なる。だがいずれも音楽を「色」で表現しているという点に大きな類似性がある。音は目に見えず、無色透明の存在で、奏でられた瞬間に消えてしまう。本章は、そのような特性を持つ音楽に投影された「色」に着目しつつ、中でもジャズの「色」が映し出す人々の政治社会的な営みを

考察する。(6)

1　戦間期ジャズの「色」

音楽に投影される「色」からは特定の理念や世界観を見出すことができるが、「退廃音楽展」と国際ジャズデーの二つの事例が示すように、同じ音楽ジャンルでもその「色」使いは社会政治的な文脈によって異なる場合がある。さらに言えば、音楽ジャンルとしてのジャズ全体が特定の「色」で描かれることもあれば、後述のように特定のジャズ・スタイルが固有の色彩を持つと解釈されることもある。

ジャンルやスタイルの他にも、ある楽曲が異なる文脈の中で多様に解釈されることも多い。ベートーヴェンによる第九交響曲の第四楽章〈歓喜の歌〉は、ナチス期のドイツでヒトラーの誕生日にベルリンフィルが演奏したが、同時にドイツ占領下のフランスでは精神的救済を求める人々によって聴かれた。1970年代の欧州審議会は共同体感覚の醸成を促すヨーロッパの歌として〈歓喜の歌〉を定めたが、アパルトヘイト体制を敷いていたローデシア（現ジンバブエ）もこれを国歌に定めた［Buch 1999：邦訳 251：258：287：297］。この種の事例は枚挙にいとまがない。スコットランド民謡として知られる〈蛍の光〉は、戦前日本で国民の国家への奉仕を称揚し、帝国を賛美するような歌詞付きで歌われたが、日本統治時代の韓国では抵抗の歌として、中国では愛国歌としても歌われた［福田 2020：3―5］。フランス国歌〈ラ・マルセイエーズ〉はフランス革命時の革命防衛戦争に際して作曲されたもので、帝政期や王政復古期には禁止されたが、第一次世界大戦中は戦意高揚目的で演奏された。第二次世界大戦後はヴェトナム戦争中に発表されたビートルズの〈オール・ユー・ニード・イズ・ラブ〉の前奏に使用される一方で、21世紀のフランスでは移民排斥を唱える国民戦線（2018年より国民連合）が歌詞中にある敵軍の「穢れた血」について共和主義を脅かす移民のことを指すと解釈したことで、人種主義的な歌として論争を生んだ［吉田 1994］。

ジャズの場合、「退廃音楽展」の開催とほぼ同時代のアメリカでは、スウィングが人種統合の理想を掲げて活動する人々の期待を集めた。当時のアメリカで大流行したスウィングは、一方では黒人文化に由来すると考えられた躍動的リズムを特徴とするが、他方では肌の色の違いを超えて広い層が聴き、踊り、演奏する音楽だった。そのためスウィングは、アメリカ共産党を一つの核としながら、主に左派系の人々を中心に、建国の理念を反映する人種統合的な「アメリカの音楽」として位置づけられたことが知られている。「スウィングの王」ことクラリネット奏者ベニー・グッドマンは人種統合論者であり、自らの楽団にテディ・ウィルソン（黒人ピアニスト）やライオネル・ハンプトン（黒人ヴィブラフォン奏者）を雇用した。肌の色に関わらず自由な自己表現が可能な「アメリカの音楽」として、スウィングが理解されたわけであるが、ジャズ史家デーヴィッド・ストウはこの人種統合的思想を「スウィングのイデオロギー」と呼ぶ［Dening 2011：xix；Erenberg 1998：viii–xvi；69–83；90–91；Stowe 1994：邦訳 19；102—103；齋藤 2017：22—24］。スウィングに投影されるのはカラー・ブラインドの理想であるが、逆説的ながらその色は明示的なのである。

グッドマンは1938年1月、クラシックの殿堂カーネギー・ホールで史上初めてとなるジャズ・コンサートを実施し、その名声を不動のものとする。ドイツで「退廃音楽展」が開催されるのはその4カ月後である。すでにドイツでは、ユダヤ系アメリカ人であったグッドマンが、当時勃発していたスペイン内戦を戦う共和国軍を支援するためにニューヨークの慈善コンサートで演奏した様子が報道されていた。「退廃音楽展」に見られるようにドイツの音楽環境はやがて厳しい統制下に置かれることとなり、芸術全体を監督下に置くため1933年に設立されていた帝国文化院を率いるヨーゼフ・ゲッベルス国民啓蒙宣伝相らは、グッドマンの音楽を「ユダヤ的ジャズ」として激しく攻撃するとともに、演奏およびレコードや楽譜の出版販売を禁じた［Kater 1992：50–51；齋藤 2017：40—41］。このように、米独間のジャズ表象には大きな懸隔があるが、同時期のアメリカではスウィングの躍動的なリズムに合わせて過激に踊る若者たち「ジターバグ」が、合理主義を欠いた「音楽的ヒトラー主義」や「共産主義的」として非難されていることにも留意する必要がある［Erenberg 1998：37–40；Stowe 1994：邦訳 32—33：74—76：齋藤 2017：22］。このことは、国家間のみならず、国内社会集団間においても、ジャズ表象が多様であり得たことを示しているのである。

2　戦後ジャズ外交と「色」の政治《カラー・ポリティクス》

　前節で示したように、戦間期のジャズは左派系人脈と近い関係を保ち、人種隔離への厳しい批判を繰り広げたが、このことは戦後の「赤狩り」の高まりとともに、ジャズが「非米」の音楽、いわば「赤い」音楽と見做される素地となった。映画関係者や公民権運動家らがそうであったように、ジャズ関係者もしばしば連邦保安局の監視下に置かれ、連邦議会下院に設置されていた非米活動委員会に召喚される事態に直面した。

　だが１９５０年代に入るとジャズ環境にも変化が生じた。ソ連によるグローバルな文化攻勢が始まるとともに、１９５５年のバンドン会議に象徴されるようにアジア・アフリカで植民地から独立した新興国の国際的プレゼンスが高まった。国際社会における一連の変化はジャズの「色」をめぐる政治に新たな局面をもたらした。対外政策上、人種問題が改善していることを宣伝し、同時に自国の文化的水準の高さを示す媒体を欲するアメリカ政府が、カラー・ブラインドな理想を投影したジャズの外交利用を始めるのは１９５６年３月のことである。この時、「ジャズ大使」第一号としてディジー・ガレスピー（黒人トランペット奏者）が、国務省支援下に南アジア、中東、南欧諸国での公演を実施したのは周知のとおりである。後にガレスピーは、自ら率いたのが「黒人、白人、男、女、ユダヤ人、非ユダヤ人からなるアメリカの詰め合わせ」の人種混成バンドだったことを回顧している［Gillespie and Fraser 1985：414：齋藤 ２０１７：９８—１０６］[7]。ここに見られるカラー・ブラインドの理想は公演の構成にも貫かれた。公演前半は「ジャズの歴史」パートとして、スピリチュアルにくわえ初期ジャズのスタイルであるニューオリンズ・ジャズ、スウィング、戦後のビバップ等の幅広いスタイルが演奏され、後半は主としてビバップの楽曲で占められた。全体として、ジャズの発展を促した黒人音楽家と白人音楽家の双方の貢献が前景化されており、そのことが「アメリカの音楽」としてのジャズ解釈を正当化した［齋藤 ２０１７：１０６―１０７］(8)。

だが、音楽（文化）外交の難しさを象徴するように、カラー・ブラインドなジャズ外交に対して、アメリカ国内の評価は必ずしも一致したものではなかった。高い評価を示したのは国務省在外公館であった。一例を挙げるならば、在ベオグラード（ユーゴスラヴィア）米大使館は、「ジャズ愛好家、外交官、白髪の淑女たちが、肘で押し合いながら、すし詰め状態で」コンサート会場に押し寄せた様子とともに、「史上最も耳に残る音楽をベオグラードに与えた」公演が「西側の勝利であり、とくにアメリカ的生活様式の一側面である自己表現の勝利だったことは、誰にとっても疑いようがない」旨を報告した。カラー・ブラインドの理想についても、ベオグラードの地元紙が「ガレスピー・オーケストラの構成は民主的で反隔離的である。われわれは彼ら黒人と白人とがともに演奏するのを目にすることができた」と批評したことを伝えた［齋藤 ２０１７：１０９―１１０］(9)。ガレスピー自身も帰国後、ドワイト・アイゼンハワー大統領に対して公演が「赤いプロパガンダ」に効果的に対抗したと報告している［von Eschen 1997：187：齋藤 ２０１７：１１０］。だがアメリカ国内にはジャズについて「まったくの雑音」と評する上院議員がおり、「アメリカの音楽」としてのジャズ理解に対する強い異論があった。同種の批判は、ジャズ外交について「大名旅行」や「馬鹿げた出費」さらには「不当であるだけでなく絶対的に愚かなこと」と捉える市民からもなされた［Gillespie and Fraser 1985: 438; Strait 2010: 158：齋藤 ２０１７：１１２］(10)。

これらの批判が投げかけているのは、国家や国民を表象・代表する文化とは何か、また、それを決めるのは誰か、という問いである。この問いはジャズが表象する「アメリカ」についての決定不可能性の問題であり、一義的な答えはない。国務省とその批判者とではジャズに対する見方が真逆だが、国務省と音楽家との間にもジャズが表象する「アメリカ」についての一義的な合意はなかった。国務省の側が、人種問題を克服しつつある「アメリカ」の姿をジャズに見たのであれば、黒人ジャズ音楽家にとってのジャズには現実を克服した先にある理想の「アメリカ」が見出されたのである。

ジャズにおける「アメリカ」の決定不可能性の問題がさらに顕在化するのは１９６０年代である。この時代、アメリカ国内では公民権運動が高まり、アメリカの外では脱植民地化の進展により新興国の国際的プレゼンスがさらに増したことで、ジャズの「黒さ」が強調されたカラー・コンシャスなジャズ外交がアフリカ諸国に向けて展開された。ルイ・アームストロングが15カ国を訪問（１９６０年10月―１９６１年1月）したのに続き、１９６６年4月にはデューク・エリントンがセネガルで開催された第一回黒人芸術文化祭を訪れ、さらに１９６７年3月にはランディ・ウェストンが、すべて黒人から成るセクステットを率いてアフリカ14カ国を訪れた。だがアームストロングは、１９５７年に生じたリトルロック事件に際して、南部の人種問題が未解決のままで「アメリカ」を対外的に宣伝することを拒否し、「必要なのはミシシッピでの親善ツアー」と政府批判した経験を持つ［Kaplan 1992：齋藤 ２０１７：１３７―１３８］。ウェストンに至っては、アフリカ公演からの帰国後に自ら作成した報告書を国務省に送り、ジャズ外交によって国内におけるジャズの社会的地位が高まることへの期待を示した。公民権関連法制定後のアメリカを肯定的に描く国務省の「アメリカ」と、黒人音楽家らによる留保つきの「アメリカ」との間には、ジャズが表象する「アメリカ」とは何かというあの問いが未解決のまま横たわっていた［齋藤 ２０１７：１６４―１６５］(11)。

3　多様性の政治

２０１３年以降のアメリカで、人種差別問題に対する抗議運動、ブラック・ライブズ・マター（ＢＬＭ）運動が高まり、アメリカの外でもこれに呼応する抗議運動が生じた。黒人音楽家からは、かつての奴隷反乱の指導者ナット・ターナーやブラック・パワー運動を指揮したマルコムＸに言及して、過去の黒人抗議運動とＢＬＭとを結節させる試みも現れた。このことはジャズ史における抗議の伝統を象徴している。それは、かつてフリー・ジャズがブラック・パワー運動と密接な関係を持った１９６０年代を思い起こさせるが、もはやジャズを通した抗議運動は白人への敵対心に基づいているのではなく、様々な経験や背景を持つ人々の共存を可能にする多様性の保証が重視され、それこそがアメリカの象徴とされる傾向にある。そこにあるのは、カラー・ブラインドの理想とカラー・コンシャスな必要との併存である［佐久間 2020：41―46］。

この間、2005年にはウィントン・マルサリス率いるジャズ・アット・リンカーン・センターをパートナーとして、国務省が新たな音楽外交プロジェクトである「リズム・ロード」を実施し始めた。これは、ジャズに限らず、ヒップ・ホップやゴスペルといったアメリカ起源とされる音楽分野における若手音楽家の国外派遣を通して「アメリカの音楽」を宣伝するもので、その後は「アメリカン・ミュージック・アブロード」に継承されている。並行して、ジャズ音楽家を育成する教育機関モンク・ジャズ協会も1990年代以降、国務省との協賛でハービー・ハンコックら著名なジャズ音楽家を国外に派遣し、各国との関係を緊密化する役回りを果たしてきた［齋藤 2017：297―298］(12)。

一方、冒頭で示したように、2012年以降、ユネスコは国際ジャズデーを主催して異文化対話を訴えてきた。20世紀初頭からアメリカの外でジャズが独自の発展を遂げ、各地の音楽的伝統と融合して各様の「色」を帯びてきたというジャズ史観は、国際ジャズデーのロゴやポスターに示される多彩な色使いの中に端的に表現されているようにも見える。国際ジャズデーでは「多様性」や「対話」の必要性が強調されるが、それはユネスコの創設理念を反映してもいるだろう。マルサリスら新古典派は、ジャズの起源（roots）を求めて過去に回帰していると批判されるが、ユネスコではジャズがグローバルに拡散する過程で辿った多様な経路（routes）が称揚されているようにも見える［Gilroy 1993］。

だが、国際ジャズデーが表象するのは多様性でなく「アメリカ」なのではないかとする批判にも留意する必要がある。たとえば、アメリカは国際ジャズデーの開催に際してホスト国に二度なった唯一の国家である［Dunkel 2019：8］。また、国際ジャズデーの中で催される一連のイベントにおいて中心的な位置を占める「グローバル・コンサート」には各国から著名な音楽家が参加するが、登場する音楽家の多くがアメリカ人であり国籍上の多様性がないこと、多くが男性でありジェンダーの多様性が欠如していることも批判される。これら多様性の観点からの批判に加え、さらに問題とされるのは、「グローバル・コンサート」に登壇する音楽家の多くが、国際ジャズデーを中心的に運営するモンク・ジャズ協会との強い繋がりを持つ点である。上述の通り、モンク・ジャズ協会は国務省と協働してジャズ外交を進めており、同協会は国務省企画にもユネスコ企画にも音楽家選出や運営面で深く関与している。これらの事実は、ユネスコがアメリカ主導の広報外交の場になっているという批判に繋がる。かつての冷戦期のジャズ外交が、アメリカを体現するとされた普遍的価値への信仰（普遍主義）を基礎にしながら、「アメリカの音楽」のグローバルな発信を介してアメリカの偉大さを称揚する試み（アメリカ例外主義）だったと理解するならば、国際ジャズデーにはこのアメリカ例外主義を「多様性」言説で覆い隠してしまう機制がある［Dunkel 2019: 6–10］。

国際ジャズデーのサイトでは、ジャズ関係者による過去の発言がしばしば引用されて紹介されている。その中には、ドキュメンタリー映画監督ケン・バーンズによる、「ジャズはきわめて正確な民主主義のモデルであり、救いのある明日の可能性を見ているようなものです」という言葉もある(13)。これはかつて行われた『ジャズ・ウィークリー』誌とのインタビューに際する本人の発言からの引用である。バーンズはアメリカ史を描く試みとして３部作『南北戦争』『野球』『ジャズ』を制作した人物として知られ、インタビューでは『ジャズ』制作の動機について、「ジャズを通してわれわれとは何者かについて理解するため」と説明している(14)。２００８年にもバーンズはアメリカ連邦議会下院において、「私にとってジャズとは文化的多様性に関する永久的で不朽の表現であり、わが国の偉大な特質かつ希望です」との見解を示した。つまりバーンズにとって、黒人文化から生じたジャズはアメリカの大いなる希望と失敗の全てを記憶するもの、つまりアメリカそのものなのである(15)。このようなジャズ言説からも、普遍主義とアメリカ例外主義とをともに内包するような、ユネスコのジャズ理解を見て取ることができるのである。

おわりに――多様性の実質化のために――

冒頭で示した「退廃音楽展」ポスターが黒・白・赤の三色を用いているのに対して、国際ジャズデーのロゴやポスターにはレインボー・カラーが使用されていることもあり、同企画は多様な文化に開かれているとの印象を受ける。ユネスコが文化遺産保全プログラムや文明間対話プログラムを展開したことに鑑みれば、ジャズを介した一連の活動はユネスコ史における文化的多様性促進のためのそれまでの企画とも親和的である。

２００５年にユネスコで採択された文化多様性条約では、文化が単に商品価値として扱われることが否定されるとともに、各国が「自国の領域内で文化的表現の多様性」を保護し促進する「主権的権利」を有することが確認されている。だが同条約は、世界貿易機関の求める貿易保護措置撤廃との抵触を問題視し、文化や情報の自由な移動を求めるアメリカ等の反対にあった（二年後に発効）[McPhail 2014: 61]。つまり、多様性促進をうたうユネスコがしばしば大国の政治的思惑に影響を受けてきたことも事実であり、この点は国際ジャズデーも同様である。ユネスコの多様性言説を相対化するような国家投影の論理が色濃く現れた一例は、サンクトペテルブルクがホスト都市となった２０１８年の国際ジャズデーである。この年、ユネスコとモンク・ジャズ協会が例年開設するウェブサイトとは別に、ロシア文化省も独自のサイトを開設した。このうち前者のサイトでは、通例としてホスト都市（サンクトペテルブルク）でのコンサートの様子が紹介されるが、この年はニューオリンズで行われたコンサートの様子も紹介された。逆にロシア文化省版のサイトでは、サンクトペテルブルクでのコンサートの様子のみが伝えられた[Dunkel 2018: 15–17]。

多様性言説が実態を示しているかという問題に加えて、モンク・ジャズ協会と軍事産業との繋がりも指摘されるところである。同協会には無人攻撃機や戦闘機開発で大手のノースロップ・グラマン社が後援企業として名を連ねている。圧倒的に多くの取引をアメリカ政府との間に行い、巨額の政治献金を行ってきた軍事企業が、ユネスコの企画を支援する教育機関に財政的支援を行なっていることになる。軍事企業——アメリカ政府・モンク・ジャズ協会——ユネスコ間の繋がりは、たとえユネスコの意図するところではないとはいえ、その理念と著しく矛盾する［Dunkel 2019: 10–11］。

国際ジャズデーのロゴやポスターに特徴的な多彩な色使いが、多様性を実質的に映し出すことは可能だろうか。国際主義と帝国の関係を批判的に検討するマーク・マゾワーは、第二次世界大戦後に広く普及した「国際共同体」なる言葉を一種のレトリック装置と捉え、１９４０年代の「人権」概念や１９９０年代の「市民社会」概念もその一例としている（さらにマゾワーは、世界を結束させるような概念をこれまで模索してきたのは英米系の社会科学者だとも指摘する）［Mazower 2006: 565–566］。国家主導のジャズ外交から国際機関を介したジャズ交流へと21世紀的な変化が生じる中で、「平和」と「人権」の促進によって「単一の共同体としての人類を強化する」ことを謳う国際ジャズデーが、多様性言説を介したアメリカ化を実質化するものでないならば、レトリックを超えた実践が必要である[16]。

注

（１）https://en.wikipedia.org/wiki/Degenerate_music#/media/File:Entartete_musik_poster.jpg（２０２２年２月15日閲覧）.

（２）https://jazzday.com/docs/2018/IJD-Logo-ENG.pdf（２０２２年２月15日閲覧）.

（３）http://jazzday.com/media/docs/2017/2017_IJD_English.jpg（２０２２年２月15日閲覧）.

（４）DG/2012/069, "Address by Ms Irina Bokova, Director-General of UNESCO on the occasion of International Jazz Day, Jazz is a word for life: New York, 30 April 2012," UNESCO Digital Library.

（５）DG/ME/ID/2015/07 "Message from Ms Irina Bokova, Director-General of UNESCO, on the occasion of International Jazz Day, 30 April 2015," DG/ME/ID/2017/15, "Message from Ms Irina Bokova, Director-General of UNESCO, on the occasion of International Jazz Day, 30 April 2017," UNESCO Digital Library.

（６）本章の萌芽的な議論は齋藤［２０２０］で行われたことを付言しておく。また、本章は齋藤［２０１７］を大幅に再構成・加筆修正したもので使用事例には同じものが含まれる。

(7) National Archives and Records Administration（hereafter NARA）, College Park, MD, US, Record Group（RG）59, Central Decimal File（CDF）1955–59, Box103, 032 Gillespie, Dizzy/4–456, Dulles to Embassies, 4 April 1956.

(8) NARA, RG59, CDF 1955–59, Box103, 032 Gillespie, Dizzy, "Educational Exchange : President's Fund : Dizzy Gillespie and His Orchestra," 19 March 1956.

(9) NARA, RG59, CDF 1955–59, Box103, 032 Gillespie, Dizzy, 'Educational Exchange : Visit of President's Fund/ANTA—Sponsored Jazz Musician Dizzy Gillespie and Band to Yugoslavia,' 1 August 1956.

(10) NARA, RG59, CDF 1955–59, Box103, 032 Gillespie, Dizzy, Butler to Hill, 17 April 1957, Hill to Butler, 29 April 1957, McGlocklin to Herter, 6 May 1957, Herter to Watson, 27 May 1957 ; *The Pittsburgh Courier*, 9 June 1956.

(11) University of Arkansas Library, Fayetteville, Arkansas, US, Special Collections Division, Bureau of Educational and Cultural Affairs, Historical Collection, Box85–3, "Report from Randy Weston on State Department Tour of West and North Africa（1/16/67–4/11/67）," undated.

(12) Department of State, "The Rhythm Road : American Music Abroad Program Fact Sheet".（https://photos.state.gov/libraries/shenyang/173680/Everyday%20Diplomat/1_%20The%20Rhythm%20Road%20Fact%20Sheet_2010.doc, ２０１９年３月31日閲覧）、Hancock Institute of Jazz, International Tours.〈https://hancockinstitute.org/education-program/international-tours/, ２０２１年10月６日閲覧）. 新旧ジャズ外交の比較については、Raussert［2018 : 192–208］を参照。

(13) International Jazz Day website（https://jazzday.com/event/concert, ２０２１年５月８日閲覧）.

(14) https://www.jazzweekly.com/interviews/kenburns.htm（２０２１年10月６日閲覧）.

(15) Y 4.ED 8/1, Congress（110th）, Congress Chamber, Committee on Education and Labor, 8 May 2008（House of Representatives https://www.govinfo.gov/content/pkg/CHRG-110hhrg41983/pdf/CHRG-110hhrg41983.pdf, ２０２１年10月６日閲覧）.

(16) DG/ME/ID/2015/07, "Message from Ms Irina Bokova, Director-General of UNESCO, on the occasion of International Jazz Day, 30 April 2015", UNESCO Library.

参考文献

〈邦文献〉

齋藤嘉臣［２０１７］『ジャズ・アンバサダーズ――「アメリカ」の音楽外交史』講談社。

――［２０２０］「国際関係と音楽の見えざる役割」『人環フォーラム』38。

佐久間由梨［２０２０］「ミレニアル世代のジャズ――カマシ・ワシントンをジャズ史とBlack Lives Matterに位置付けるとき」『立教アメリカン・スタディーズ』42。

鳥居祐介［２０１６］「『アメリカン・クラシカル・ミュージック』――ジャズの制度化と晩年のアミリ・バラカ」『摂大人文科学』23。

沼野雄司［２０２１］『現代音楽史』中央公論新社。

福田宏［２０２０］「『みえない関係性』をみせる――装い・音楽・スポーツ、そして言葉」、福田宏・後藤絵美編『「みえない関係性」をみせる』岩波書店。

吉田進［１９９４］『ラ・マルセイエーズ』中央公論新社。

〈欧文献〉

Buch, E.［1999］*La Neuvième de Beethoven : Une Histoire Politique*, Paris : Gallimard（湯浅史・土屋良二訳『ベートーヴェンの「第九交響曲」――〝国歌〟の政治史』鳥影社、２００４年）.

Davenport, L. E.［2013］*Jazz Diplomacy : Promoting America in the Cold War Era*, Jackson : University Press of Mississippi.

Dening, M.［2011］*The Cultural Front : The Laboring of American Culture in the Twentieth Century*, New York : Verso.

Dunkel, M.［2018］"Popular Music and Public Diplomacy : An Introduction," in Dunkel, M. and Nitzsche, S. A. eds., *Pupular Music and Public Diplomacy : Transnational and Transdisciplinary Perspectives*, Bielefeld : Transcript.

――［2019］"Jazz Embodies Human Rights : The Politics of UNESCO's International Jazz Day," *Forum for Inter-American Research*, 12（2）.

Erenberg, L. A.［1998］*Swingin' the Dream : Big Band Jazz and the Rebirth of American Culture*, Chicago : University of Chicago Press.

Gillespie, D. and Fraser, A.［1985］*To Be or Not to Bop : Memoirs of Dizzy Gillespie*, New York : Da Capo.

Gilroy, P.［1993］*The Black Atlantic : Modernity and Double Consciousness*, London : Verso（上野俊哉・毛利嘉孝・鈴木慎一郎訳『ブラック・アトランティック――近代性と二重意識』月曜社，２００６年）.

Kaplan, F.［2008］"When Ambassadors Had Rhythm," *The New York Times*, 29 June.

Kater, M. H.［1992］*Different Drummers : Jazz in the Culture of Nazi Germany*, Oxford : Oxford University Press, 1992.

McPhail, T. L.［2014］*Global Communication : Theories, Stakeholders, and Trends*, 4th ed., Wiley Blackwell.

Mazower, M.［2006］"An International Civilization? Empire, Internationalism and the Crisis of the Mid-Twentieth Century," *International Affairs*, 82（3）.

Raussert, W.［2018］"Sounds of Freedom, Cosmopolitan Democracy, and Shifting Cultural Politics : From 'The Jazz Ambassador Tours' to 'The Rhythm Road'," in Mehring, F., Bak, H. and Roza, M. eds., *Politics and Cultures of Liberation : Media, Memory, and Projections of Democracy*, Leiden : Brill.

Strait, K. M. A.［2010］"'A Tone Parallel' : Jazz Music, Leftist Politics, and the Counter-Minstrel Narrative, 1930–1970," Ph.D. Thesis, George Washington University.

von Eschen, P.［1997］*Race Against Empire : Black Americans and Anticolonialism, 1937–1957*, Ithaca : Cornell University Press.

――――［2006］*Satchmo Blows Up the World : Jazz Ambassadors Play the Cold War*, Cambridge : Harvard University Press.

Stowe, D. W.［1994］*Swing Changes : Big-Band Jazz in New Deal America*, Cambridge, Mass. : Harvard University Press（湯川新訳『スウィング――ビッグバンドのジャズとアメリカの文化』法政大学出版局，１９９９年）.

Zwerin, M.［2000］*Swing under Nazis : Jazz as a Metaphor for Freedom*, New York : Cooper Square Press.

第5章

越境するアイデンティティ
――アラブ諸国の国歌――

福田義昭

はじめに

国歌は音楽としての魅力に乏しいというのが一般的な見方のようである。機能上の制約を考えると無理からぬことだが、歌詞も楽曲も芸術的価値が高く評価されることはめったにない［Boyd 2001］。加えて、没個性ぶりも指摘される［Bohlman 2020：78–79］。単純化して言えば、英仏の国歌が代表的モデルになっており、多くは「ゴッド・セイヴ・ザ・クイーン（キング）型」（讃美歌）か「ラ・マルセイエーズ型」（行進曲）に分けられる［半澤 2016：20］。演奏は吹奏楽団や管弦楽団によるものが一般的で、結果として「アジアであろうとアフリカであろうと、ほとんどの国のものが西洋音楽的に作られ」ることになる［渡辺 2010：51］。アラブ諸国も例外ではない。新井裕子は「国歌の演奏は吹奏楽によることが念頭に置かれているため、それぞれの国に固有の音楽様式とは調和しないことも多い。西アジア、イスラム諸国の国歌はそのよい例で、「イスラム的」、あるいは「アラブ的」な印象がほとんどなく、まるで西洋音楽の旋律を聞いているようである」と述べている［新井 2015：134］。

だが、芸術的には物足りない国歌も、各国の政治・社会・文化を考える切り口としては意外に面白い。歌としての歴史、国歌制定の経緯、受容と実践、替え歌を含む拡散、越境、それらをめぐる議論など、国歌の周囲にはいろいろな文脈がある。そうした文脈や歌詞の内容には各国の自己規定や他国との関係が印象的な形であらわれる。一見すると奇妙な現象にも出くわすが、むしろそのようなところに当該国の社会や人心の機微をより深く理解する手がかりを見つけることもできる。こうしたことを念頭に置いて、国歌にまつわる素朴な疑問や違和感を出発点に、アラブ諸国のナショナル・アイデンティティの在り方をあらためて見てみようというのが本章の趣旨である(1)。

1　アラブ世界の集団的アイデンティティ

現代アラブ世界の集団的アイデンティティや空間意識を考えるとき、特に重要なのはワタニーヤ（国民主義）、カウミーヤ（アラブ民族主義）、イスラム共同体意識、という三つの方向性である。ワタニーヤは各国民国家への帰属意識／一国ナショナリズムを指す。元になったアラビア語の「ワタン」（waṭan）は前近代から「生誕地」などを意味する言葉として使われていたが［Haarmann 2002］、19世紀にエジプトの啓蒙家タフターウィー（1801-1873）によってフランス語の「パトリ」（patrie 祖国）と同じニュアンスを付与された。タフターウィーにとってのワタンはアラブ地域全体ではなくエジプトを意味しており［Hourani 1983: 78-81］、その彼が「ラ・マルセイエーズ」をアラビア語に訳しているのは象徴的な事実と言える［Geer 2011: 118］。

エジプトはやや例外的だが、アラブ世界には人工性の高い領域を持つ国家が多い。そうした国々が国家建設のために地域や部族、宗派等を超えるアイデンティティを求めると、（ワタニーヤの涵養に努める一方で）カウミーヤやイスラム的理念を導入する必要性が高まることが多い。カウミーヤは民族という人間集団（qawm）への帰属意識である。19世紀以来の文化ナショナリズムの中から、アラビア語を紐帯とするアラブ民族意識が徐々に形成され、20世紀になると、理念的にはアラブ世界全体の政治的統一を目指すナショナリズム・イデオロギーともなった。

ワタニーヤとカウミーヤという二つのナショナリズムは必ずしも相互排他的なわけではない。どの国家も二つの方向性を独自の仕方で併せ持っている。カウミーヤは現行の国民国家を超える理念を示しつつ、現実にはナショナル・アイデンティティの一つとして各国家の正統性を支える役目も果たしている。結果として、アラブ世界には各国内とアラブ諸国全体の二層からなる政治・文化空間が形成されることになる。

残るもう一つのアイデンティティはイスラム共同体への帰属意識である。国によってはキリスト教徒やユダヤ教徒もいるが、アラブ諸国民の大多数はムスリムである。政治的正統性を得るためにイスラムへの配慮は欠かせない。元来は世俗的な運動であるナショナリズムにもイスラム的要素が複雑に絡み合う。アラビア語とイスラムの特別な結びつきは言うまでもないが、植民地支配への抵抗運動としても両者は混じり合ってきた。

ただし、ムスリムである以上、国民国家や民族よりもイスラム共同体への帰属意識が前面に出る場合もある。多くの個人や国家は両者のあいだに折り合いをつけるものだが、ラディカルなイスラム主義者は、領域国民国家という概念自体を認めない。「イスラム国（IS）」などで使われている「忠誠の対象はイスラムであり、祖国《ワタン》ではない」というスローガンはそのことを端的に示している。タフターウィーにしても宗教を無視して祖国愛を謳えたわけではない。「祖国愛は信仰の一部である」というハディース（預言者の伝承）を引きつつ、愛国心はむしろ宗教的要請であるという論理を展開したのだった［Ṭahṭāwī 1912 : 10］(2)。

2　国歌と言語

「アラブ諸国」とは、政治的な定義では、ふつうアラブ連盟加盟国（パレスチナを含めて22カ国）のことを言う。連盟への参加資格は「独立したアラブ国家」（連盟憲章第1条）であり、現代の「アラブ」概念の根幹には言語的アイデンティティがあるため、アラビア語が全加盟国の公用語（の一つ）になっているのは自然なことである。ならば、アラブ諸国の国歌はすべてアラビア語で歌われているかというと、そうでないところが興味深い。ソマリアとジブチはソマリ語、コモロはコモロ語の国歌を持っている。ジブチは公用語ですらない（ただし母語話者は最も多い）言語で国歌が歌われている珍しい例である。

このような事実は、これら三国のアイデンティティの曖昧さを改めて印象づける。もちろん、三国がアラブ世界の周縁に位置し、非アラブ人が多数派を占める国家であることはよく知られている。しかし、たとえ政治経済上の思惑があったにせよ、一旦アラブ連盟に加盟した国がアラビア語以外の言語で国歌を歌い続けていることの意味は小さくない。スイスや南アフリカのように、何らかの方法で国歌に複数の言語を導入する選択肢もあることを思えばなおさらである。理念はともかく、現実として、これらの国々におけるアラビア語やアラブ性が国民的アイデンティティの柱にはなっていないことを示す事例と言えるだろう。

文語と口語

国歌の言語選択に関しては、アラビア語における文語と口語の問題もある。アラブ地域には社会言語学でダイグロシア（diglossia）と呼ばれる「二言語変種併用」状況がある［Ferguson 1959］。社会生活のなかで文語と口語が役割を分担しており、概して公的な場（書記全般、演説、ニュース番組、宗教者の論説など）では文語が、私的な場（口頭による日常の私的コミュニケーション）では口語が用いられる。実生活では両者の多様な混淆が見られるが、人々の意識のなかでは両者が明確に区別されている。

文語と口語のあいだには別言語と言ってよいほどの隔たりがある。文語は超時代的かつ超地域的な言語である。それはアラブの文化遺産やイスラムの宗教遺産と結びつき、アラブ世界全域（ひいては世界のムスリム教養層のあいだ）で通用する。ただし、教育によって習得する必要がある。他方、口語は本当の意味でのアラブ人の母語であるが、地域による方言差が激しく、諸方言のあいだにはやはり相互理解を困難にするほどの差がある。各国は方言を国語化することなく、文語を公的言語として使用し続けている(3)。したがって、国家の象徴たる国歌も文語で歌われるのが道理であり、常識的に考えて、口語の国歌はありえないように思われるだろう。

口語の国歌

ところが驚くべきことに、これにも例外がある。1960年から79年まで、エジプトの国歌は口語で書かれた「久しいな、我が武器よ」(Walla Zamān Ya Silāḥi, 以下「我が武器よ」)であった。口語詩人サラーフ・ジャーヒーン(1930-86)が作詞し、カマール・アル＝タウィール(1923-2003)が作曲したものである。国歌としては、アラブ世界の言語イデオロギーに反する唯一の事例であろう。しかも採用されたのはアラブ民族主義の最盛期にあたるナセル時代であり、当時エジプトはアラブ連合共和国としてシリアとの合邦(1958-61)を試みている最中であった。さらに1963年には、当初その両国との合邦を構想していた第一次バアス党政権によってイラク国歌にまでなっている(1981年廃止)。

理論的に言えば、文語こそアラブ統一の象徴であり、方言を国歌に用いることはアラブ主義の放棄を意味するように思える。では、なぜ上記のような事態が生じえたのか？　明確な答えが出せるわけではないが、多少なりともこうした事態を理解するためには、関連する文脈を知る必要がある。この歌は最初から国歌として作られたわけではない。もとはアラブの歌姫ウンム・クルスーム(1898?-1975)が第二次中東戦争時に歌った曲だった。1956年7月にナセル大統領がスエズ運河国有化宣言を行い、これを受けて、英・仏・イスラエルがエジプトに共同攻撃を仕掛けた。しかし、米ソ等の圧力で三国は撤退し、ナセルが政治的勝利を収めた。そうした環境のなかで生まれた歌である。当時ウンム・クルスームはカイロを空襲する敵機とそれを迎撃するエジプト軍の対空砲火を眺めつつ、「自分の声で戦いたい」と感じたという[Maḥallāwī 1992: 70]。歌詞や楽曲(行進曲)は力強く戦闘的な雰囲気を持ち、それがウンム・クルスームの情熱的な歌い方や、彼女が持つ国民的またアラブ的な求心力とあいまって、大衆的な人気を博したのである。そうしたなか、エジプトではようやく王政時代からの国歌を廃し、新国歌を制定しようとする機運が生じてきた。そのためのコンテストも開催されたが、人気曲「我が武器よ」にまさる曲はなく、結局1960年、これが国歌として採用された[ʻAbd al-ʻAzīz 2009: 82–88]。それが19年後に廃止され、現国歌「我が国よ、我が国よ」(Bilādī Bilādī) に変わったのは、イスラエルとの単独和平がきっかけだった。「我が武器よ」の戦時動員的性格があまりに強かったため、サダト大統領が外交的配慮から国歌の変更を決断したのだという [ʻAbd al-ʻAzīz 2009: 88; Danielson 1997: 243, n. 20; Essam 2015]。

「我が武器よ」が国歌となりえた要因はいくつか考えられる。そもそもエジプトはアラブ諸国のなかでも公的領域への口語の浸透が比較的よく見られる国であった。またエジプト方言は、歌謡や映画などの大衆文化をとおしてアラブ世界で最も影響力のある口語となっていた。こうした口語のソフトパワーと強力な政治的中心性が当時のエジプトにはあった。さらにナセル自身、口語の政治的動員力を知悉していた政治家であった。彼以前、国家指導者の公的演説はおおむね文語で行われていたが、彼は民衆に向けた演説で最大の効果が得られるよう、文語と口語にまたがる言語レベルを巧みに切り替えるスタイルを創出した [Holes 1993; Mazraani 1997]。「我が武器よ」も口語で歌われたからこそ民衆の感情に強く働きかけ、動員力を増した面があるだろう。また、ナセルは自らのアラブ民族主義思想を全アラブ地域に向けて発信する手段として、「アラブの声」をはじめとするラジオ放送を有効に利用していた。彼の演説はそのようなメディアに乗って、親密な関係にあったウンム・クルスームの歌声とともにアラブ諸国に届けられたのだった。(4)

結局、この歌は典型的なナセル時代の産物であった。エジプトの政治的優位を前提としたアラブ民族主義時代の国歌だった。少なくともエジプト人から見れば、口語の使用に大きな矛盾は感じなかったのだろう。とはいえ、シリア人やイラク人がエジプト方言で国歌を歌うことにはやはり無理がある。歌詞には「エジプト」という国名も出てくるので、この部分は明確にそぐわない。イラクでは基本的に歌詞のない楽曲だけの国歌として使用されたという。(5) ラジオをとおしてアラブ世界全域に広まっていたため、実際には歌う人もいただろうが、合邦中だったシリアにおける実態と合わせて、詳細はよくわからない。いずれにせよ、シリアはそれこそエジプト中心主義に対する反発から1961年には合邦を解消し、国歌を元のシリア国歌に戻したのである。

3　国境を越える国歌

少なくとも現代的な考え方からすれば、国歌はその国独自のものでなければならないように思える。しかし、アラブ諸国を眺めれば、そうした原則からはずれる国歌がかなりある。これはやはり興味深い特徴と言える。ほかの地域にもそうした国歌は存在するが、アラブ諸国におけるその比率は高い。まず作曲者が外国人であるケースが多い。現行国歌だけで10カ国ある。ただし、フランス人によって作曲されたモロッコ国歌をのぞき、すべてアラブ人が作曲している。6カ国（モーリタニア、アルジェリア、リビア、パレスチナ、UAE、オマーン）がエジプト人、3カ国（ヨルダン、シリア、イラク）がレバノン人である。これは、国歌の音楽面におけるアラブ・アイデンティティのあらわれであると同時に、近代アラブ音楽におけるエジプト・レバノン両国の中心性を物語るものでもある。

チュニジア国歌

さらに注目すべきは、一般には少ない外国人作詞の国歌が（現行のものだけで）三つもあることである（チュニジア、リビア、イラク）。チュニジアでは1987年、クーデターによってベン・アリーが政権を握った。そのとき、ブルギバ時代の国歌に替えて採用されたのが「祖国の防衛者たちよ」（Ḥumāta al-Ḥimā）である。しかし、これはもともとエジプトの詩人ムスタファー・サーディク・アル＝ラーフィイー（1880-1937）が1936年にエジプトの国歌コンクールに応募し、二等となった作品であった［ʻAbd al-ʻAzīz 2009 : 34］[6]。エジプトではこの詩にザカリーヤー・アフマド（1896-1961）が曲をつけたものが歌われていたが、国歌になることはなかった。ところが、1940年代の終わりごろ、カイロのアラブ・マグリブ事務所に出入りしていたチュニジア人ナショナリストらがこの詩をチュニジア独立闘争の歌に選び、チュニジア人のアフマド・ハイルッディーン（1906-67）が曲をつけた。この曲が独立闘争期からチュニ

ジア人によって歌われるようになり、のちに国歌となったのである。(7)

もちろん、他国の愛国歌であるから、歌詞にはそのまま流用できない部分がある。「エジプト」は「チュニジア」に、「ピラミッド」は別の語に置き換えられた。しかし、変更は最小限にとどめられた。大部分は原詩のままである。顕著な相違は、最後の方に、つぎのような歌詞が加えられたことである――「人々がいつの日か生きようと欲したならば、必ずや運命は応えるであろう。必ずや夜は明け、必ずや枷は断ち切られるであろう」。これは近代チュニジアを代表するロマン主義詩人アブー・アル＝カースィム・アル＝シャーッビー（1909-34）の代表作「生きる意志」(Irādat al-Ḥayāh, 1933) の冒頭二行である。ラーフィイーの詩と同じ韻律で書かれているのでリズム上の問題も起こらない。こうして、エジプト人が書いた詩にチュニジア人の詩が接ぎ木されることになった。

たった二行だが、この追加は大きな意味を持った。「生きる意志」は、多くのアラブ諸国で学校教科書にも取り上げられてきた、近代アラブ詩のなかで最も有名な作品の一つである。冒頭部分は特に人口に膾炙している。これによって、チュニジア国歌は再び国境を越えて、さらに広い領域へと拡散していくことになった。

2010年末にチュニジアから始まった「アラブの春」と呼ばれる体制打倒・民主化運動では詩や歌が大きな役割を果たしたことが知られている。高揚した雰囲気に包まれた路上に、詩人や歌手や群衆の力強い声が響いた［山本 2011；師岡 2013；中町 2016］。チュニジアはもちろん、エジプトやシリア、モロッコなどでも、体制への抗議デモのなかでシャーッビーの言葉がチュニジア国歌のメロディで（場合によってはチュニジア国歌そのものが）高らかに歌われた。それは革命の端緒を開いたチュニジアへのオマージュでもあっただろうが、第一にはその内容の普遍性ゆえのことだっただろう。植民地チュニジアに生きたシャーッビーの詩は、独立を希求する人々を鼓舞するものだった。しかし同時にそれは、不正に人々の自由を奪う者すべてに向けられた抗議の声でもあった。だからこそ、時と場所を超えてアラブ世界全域で歌われるようになったのである。(8)

イラク国歌

イラクでは2003年のイラク戦争でバアス党政権が崩壊すると、旧体制の象徴として旧国歌も廃止された。その後、暫定政権によって国歌として採用されたのが「我が祖国」(Mawṭinī)である。王政時代から数えて5番目の国歌にあたる。実のところ、この歌はパレスチナの「非公式国歌」として知られてきたものである。(9) 1934年、ナブルス生まれのパレスチナ詩人イブラーヒーム・トゥーカーン(1905-41)が書いた詩にレバノン人のムハンマド・フライフィル(1899-1986)が曲をつけた。後者は現シリア国歌を筆頭に、アラブ世界で数々の愛国歌を作ってきた作曲家である。パレスチナ人はこの歌を1930年代の英国委任統治期から抵抗歌として歌い続けてきた。今や、その物悲しい短調のメロディはパレスチナ人が辿ってきたその後の苦難の歴史をも想起させるものとなっている。現在のパレスチナ自治政府は別の歌を国歌としているが、「我が祖国」は今でもパレスチナ人にとって特別な歌でありつづけている。

このようにパレスチナと不可分の歌が、なぜイラク国歌になったのか。一つには、歌詞の抽象度の高さが挙げられるだろう。祖国への呼びかけから始まるこの歌に、地名その他の固有名詞は一切出てこない。他国に隷従せず、敵に打ち勝ち、独立した名誉ある安らかな生を送ることだけを望む内容であり、アラビア語を解する者なら誰でも自分の故国の歌として歌うことができる。宗教性がないことも特徴で、宗教的少数派を多く抱える地域でも問題がない。実際、近年この歌のカバーを発表した歌手のなかにキリスト教徒のシリア人ファヤ・ユーナーンやレバノン人エリッサらがいる。ファヤをはじめ、内戦下の祖国に想いを馳せつつこの歌を歌うシリア人は多い。(10) 歌詞も親しまれているが、おそらくはその愁いを帯びたメロディが一層アラブ人の心の琴線に触れるのだろう。

ジャズラーウィーによると、アメリカ軍の侵攻によってフサイン政権が打倒されると、イラク人の一部に「我が祖国」を国歌にしたいという感情が芽生えた。この歌は、20世紀はじめのイラク独立と立憲国家の成立に際して国民が歌った愛国歌、民族歌の中でも際立ったもので、それゆえに格別に愛国的な響きを持っているからだという [Jazrāwī 2012: 445]。つまり、この歌は作られて間もないころからすでに、イラク人によっても、彼らの愛国心を表現する手段として歌われていたということである。また、それは１９６４年にバグダードで教育省芸術局が作った学校唱歌集にも含まれていたらしい［Jazrāwī 2012: 447］。こうして、７０年前にパレスチナ人とレバノン人がベイルートで作った「我が祖国」がイラク国歌となった[11]。さまざまな勢力に分裂した当時のイラクにとって、不偏不党の歌詞は都合のよいものだったに違いない。国民的凝集力と言う点でも、これにまさるものはすぐに用意できなかったのだろう。

それを考えると興味深いことだが、これを替え歌にして自派の動員に使っている集団がある。イラクのシーア派イスラム主義組織の一つサドル派である。「フサイン」（シーア派第三代イマーム）への呼びかけから始まり、国名「イラク」や指導者の名「ムクタダー」（「導師」の意味もある）を挿入するなど、「我が祖国」とは正反対に組織のプロパガンダ音楽になっている[12]。それに対する批判はさておき、彼らがあえてこのメロディを使っているところに、この音楽の深い影響力を見て取ることができる。またイラク各地のキリスト教会でも、歌詞をわずかに変更し、やはり国名や「救世主（解放者）」という語を入れた独自の「我が祖国」が歌われている[13]。こうした替え歌を含む多種多様な実践と、たとえば「エドワード・サイード」の名を冠した音楽院の生徒らがパレスチナのガザでオリジナルの「我が祖国」を歌う様子[14]を見比べると、ある種の感慨に打たれる。ムクタダー・アル＝サドルとエドワード・サイードの名が同じメロディを介して並ぶさまは皮肉にも感じられるが、むしろ同じ音楽がこれらの異なる人々を動かしている事実、彼らがある種の象徴を共有していることをこそ見るべきなのかもしれない。

「国民国家の歌」は「国境を越えて知られてはいても、国境を越えて「わたしたちの歌」として歌われることはない。その強烈なナショナリズムの故に普遍性は弱い」［岡田 ２０２０：１１１］のが普通だろう[15]。国歌はその典型である。しかし場合によっては、他国人によって「わたしたちの歌」として歌われる国歌もある。「祖国の防衛者たちよ」や「我が祖国」は、そうした越境を果たした国歌の好例である。

国歌作者をめぐる議論

ただし、国歌は自国人が作るべきだとする意見ももちろん存在する。たとえば2019年1月、チュニジアの女性詩人ソニヤ・アル＝フィルジャーニーが「エジプト人のラーフィイーには敬意を払うが、自国の国歌にはやはりチュニジア詩人のほうがふさわしい」とSNS上で発言し、国歌の歌詞を変更するよう政府に求めた(16)。しかし、この発言に対する反応を見ると、必ずしも賛成意見ばかりでないところにアラブ世界の特質がよく現れている。反対者らは、「チュニジアはアラブの不可分の一部であり、詩の言葉に国境はない」「ワタニーヤは周囲に対して閉ざされることを意味するものではない。歴史と文化は、個性を異にする全アラブ人が共有するものだ」「どのアラブの国歌であれ、表現力があり雄弁で見事な正則アラビア語で書かれていれば、詩人の国籍に関係なく全アラブ人の歌なのだ」「シャーッビーの「生きる意志」をアラブ民族の諸国民みなが歌っているのを忘れたか」などと述べたという(17)。アラブ主義と文語と詩の親和性がよくわかるエピソードである。

イラクでも自国人による国歌を採用すべきだとする意見は多い。ジャズラーウィーもイラク人だけを対象とした国歌コンテストを開催すべきだと提案している［Jazrāwī 2012: 457］。実際、「我が祖国」は当初から暫定的な国歌と認識されており、イラク人による新国歌選定作業が2000年代から続けられてきた。2019年には「アラブ歌謡界の皇帝」とも称されるカーズィム・アル＝サーヒル（1957-）の曲も候補に挙がった。しかし、さまざまな勢力の意見調整は困難で、いまだに「我が祖国」にかわる国歌は制定されていない(18)。

逆方向から見れば、自国の詩人による愛国歌が他国の国歌になっていることをエジプト人やパレスチナ人があまり問題視していない点も注目に値する。かくして、スポーツの国際試合などでは、イラク人がパレスチナ人の前で「我が祖国」を自らの歌として大声で歌う光景が見られるのである。

4　国歌とイスラム

最後に、アラブ諸国の国歌とイスラムの関係を見ておこう。イスラム的要素は多くの国歌に見られるが、どちらかと言えば、共和制国家よりも君主制国家のほうがイスラム性ないしは宗教性を前面に押し出していると言える［Mesbah 2019 : 50］。共和国がイスラムをシンボルとしないわけではない（モーリタニア・イスラム共和国など）。しかし、共和国の国歌には基本的に宗教性がないものもある（チュニジア、ジブチ、イラク）。それに対して、八つの君主制国家はすべて何らかのイスラム的あるいは一神教的要素を国歌の歌詞に入れている。特に湾岸諸国は、国民の結束と支配の正統性において、イスラムを掲げないわけにはいかないのだろう。たとえばサウジアラビアの短い国歌には「天の創造主」「神は偉大なり」「ムスリムの誉れ」などの文言が出てくる。アラブ首長国連邦（ＵＡＥ）の国歌には「イスラムを教えとし、クルアーンを導きとする国民」と明言されている。

簡潔なのはモロッコである。歌詞の末尾のスローガンで「祖国」や「国王」の直前に「アッラー」が置かれるのみである。イスラム的というより、一神教的と言えるかもしれない。ヨルダン国歌も、国王が「最良の預言者」の血筋にあたるとは述べるが、それ以外にイスラムを示唆する言葉を含んでいない。モロッコもヨルダンも王家は預言者ムハンマドの血統を引くと主張する君主制国家であるが、前者にはユダヤ教徒、後者にはキリスト教徒の国民が少数派ながら一定数存在することも関係しているだろう。共和国でも、国民の約一割がキリスト教徒と言われるエジプトの現行国歌では、モロッコと同様に「アッラー」が出てくるだけである。キリスト教徒が重要な政治的役割を果たし続けてきたレバノンの場合、国歌の作詞作曲者ともにキリスト教徒であり、歌詞に出てくる宗教的語彙はセム的一神教共通の「主（rabb）」しかない。当初はキリスト教とイスラムを象徴する「十字架」と「三日月」が歌詞に入っていたが、宗派主義や分裂を思い起こさせるとする意見があり、削除されたという［Fayyāḍ 2009 : 90］。多様性よりも共通性が重視されたわけである。

無論、突き詰めれば、国歌の歌詞における宗教性と世俗性の境界は必ずしも明確ではない。国民国家自体がそうした曖昧性を持つのであり、国歌は象徴操作によってそのような国家の性格を形成するテクストの一つであるから、ある意味当然のことかもしれない。そもそも文語で書かれたアラブ諸国の国歌には、宗教的含意のある語彙が数多く見つかる。それらの語彙は、文脈によっては世俗的な意味を伝えつつ、同時にイスラム共同体をも想起させるのである。

シリアやイエメンの例を挙げてみよう。両者の国歌に顕著な宗教性はない。しかし、宗教共同体を思い起こさせる語彙は使われている。たとえば、シリア国歌にはイスラム史上の人物名が出てくる。[19]宗教性より歴史性に関わるだろうが、両者を峻別することはできない。また「汝らの上に平安あれ」（ʿalay-kum salām）は一般的な祈願文とも言えるし、ムスリムの挨拶を想起させるものでもある。タイトルにもなっている「国の守護者らよ」（Ḥumāta al-Diyār）は伝統的なアラブ人やムスリムの領域意識を反映するであろうし、[20]「不可侵の（聖なる）家」（bayt ḥarām）はメッカのカアバ神殿を思い起こさせる。イエメン国歌には「信仰」（īmān）の語が出てくる。この語は文脈から非宗教的な意味（信念）とも解釈できるが、同時に宗教性をも示唆する。両国歌に登場する語としては「シャヒード」（shahīd）があり、これは宗教的意味（「殉教者」）を持つ用語の世俗的領域（国民国家等）への転用（「殉国者」）という、近代語法とみなすことができる。しかし、どこまで行っても宗教的ニュアンスはついて回るため、宗教性と世俗性が微妙に混ざり合う。一部のイスラム主義者はそうした語法を嫌うだろうが、大半の人々はこうした用法によって、近代世界をおおう非イスラム起源の制度とも折り合いをつけている。結果として、アラブ地域においても近代国家にある種の神聖さが付与されることになる。チュニジアやアルジェリアなどの国歌には、祖国のために死ぬという思想がはっきりと述べられているが、このような意識は前近代にはなかったものだろう。

イスラム主義者と国歌

一方、ラディカルなイスラム主義者は現在の国民国家自体を否定的に見ている。したがって国歌にも否定的である。それだけでなく、（一部の宗教歌をのぞいて）音楽そのものを忌避する傾向にある。アフガニスタンのターリバーンが概して音楽に敵対的な態度をとっていることはよく知られている［Baily 2004］。イラクやシリアなどの一部を一時期支配下に置いたＩＳも同様である。とりわけ楽器を使った音楽をハラーム（禁忌）とみなす議論はイスラム主義者のあいだで広くなされている。ＩＳは音楽をプロパガンダに活用しているが、あくまで楽器を使わない宗教歌（ナシード）である。(21) インターネット上で広く利用されている「イスラム・ウェブ」（カタール系）などを見ると、国歌の合法性に関する質問も多く、楽器を伴わないことや、内容に禁忌事項が含まれていないことを条件にそれを認めるファトワー（信徒からの質問に対するイスラム法学者の回答）などが掲載されている。(22)

国歌演奏時の起立問題も、日本とはまったく異なる文脈でイスラム主義者たちによって提起されている。２０１６年のエジプト・メディアのある記事は、国歌演奏時の起立や国旗への敬礼をファトワー庁が合法（ハラール）と判断していることを述べたうえで、新憲法制定委員会における国歌演奏時にサラフィー主義のヌール党議員が退室したことを批判的に紹介している。(23) 似たような問題はいろいろな国で起こっている。アルジェリアでは２０１０年、政府によって任命されたモスクのイマームたちが国歌に対する起立を拒み、それを宗教大臣が非難したことから論争が起きている。大臣は、起立が意味するのは国歌自体の神聖視ではなく、殉教者（殉国者）への敬意にすぎない旨、述べたという。(24) これらの事例では国家と宗教が象徴をめぐって対立している。国歌はイスラム的要素を取り入れることで、ふつう両者を統合的に表象しようとするが、イスラム主義者はそのような混淆を純粋主義的に拒否しているのである。

次に挙げるモロッコの事例では、国家的アイデンティティと宗教的アイデンティティがそれぞれの音声的表現で対抗する様子が見られる。新型コロナウィルス流行下の２０２０年３月、モロッコで外出規制がしかれるなか、一部のアーティストや活動家の呼びかけにより、住民たちがバルコニーや窓辺、建物の屋上などから一斉に国歌を歌うというイベントが行われた。治安要員や医療関係者らに謝意を表し、また士気を保つためだったという。その様子はインターネット上の動画サイトにも投稿された(25)。すると翌日、それに対抗するかのように、今度はイスラム主義者らの呼びかけで、同じように都市部の建物の中から大勢が「神は偉大なり」「アッラーのほかに神はなし」などと叫ぶ様子が動画サイトに投稿された(26)。その後、いくつかの都市で若者たちが同時に夜間外出規制を破り、街路に繰り出して宗教的な文言を叫んだりしたという。真相は不明だが、これをイスラム主義者の危険な扇動と見る論者もいる(27)。

だが、イスラム主義者にも多様な立場がある。常に国家に正面から対峙するとはかぎらない。場合によっては、折衷的な態度・戦略が見られることもある。これに関しては、エジプトの学校における国歌斉唱がよい例を提供してくれる。ふつうエジプトの公立学校では毎日朝礼が行われ、生徒らが校庭で国歌を歌う。しかし、あるエジプトのイスラム系私立校を調査したHerrera［1999］によると、同校は国歌に対して異なる対応をとっていた。英語とイスラム教育に力を入れているこの学校では、朝礼時にクルアーンの朗誦などが行われた後、教師がポータブル・オルガンでエジプト国歌を演奏する。その際、正式な歌詞に代えて、生徒らがアラビア語で信仰告白と共和国への挨拶を述べたあと、英語で「我らはムスリム、信仰に満たされ、クルアーンを愛し、クルアーンによって生きる」という言葉を口にするという。理論的には、ムスリム共同体は国境を越えて存在するグローバルなものだが、エジプト固有でエジプト人にしか意味をなさないエジプト国歌のメロディを神に対する信仰や強固なムスリム・アイデンティティを表すために用い、さらにそこに近代性（国際的なテクノクラート言語である英語の使用）を重ねていることに著者は注目する。そして、そうした点にいわゆる「ポスト・イスラム主義」のハイブリッドな性格を見るのである［Herrera 1999 : 158］。

おわりに

本章ではあえて一国に絞ることなくアラブ諸国の国歌を概観し、特徴的なトピックをいくつか選んで紹介した。取り上げた事例は限られているが、これだけでも、アラブ地域における国歌と言語の関係、国歌の特徴的な越境性、さらには宗教の取り込みと宗教からの挑戦などがよく見えてくる。国歌と政治と言えば「君が代問題」になる日本の状況からは想像しにくいことだろう。背景にあるのは、アラブ地域における国民的、民族的、宗教的アイデンティティの複雑な交錯（国民国家を超えるアイデンティティの遍在）であり、イスラムと国家の関係であるが、これらは日本から見てアラブ地域の理解を難しくしている要因の一部であろう。国歌の周辺にはそれらが縮図として現れている。したがって、関連する議論や具体的な文脈のなかでの実践（歌われ方）を観察することで、そうしたアイデンティティの複合状況、それらのあいだの闘争や交渉の過程をいっそうよく理解することができる。

本章で扱えなかった事柄は多い。各国歌はそれぞれもっと深く掘り下げるべき奥行きを持っている。だが、歌詞の分析などはいくらか行われているものの、管見のかぎり、研究は意外に少ない。特に演奏・歌唱実践とそれらをめぐる政治は、まだあまり詳しく扱われていないように見える。ジェンダー視点からの研究もその一つである。テーマによっては資料へのアクセスが容易でないので、実証的な研究が困難なこともある。しかし、たとえばヨーロッパやラテンアメリカなど他地域と異なるアラブ地域の特質を把握するためにも、あるいはイラクやシリア、イエメン、リビアなど、分裂と統合のはざまで困難な道程をたどっている国々のアイデンティティを知る方途としても、国歌は今後さらに関心を寄せる価値のある興味深い研究対象と言えるだろう。

付記　本研究はＪＳＰＳ科研費（１９Ｋ００５２０）の助成を受けたものである。

注

（1）国歌は変更されることがあるが、特に断らない場合、本章では現行の国歌を指す。

（2）ただし、このハディースの信頼性は高くないとされている。

（３）アラビア語の方言であるマルタ語はローマ字で書かれ、マルタ共和国の公用語になっているが、同国にアラブ・アイデンティティはなく、ここでは問題にしない。

（４）ナセルとウンム・クルスームの関係については中町［２０１６：２２―３０］を参照。サウジアラビアの作家トゥルキー・アル＝ハマドの小説『アル＝アダーマ』（１９９５）には、同国の友人同士が集まって「アラブの声」放送でナセルの演説を聴く場面がある。演説後にはラジオから「我が武器よ」が流れ、語り手は「ガマール（ナセル）とウンム・クルスーム。彼らはこの時代を表す一つの印であって、単なる二人の人物というわけではない」[Ḥamad 2003: 143] と両者の分かちがたい結びつきに言及している。

（５）nationalanthems. info. "Iraq (1965–1981)" (https://www.nationalanthems.info/iq-81.htm, ２０２１年10月10日閲覧)。

（６）ラーフィイーは、エジプトの有名な愛国歌「平安なれ、エジプト」(Islamī Yā Miṣr) の作詞者でもある。この曲はある時期エジプト国歌だったと言われることもあるが、正式なものではなかった [ʻAbd al-ʻAzīz 2009]。

（７）*Maghris*. Zahra l'Amīrāt. "Naṣṣ al-Nashīd min Qaṣīda li-Muṣṭafā Ṣādiq al-Rāfiʻī wa-Ṭaʻm Baytayn Qawiyyayn li-l-Shāʻir Abū al-Qāsim al-Shābbī," 2011/8/11 (https://www.maghress.com/alalam/43266, ２０２１年10月10日閲覧).

（８）イスラエルに対するパレスチナ人の抗議活動のなかでも歌われている (https://www.youtube.com/watch?v=lsd6iyfPbUI, ２０２１年10月10日閲覧)。

（９）WAFA. "al-Nashīd al-Waṭanī al-Filasṭīnī." (https://info.wafa.ps/ar_page.aspx?id=2353, ２０２１年10月10日閲覧).

（10）*al-Quds al-ʻArabī*. "Ughniyat Mawṭinī Tubkī Fāyā Yūnān ʻalā Masraḥ Sūsa fī Tūnis." 2019/8/5 (https://www.alquds.co.uk/أغنية-موطني-تبكي-فايا-يونان-على-م/, ２０２１年10月10日閲覧).

（11）一説には、イラク戦争後２００４年６月までイラクを統治した連合国暫定当局（ＣＰＡ）の代表だったポール・ブレマーがこの歌を気に入って選んだとも言われている。*BBC Arabic*. "al-ʻIrāq Yatawaḥḥad khalf Nashīd Waṭanī Jadīd." 2012/9/22 (https://www.bbc.com/arabic/middleeast/2012/09/120922_iraq_new_national_anthem, ２０２１年10月10日閲覧).

（12）https://www.youtube.com/watch?v=x54p-Dagb0M（２０２１年10月10日閲覧）.

（13）https://www.youtube.com/watch?v=hdrkFyYnACY（２０２１年10月10日閲覧）（カルデア派の多い北イラク・アルコシュの聖ゴルギース〔ゲオルギウス〕教会）.

（14）https://www.youtube.com/watch?v=9pITVf-go6M（２０２１年10月10日閲覧）.

（15）「ラ・マルセイエーズ」やポーランド国歌の越境例については、吉田［１９９４］や梶［２０１６］を参照。

（16）https://www.facebook.com/sonia.ferjani.3/posts/1961843373853428（２０２１年10月10日閲覧）.

（17）*al-Quds al-ʻArabī*. Ḥasan Salmān, "Intiqādāt li-Shā'ira Tūnisiyya Ṭālabat bi-Taghyīr Nashīd Bilādi-hā li'anna Kātiba-hu Miṣrī." 2019/1/10（https://www.alquds.co.uk/انتقادات-لشاعرة-تونسية-طالبت-بتغيير-ن/, ２０２１年10月10日閲覧）.

（18）イラクは連邦共和国であり、そのクルディスタン地域は現在クルド語（ソーラーニー）の独自国歌を有している。また２０１２年の報道では、イラク新国歌制定の議論のなかでクルド人のみならずトルクメン人とアッシリア人もそれぞれの言語による歌詞を追加するよう要求したが、歌の最後で「イラク万歳」が各言語で叫ばれるという妥協案に（当時は）落ち着いたという（本章注11のＢＢＣの記事）。

（19）（ハーリド・ブン）「アル＝ワリード」と（ハールーン）「アル＝ラシード」の名が登場する。前者は初期イスラム時代に数々の戦功を立てた将軍でシリアのホムスに廟がある。後者はアッバース朝最盛期のカリフで、シリア北部の町ラッカに宮殿を建設し、長期間にわたってそこに居住した。

（20）同様に国の領域を表す語としては「他者の侵入から守るべき領地」という意味を持つ（イスラム共同体の一種の公有地を意味する語としても使われた）古典的語彙「ヒマー」（ḥimā）がアラブ諸国の国歌の中でよく使われている（チュニジアなど）。

（21）*Le Figaro*. Akhillé Aercke, "Les nasheed, ces poèmes devenus hymnes du djihad." 2015/3/25（https://www.lefigaro.fr/actualite-france/2015/03/25/01016-20150325ARTFIG00309-les-nasheed-ces-poemes-devenus-hymnes-du-djihad.php, ２０２１年10月10日閲覧）.

（22）*Islam Web*（https://www.islamweb.net/ar/fatwa/56102/, ２０２１年10月10日閲覧）.

（23）*al-Yawm al-Sābiʻ*. Samar ʻAbdallāh, "ʻAlā Ṭarīqat al-Abajūra di Ḥarām: Aṣl Taḥrīm Taḥiyyat al-ʻAlam wa-l-Salām al-Waṭanī." 2016/3/25（https://www.youm7.com/story/2016/3/25/-على-طريقة-الأباجورة-دى-حرام-أصل-تحريم-تحية-العلم-والسلام/2645399, ２０２１年10月10日閲覧）.

（24）*al-Sharq al-Awsaṭ*. Bū ʻAllām Ghamrāsa, "al-Jazā'ir : Jadal Dīnī ḥawl Rafḍ A'immat Masājid al-ʻĀṣima al-wuqūf li- Taḥiyyat al-Nashīd al-Waṭanī." 2010/7/1（https://archive.aawsat.com/details.asp?section=4&issueno=11538&article=576280, ２０２１年10月10日閲覧）.

（25）たとえば、https://www.youtube.com/watch?v=tgR_6V-yhF8（２０２１年10月10日閲覧）.

（26）たとえば、https://www.youtube.com/watch?v=5BWSIyBi2ek（２０２１年10月10日閲覧）.

（27）*Raṣīf 22*. Zaynab Ben Mūsā, "Islāmiyyūn Yuqāwimūn al-Nashīd al-Waṭanī al-Maghribī bi-l-Takbīr wa-l-Qur'ān wa-Yuʻarriḍūn al-Nās li-

Khaṭar Kūrūnā," 2020/3/24. (https://raseef22.net/article/1077708, ２０２１年10月10日閲覧); *al-Quds al-'Arabī*. al-Ṭāhir al-Ṭawīl, "Kūrūnā bayn al- Takbīr wa-l-Tahlīl wa-Tardīd al-Nashīd al-Waṭanī," 2020/3/26 (https://www.alquds.co.uk//كورونا-بين-التكبير-والتهليل-وترديد-ا, ２０２１年10月10日閲覧).

参考文献

〈邦文献〉

新井裕子［２０１５］『イスラムと音楽──イスラムは音楽を忌避しているのか』スタイルノート。

岡田暁生［２０２０］『音楽の危機──《第九》が歌えなくなった日』中央公論新社。

梶さやか［２０１６］『ポーランド国歌と近代史──ドンブロフスキのマズレク』（ポーランド史叢書３）、群像社。

中町信孝［２０１６］『「アラブの春」と音楽──若者たちの愛国とプロテスト』DU Books。

半澤朝彦［２０１６］「音楽と国家」『歴史学研究』９４３。

師岡カリーマ・エルサムニー［２０１３］『変わるエジプト、変わらないエジプト』白水社。

山本薫［２０１１］「社会・文化運動としてのエジプト〝一月二五日革命〟──グラフィックス・映像・音楽の事例から」、酒井啓子編『〈アラブ大変動〉を読む──民衆革命のゆくえ』東京外国語大学出版会。

吉田進［１９９４］『ラ・マルセイエーズ物語──国歌の成立と変容』中央公論新社。

渡辺裕［２０１０］『歌う国民──唱歌、校歌、うたごえ』中央公論新社。

〈外国語文献〉

'Abd al-'Azīz, Muḥammad Rif'at [2009] *al-Nashīd al-Waṭanī al-Miṣrī : Dirāsa Tārīkhiyya*, Cairo : 'Ayn li-l-Dirāsāt wa-l-Buḥūth al-Insāniyya wa-l-Ijtimā'iyya.
Baily, J. [2004] "Music Censorship in Afghanistan before and after the Taliban," in Marie Korpe ed., *Shoot the Singer! : Music Censorship Today*, London : Zed Books.
Bohlman, P. V. [2020] *World Music : A Very Short Introduction*, 2nd ed., Oxford : Oxford University Press.

Boyd, M. [2001] "National Anthems," in Sadie, S. ed. (J. Tyrrell, Ex. ed.), *The New Grove Dictionary of Music and Musicians*, 2nd ed., Macmillan, Grove's Dictionaries, Vol. 17.

Danielson, V. [1997] *The Voice of Egypt : Umm Kulthūm, Arabic Song, and Egyptian Society in the Twentieth Century*, Chicago : The University of Chicago Press.

Essam, B. A. [2015] "Melopoetics of the Contemporary "National Anthem" of Egypt and Its Translations : A Case Study," *Higher Education of Social Science*, 8 (1).

Fayyāḍ, Fu'ād [2009] *Rashīd Nakhla : Tārīkh 'Arīq fī al-Waṭaniyya wa-l-Siyāsa wa-l-Adab*, al-Mukhtāra : al-Dār al-Taqaddumiyya.

Ferguson, C. A. [1959] "Diglossia," *Word*, 15.

Geer, B. [2011] *The Priesthood of Nationalism in Egypt : Duty, Authority, Autonomy*, PhD thesis, SOAS (School of Oriental and African Studies).

Haarmann, U. [2002] "WAṬAN" in Bearman, P. J. et al eds., *Encyclopaedia of Islam*, New ed., Vol. XI, Leiden : Brill.

Ḥamad, Turkī al- [2003] *al-'Adāma*, 4th ed., London : Dār al-Sāqī.

Herrera, Linda [1999] "Song without Music. Islamism and Education : A Case from Egypt," *Revue du monde musulman et de la Méditerranée*, 85–86.

Holes, Clive [1993] "The Uses of Variation : A Study of the Political Speeches of Gamal Abd al-Nasir," in Eid, M. and Holes, C. eds., *Perspectives on Arabic Linguistics V*, Amsterdam : John Benjamins.

Hourani, A. [1983] *Arabic Thought in the Liberal Age 1798–1939*, Cambridge : Cambridge University Press (Reissued, with a new preface ; first published in 1962).

Jazrāwī, M. Muhaymin Ibrāhīm al- [2012] "al-Nashīd al-Waṭanī al-'Irāqī : Dirāsa Naẓariyya Taḥlīliyya," *Majallat Kulliyyat al-Tarbiya al-Asāsiyya* (al-Jāmi'a al-Mustanṣiriyya), 74.

Maḥallāwī, Ḥanafī al- [1992] *'Abd al-Nāṣir wa-Umm Kulthūm : 'Alāqa Khāṣṣa Jiddan*, Markaz al-Qāda li-l-Kitāb wa-l-Nashr.

Mazraani, N. [1997] *Aspects of Language Variation in Arabic Political Speech-Making*, Surrey : Curzon Press.

Mesbah, H. [2019] "Collective identity in national anthems : Investigating commonalities and differences among African and non-African

Arab countries," in Onyebadi, U. ed., *Music and Messaging in the African Political Arena*, IGI Global.

Ṭahṭāwī, Rifāʻa al- [1912] *Manāhij al-Albāb al-Miṣriyya fī Mabāhij al-Ādāb al-ʻAṣriyya*, 2nd ed., Cairo : Sharikat al-Raghā'ib (reprint, Cairo : al-Hay'a al-Miṣriyya al-ʻĀmma li-l-Kitāb, 2010).

補論　「君が代」の起立斉唱拒否

阿部浩己

国旗・国歌の法制化

「国旗は、日章旗とする」・「国歌は、君が代とする」。そう定める「国旗及び国歌に関する法律」が制定されたのは、1999年のことであった。政府の説明によれば、これによって国旗・国歌の指導に関わる教員の職務上の責務に変更はないものとされた。ところが、ほどなくして、都下の小学校では君が代のピアノ演奏が職務命令として課せられるようになり、2003年10月23日には東京都教育委員会から通達が発出され、起立して君が代を斉唱することが都立高校等に命じられる事態となった［永尾 2020］。

この通達を受けて各学校長は職務命令を発するのだが、少なからぬ教員がこれに従わなかったことから懲戒処分が続出する。小論では、主に法的な観点から、その懲戒処分をめぐる裁判の実情と国際的な規範状況を瞥見し、その含意について浅見をめぐらせてみる。

最高裁判所の判断

処分を受ける重大なリスクを冒しながらも教員たちが公然と職務命令に背馳する理由・動機を、訴訟の代理人となった弁護士は大きく二つに分けて説明している。第1は、「日の丸・君が代が国民を戦争に駆り立てていくシンボルとして利用されたという歴史を考えるとそれらを国旗国歌として認めることはできないという……個人の思想良心」であり、第2は「生徒たちに日の丸に正対して君が代を斉唱することを、有無を言わせず、一斉に、画一的に強制することは教育ではないという教育者としての信念」である［萱野 2017：29］。

法廷闘争の多くは、実のところ、すでに最高裁の一連の判断を受けるに至っている。第1の訴訟群は職務命令自体が憲法に適合しているのかどうかを争うものとして立ち現れたが、2011年に最高裁は、当該命令が思想良心の自由を保障する憲法19条には反しないという判断を示している。(1) 職務命令の性質について、最高裁は、「人の歴史観ないし世界観に由来する行動（敬意の表明の拒否）と異なる外部的行動（敬意の表明の要素を含む行動）を求められることとなる限りにおいて、その者の思想及び良心の自由についての間接的な制約となる」ことを認めた。しかし、起立斉唱は慣例上の儀礼的な所作であること、公立学校教諭の地方公務員としての地位の性質、職務の公共性などを総合的に較量すると、その間接的制約には「許容し得る程度の必要性と合理性が認められる」ことから、憲法19条の違反はないと結論している。

第2の訴訟群は、不起立に至った教員らに対する懲戒処分の適法性を争う裁判であり、ここでは、当該処分が懲戒権者の裁量権の逸脱・濫用にあたるのかが争点とされた。最高裁はまず、不起立行為が「個人の歴史観ないし世界観に起因する」ことを認め、実際に生じた支障も客観的評価が困難な程度のものであったとする。そのうえで、「戒告」は懲戒権者の裁量の範囲内にあるものの、「減給」以上の懲戒処分については「事案の性質等を踏まえた慎重な考慮が必要」であり、「必要性と処分による不利益の内容との権衡の観点から当該処分を選択することの相当性を裏付ける具体的な事情が認められ」なくてはならないところ、過去に同様の非違行為を行ったという事情だけではこの要件は満たされないとして、減給処分を行った東京都教育委員会の判断を違法と断じた。(2) これ以降、戒告処分については合法とし、減給以上の処分については原則として違法とする下級審判決が示されていくことになる。

第3の訴訟群は、職務命令違反を理由とした再就労拒否の適法性を争う裁判である。東京都は、起立斉唱を拒んだ都立学校教員に対し、定年退職後の再雇用を一律に拒否する対応をとってきているが、これが裁量権の逸脱・濫用に当たるのかが問われることとなった。2018年に示された最高裁の判断(3)は、次のように要約できる。採用候補者選考の合否の判断は任命権者の裁量に委ねられているところ、不起立行為は式典の秩序や雰囲気を損ない、生徒への影響も伴う。再任用した場合に同様の非違行為が繰り返されるおそれも否定できない。それゆえ、職務命令に違反したことを「特に重視すべき要素」と評価して不合格の判断をすることが著しく合理性を欠くものだったとはいえず、裁量権の逸脱・濫用はない。

大阪府では体罰や酒気帯び運転、生徒への体罰等により停職処分を受けた者も再任用されてきた一方で、戒告処分にとどまる不起立教員には採用が拒否されている。東京都でも、２００３年の通達発出後の職務命令違反により戒告処分を受けた者が再任用された例はない。国旗・国歌に否定的な信条を有する者が「狙い撃ち」されていると評する憲法学者もいるが［森口２０１９：３］、最高裁の判断はこうした実情を是認するものともなった。

最高裁は、憲法など日本の国内法に依拠して判断を導いてきているが、本来は、国際規範の適用可能性も相応に考慮されてしかるべきではあった。この観点から特に留意すべきは、ＩＬＯ／ユネスコ教職員勧告適用合同専門家委員会(4)が２０１８年に、君が代起立斉唱強制の適否について国際人権基準を踏まえた検討結果を示していることである。その際、同委員会は、起立斉唱には「旗・歌に込められた理念・政治的観念の受諾を意味することがある」と指摘した上で、「起立斉唱の静かな拒否は、労働の現場にあっても個人の領域を保つ個々の教員の権利の範囲内にある」とし、「愛国的な式典が滞りなく進行する一方で、それに従う行動をとることに違和感を覚える教員について配慮できる解決策を探るよう」勧告するに及んでいる［Joint ILO-UNESCO Committee 2018 : paras. 81–110］。

国際的視座

厳粛な式典を円滑に遂行するため起立斉唱命令に従うのは公務員の当然の責務であるという法令遵守の要請と、人の歴史観・世界観に反する行動は強制されてはならないという人権擁護の要請が衝突する局面の法的評価について、最高裁とＩＬＯ／ユネスコ合同委員会の判断には小さからぬ隔壁が見て取れる。ただ、改めて確認するまでもなく、いずれにあっても君が代（を国歌とすること）の是非そのものが問題とされたわけではない。問われているのは、式典で、君が代を立って歌うよう命ずることの適否であり、それに抗うことを正当化できるのか、ということにほかならない。

特定の命令や指示を個人の信念・宗教に基づき拒否することは、これまでは主に兵役に関わって議論されてきたところがある。だが議論の射程は、現代国際社会にあって、医療や教育、商品販売の現場など様々な局面へ大きく広がっている。現に欧州人権裁判所では、思想・良心の自由により命令を拒否できるかを争う多彩なケースが蓄積し、法的議論の精度も急速に高まっている。種々に現れ出る職務上の命令と個人の信念との相克が、国際的に看過し得ない人権課題となって浮上している実情がある［Puppinck 2017］。

１９９９年に国旗・国家法が制定された際、内閣は諸外国の国旗・国家の取り扱いに関する調査結果を明らかにしていた。その調査によれば、学校において国歌の一律斉唱を求めているところは英米独仏伊加にはなかった(5)。日本でも同法制定過程において国歌の一律強制は行わないと説明されていたものの、その後の展開は既述のとおりである。この間の政治的文脈の分析は小論の範囲を超え出るが、君が代起立斉唱の強制は、法的には、個人の思想・良心のあり様を追究する重要な契機を提供するものに相違ない。前段落で記した現下の事態に連なる問題として、国際的な関心を引き寄せていくのではないかという思いを強くしている。

注

（1）第二小法廷判決平成23年5月30日、第一小法廷判決平成23年6月6日、第三小法廷判決平成23年6月14日、第三小法廷判決平成23年6月21日。
（2）第一小法廷判決平成24年1月16日。
（3）第一小法廷判決平成30年7月19日。
（4）この委員会は、ＩＬＯとユネスコが「教員の地位に関する勧告」を採択した翌年の１９６７年に設置された。両国際組織から6人ずつの専門家が任命され、3年ごとに会期をもっている。教育における主要な動向の検討と勧告を行うとともに、「教員の地位に関する勧告」に示された諸原則の侵害を訴える教職員組合からの申立について検討する。１９９７年にユネスコで「高等教育職員の地位に関する勧告」が採択されてからは、高等教育職員の直面する諸問題も活動対象に加えている。

（5）答弁第三一号内閣衆質一四五第三一号平成十一年六月十一日。

参考文献

〈邦文献〉

萱野一樹［２０１７］「日の丸・君が代訴訟―現状と今後の流れ」『法学セミナー』62（3）。

永尾俊彦［２０２０］『ルポ「日の丸・君が代」強制』緑風出版。

森口千弘［２０１７］「大阪における国歌斉唱不起立教員への再任用拒否と思想・良心の自由」『新・判例解説 Watch 憲法』１５９。

〈欧文献〉

Puppinck, G.［2017］*Conscientious Objection and Human Rights : A Systematic Analysis,* Brill, 2017.

Joint ILO-UNESCO Committee of Experts on the Application of the Recommendations concerning Teaching Personnel［2018］*Final Report, Thirteenth Session*（Geneva 1–15 October 2018）, CEART/13/2018/10.

第6章

演奏規範とジェンダー
――昭和前期の在日ユダヤ系演奏家と日本の女性ピアニストによる非同調――

山本尚志

はじめに

1935（昭和10）年に音楽批評家鹽入亀輔は日本のピアノ演奏を「女流全盛」と評した［鹽入 1935：153］。翌年作曲家山本直忠は「我が楽壇は過去十数年間、殆どユダヤ系楽人によって指導されてきた」と指摘した［山本 1936：18］。こうした楽壇の様相は太平洋戦争期から戦後初期に変化して戦後しばしば忘れられた。そこで日本洋楽演奏史の転機となった戦時音楽界の検討が求められるが、この時期の楽壇については権力内部の動向を示す史料が不足して、音楽批評家など当時の楽壇指導者に由来する言説の影響から戦後の議論も自由でなく、言説の権力を内包した戦後音楽文化の構造も過去を継承した。私自身を含む今日の研究者は戦時の系譜を引く遺産相続者ともいえる立場にあり、戦時洋楽史の研究には困難が残っている。

本章は女性とユダヤ系のピアニストを軸に、語ることも語られることも少なかった人々の声も史料から聞きとりながら、ピアノ演奏に関係した複数の政治を検討して、太平洋戦争期の外国人排除、楽壇の変容、演奏様式の推移を記述するものだ。

1　1930年代のピアノ演奏と政治

(1)　在日ユダヤ系音楽家と境界を越えること

ロシア・ユダヤ系音楽家の世界的連携と結んで在日ユダヤ系音楽家が主導した太平洋戦争以前の日本楽壇は、不安定な政情のもと多くの人が亡命や移動を強いられて境界を越えた近現代を反映した(1)。昭和前期に活動したユダヤ系音楽家の多くは、19世紀から20世紀に多数のユダヤ人が西に移動したロシア・東欧の出身だった。この地域では国境も変動したのであり、日本で活動したユダヤ系ピアニストであるカテリーナ・トドロヴィッチの出身地キリヤは、19世紀から複雑に帰属を変えたベッサラビアの街で、現在はウクライナ領となっている［柴 2016：4］。さらに第一次世界大戦と革命により多くの人々が亡命して、在日ユダヤ系ピアニストのレオニード・コハンスキー（オレグ・カガノフ）やマキシム・シャピロは、ロシアから亡命した避難民用パスポート所持者だった。

ユダヤ人と白系露人の離散は世界に音楽家と関係者の連携を生んだ。その主要人物のひとりがラトヴィア出身で上海在住の興行主アウセイ・ストロークであり、両大戦間期に多くの世界的音楽家を日本を含む極東の演奏旅行に招いた［井口 2019：169―197］。強力な交響楽団を擁する上海でも東京在住の優秀な独奏者には需要があり、ストロークはユダヤ系ピアニストのレオ・シロタとレオニード・クロイツァーを招聘した［井口 2019：187］。

在日ユダヤ系音楽家は国際的連携の一員であるとともに特定の伝統の担い手であり、日本の地域的音楽文化の中核でもあった。ウクライナ出身でウィーンに住んだシロタは、ヨーロッパの世紀転換期を代表するピアニスト・作曲家フェルッチョ・ブゾーニの高弟であり、シロタ自身も欧州で「ヨーロッパ最高のピアニストのひとり」［山本 2004：81］とみなされることすらあったが、1929（昭和4）年に日本に移住して31（昭和6）年東京音楽学校外国人教師となった。ロシアからドイツに移住したクロイツァーは、やはり世紀転換期を代表する作曲家マックス・レーガーの主要な協力者のひとりとなり、中西欧におけるラフマニノフのピアノ協奏曲第二番受容にも決定的な役割を果たした〔山本２０１６：１９０―１９６〕。彼はベルリン音楽大学教授に就任したがナチスの迫害で職を追われて、35（昭和10）年日本に移住した。他者から見て個人の帰属や出自は様々に解釈できるものだったが、本人の自意識は別のところにあり、シロタは晩年までウィーンのピアニストを自称して、クロイツァーは自分をドイツ人と考えた。国境を越えて移住しても文化的伝統との結びつきは失われていなかった。

ドイツは日本にユダヤ系音楽家排除を要求した。１９３７（昭和12）年にドイツはストロークに代わる非ユダヤ系音楽マネージャー養成を日本政府に要求、同年ユダヤ系指揮者マンフレート・グルリットの東京音楽学校就職を妨害した。ナチス党に属する国際著作権団体日本代理人ヴィルヘルム・プラーゲは、在日独大使館と連携しつつ日本楽壇に介入して〔Bieber 2014：368-369〕、日本の反ユダヤ主義団体である国際政経学会と連絡した。

日本外務省は在日ユダヤ系音楽家が国内で支持されていると指摘してしばしばドイツに抵抗した〔山本１９９９：２４―２７〕。シロタは１９３６（昭和11）年ポーランド新聞の取材に、日本人は「日本在住のユダヤ人に対して寛容で、差別することも、自由を奪ったりすることもまったくありません」と語った〔山本２００４：１４６〕。反ユダヤ主義に影響された日本国内の文献でもユダヤ系音楽家を特別視して批判しない場合があった。

文化の国際的普遍性は国の内外で支持されていたので、これを尊重することは日本政府にとり政治的意義があった。１９３８（昭和13）年の日独文化協定枢密院審査では、協定がナチスの人種主義への同調と受けとられる危険を複数の枢密顧問官が警告した(2)。11月25日の同協定締結が神戸音楽学校ユダヤ系音楽教員解雇報道とともに報道されると、米国を中心に批判的な国際世論が沸騰、直後の12月6日に、日本政府は「猶太人対策要綱」により国内、植民地、勢力圏内のユダヤ人を公正に扱うと定めて国際世論に対応した。ユダヤ人政策が在日ユダヤ系音楽家への対応を規定したのではなく、学問と芸術の普遍性と国際性を重視する日本国内の指導層と国際世論の危惧が日独文化協定を契機に高まり、この背景のもとで日本のユダヤ人政策が決定された(3)。

1930年代末に在日ユダヤ系音楽家は地歩を固めた。クロイツァーは1938（昭和13）年に東京音楽学校外国人講師となり、39（昭和14）年グルリットも同校外国人講師と中央交響楽団常任指揮者となった。同39年クロイツァーは米国ユダヤ系資本家の援助と引き換えに上海にユダヤ避難民居住区を設定する日本海軍の計画を米国在横浜総領事に仲介して失敗したが、政治への踏みこんだ関与は注目に値した［山本 2016：203―204］。

(2) ピアノを弾く女性たちと枠を越えること

戦前期に音楽は女性の重要な趣味だった。1925（大正14）年音楽批評家大田黒元雄は随筆「聴衆人名録」に「令嬢、二十歳。女子学習院出身の才媛。帝国劇場に於ける大演奏会の休憩時間には常に友人等と談笑せる嬢の姿を廊下或いは食堂に見るを得べし。某先生に就いてピアノの練習中。但、中々ソナタに至らず」［大田黒 1935：152］と記した。38（昭和13）年の文部省調査では、女子高等師範学校で趣味音楽とする回答が読書に続き第二位であり全回答の41・16％という比率は全学校種別中で最も高く、女子専門学校でも音楽は読書に続く趣味で回答中の32・59％は全学校種別中の第三位だった［教学局 1939：178；山本 2017：167―168］。さらに大正から昭和初期に、ピアノ演奏は富裕層令嬢に人気となり［高月・能澤 2003：191―193］、これを報道は魅力的生活様式の象徴として喧伝した。

昭和戦前期のピアノ文化では趣味と専門の境界が曖昧だった。華族会館で行われたトドロヴィッチ門下生発表会は、貴紳令息と令嬢の出会いの場であるとともに日本の代表的ピアニストのひとり井上園子も参加した。関西のピアノ同好会は裕福な女性ピアノ愛好家の組織だが、両大戦間期にストローク招聘の世界的大家による演奏会を主催ないし共催して国際的連携と結んだ［塩津 2010：7］。同会会員で東京音楽学校出身の外山治子の娘が作曲家外山道子で、ベルリンで学んだピアニスト荒木幸の娘がピアニスト荒木（青木）和子であり、同会と次代の専門家にも連続性があった［山本 2014：84―89］。

上流趣味としての女性のピアノ学習・演奏が流行した深層で、近代日本のピアノ文化には多彩な要素が影響した。明治から女性のピアノ演奏を支えたミッション・スクールでは欧米文化とキリスト教に理念化された武士道が随所で結びつき、キリスト教徒には女性に無理に結婚を求めない気風もあった。昭和前期の女性ピアニスト出身家庭の大半は裕福だったが、しばしば維新と近代化における敗者の矜持、宣教文化、理念化された武士道に由来する価値観に強く影響されていたり、欧米理解と結びついた独自の知的文化的背景を持っていた。井上園子の父井上達二や長岡延子の祖父長岡半太郎は世界的な碩学で、長岡延子の父長岡治男や荒木和子の父荒木和一は実業と学術の双方で活躍した。

高価なピアノの購入は富裕層のみに可能であり、宗教、文化、知的背景、階級、地域性などにピアノ学習への接近は左右されたが、この楽器と音楽への関心は階級を越えて拡散した。1933（昭和8）年の音楽コンクール・ピアノ部門優勝者安部和子は、「ピアノらしきもの」「卓上ピアノ」［安倍 1991：60］でピアノを学びはじめた。ピアノ学習に楽器所有は必須でなく、奈良女子高等師範学校音楽室でピアノを練習した武田道子は、卒業後に女学校の国語科教師に就任して自校演奏会で独唱するアマチュア音楽家となったが、自分のピアノ所有が夢であり、戦後に娘のピアノを購入して「あくがれてひさしきピアノ買い得えたり　音あたらしき朝の鍵盤を拭く」［武田 2000：103］という歌を残した。

戦前期のピアノ専門家教育では女性学習者の比率が高かった。コンサート・ピアニスト育成において重要なのはユダヤ系ピアニストの私的指導であり、1938（昭和13）年からシロタ門下の藤田晴子、松隈陽子、黒田睦子、田中園子が連続で音楽コンクール・ピアノ部門で優勝したが、38年のシロタ門下生発表会出演者は男性4名に対して女性13名で男性に園田高弘、女性に長岡延子、藤田晴子、黒田睦子がいて“Miss Matsukuma Juko”は松隈陽子だろう［The Pupils of Prof. Leo Sirota 1938］。戦前期に留学・海外生活から帰国した女性ピアニストに甲斐美和、原智恵子、井口秋子、井上園子、荒木和子、草間（安川）加壽子、松隈陽子、藤田晴子などがいた。こうした女性ピアニストはデビュー直後から日本の音楽活動の中核となるだけでなく、国際的に喧伝できる大日本帝国の文化的ファサードとして利用されたのであり、40（昭和15）年のぶらじる丸南米処女航海は井上園子が五輪競泳優勝者の葉室鐵夫と遊佐正憲と参加した文化宣伝事業だった。

東京音楽学校でも女子生徒が多数だった。１９３６（昭和11）年に器楽部本科は女子生徒60名に対して男子20名、研究科で女子17名に男子6名であり［東京藝術大学百年史編集委員会　２００３：１１７］、一般にピアノ科は特に女子が多かった［橋本　２０１８：１１０］。同校ピアノ科は幸田延排除以降ヨアヒムとブラームスの友人であるベルリン音楽大学教授ハインリッヒ・バルトの超保守路線を踏襲して教師主体に養成したが、ベルリンの方針が刷新されると25（大正14）年刷新の主役であるクロイツァーの門下生コハンスキーを招聘して追従、やがて30年代にシロタとクロイツァーを獲得して自主性を発揮できる強力な陣容を備えた。

戦前日本楽壇の現実と離れたところに、音楽上の男尊女卑を説く議論は論拠を見いだした。音楽学者兼常清佐は海外の事例から都合の良い部分を強引に抜きとって男性演奏家の優位を主張したのであり、秋尾みちは未来を予想して「音楽的教養の不足とスケールの小ささ」を理由に女性ピアニストの将来性を否定してみせた［山本　２０１４：９６―９７］。

女性を男性優位秩序に押しこめるはずの言説は、ピアノ演奏に関してしばしば機能しなかった。歌川光一は１８９６（明治29）年から１９２５（大正14）年に男性優位を守るために女性の楽器習得上達に限度が設けられたと指摘するが［歌川　２０１９：１８１］、この時期のピアノ教育は昭和の「女流全盛」［鹽入　１９３５：１５３］に結実した。趣味と専門の境界は曖昧で、歌川が強調する「たしなみ」［歌川　２０１９：２８―３２］の限界を超えて、ピアノを弾く少女は手強いピアニストとなった。日本で女性がピアノ演奏を主導する背景を、山根銀二は家庭団欒のため女性にピアノを習わせるからと説明して［牛山・園部・原他　１９３８：４０―４３］、鹽入亀輔は「ピアノが嫁入り道具の一つに数えられる時代にあって天才少女が生まれるのに大して不思議はない」と書いた［鹽入　１９３５：１５４］。男性優位秩序の一部として推進された女性のピアノ演奏が、女性の音楽への情熱と社会進出を後援して専門分野で男性を圧倒する逆説だった。

演奏分野以外でも、ピアノの素養は女性の社会進出への追い風となった。ピアノ既習者は指導者となることもでき、預金通帳をハンドバッグにしまい、「結婚なんて可笑しくてできますか」と語る教師もいた［鹽入　１９３５：１５３］。少女の芸術上の成功を喧伝した少女文化上の芸術主義を、挫折を前提に女性を男性優位の秩序に回収する社会装置と解釈するなら［今田 2007：116―126：131］、ピアノ演奏に関しては逆方向の推力が生じた。

ピアノを弾く女性は錯綜した諸規範に対処しつつ陋習の壁を越えたが、それは個人の挑戦であり女性の社会進出をめぐる政治の一部でもあった。女性ピアニストへの矛盾した評価が当時の井上園子を扱った記述には見てとれて、「お嬢さんらしい」部分を云々する音楽学者箕潤二は華美な演奏会に疎外感を持ち演奏を攻撃したが［箕 1937：126］、菊池寛は小説「蒼眸黒眸」で魅力的催事として演奏会を活写して［菊池 1994：424―425］、大田黒元雄は井上の専門家としての強靱な体力に注目した［大田黒 1940：248―249］。宮本百合子は1947（昭和22）年に「ピアニスト井上園子や草間加壽子が何故金持の息子と結婚しなければならなかったかということを考えれば、男女に関らず、夥しい人の才能というものが、今日めぐり合っている経済的な殺戮を思わない人はないだろう」［宮本 1980：291］と書いた。実力の評価と男尊女卑の併存のもとで、井上園子は結婚と活動の両立を真剣に考えた［井上 1937］。

2　太平洋戦争期のピアノ演奏と政治

(1)　ユダヤ系音楽家の地位をめぐる統制と非同調の抗争

太平洋戦争前夜の日本楽壇は活況を呈した。1940（昭和15）年に東京では「真面目な成年男女間における高級音楽熱が頓に高まり」［朝日新聞社編 1941：763］、新交響楽団は定期演奏会を一日から二日公演にしても毎回満員で、コンセール・ポピュレールは青年日本交響楽団となり中央交響楽団も予約定期演奏会を開始した。1939（昭和14）年にシャピロ、40年にトドロヴィッチが渡米したが、シロタ、クロイツァーは日本に留まった。女性ピアニストも頻繁に舞台に立った。

当時の政治と音楽の関係について、加藤周一の記録は示唆に富むものだ。彼に演奏会を監視するはずの警察官が入場券を譲って職務を放棄したのだが、加藤の見るところでは、警官は演奏会が政治的に不適切となる可能性を想像できなかったのであり、聴衆は少女ピアニストの演奏に集中して会場に掲げられた政治標語を無視した［加藤 2019：253―254］。加藤の『青春ノート』編者は少女ピアニストを井上園子、共演した指揮者をユダヤ系の新交響楽団常任指揮者ジョセフ・ローゼンシュトックと推測した［加藤 2019：259］。

しかし、この時期に日本型新即物主義が日本的演奏と結びつく兆候もみられた。1930年代の後半には新しい世代を自認する音楽批評家が極端な新即物主義を支持して、「冷静な客観的態度」［松田 1938：62］を演奏家に攻撃的に要求したが、1940（昭和15）年に指揮者山田和男がピアニスト井口基成の演奏の「やぼくささ」を指摘して「バタ臭くない本当の日本人の心の記述」だと説明した［山田 1940］。

1941（昭和16）年11月の日本音楽文化協会成立は楽壇統制を加速した。同協会指導部は会長徳川義親、副会長山田耕筰、理事長辻壮一、常務理事が奥田良三、清瀬保二、柴田知常、辻、山本直忠で、理事20人中女性は1人だった(4)。先回りをして指導部の人的構成の推移を書くと、42（昭和17）年6月中山晋平が理事長となり、7月の第一回通常総会で選任された理事は男性のみで、会長指名理事に批評家が多すぎると囁かれて協会機関紙が反論した(5)。43（昭和18）年8月の第二回通常総会までに音楽批評家の山根銀二と野村光一が常務理事となり、山根は協会運営に「新しい世代」の主張を持ちこんで世代間闘争としての楽壇政治を展開した［秋山 2003：374―375］。日本の戦時楽壇統制は音楽活動の実相を反映しない、外国人を排除した男性と批評家優位の音楽界再編だった。

それでも太平洋戦争緒戦期の楽壇には戦前との連続性が見てとれた。1942（昭和17）年3月政府はユダヤ人を厳格に監視する方針を打ち出したが、東京音楽学校ではユダヤ系音楽家が教鞭をとった。同年4月批評家牛山充はシロタとロシア出身のユダヤ系ヴァイオリニストのアレクサンドル・モギレフスキーによる演奏会の成功を強調して楽壇が外国人を活用する必要を訴えた［牛山 1942：19］。クロイツァーの連続演奏会、シロタ、松隈陽子を独奏者としたグルリットの東京交響楽団ベートーヴェン連続演奏会、松隈陽子、田中園子も参加したユダヤ系指揮者クラウス・プリングスハイムと東京室内管弦楽団のバッハ連続演奏会など記念碑的な演奏会も行われた。黒田睦子の独奏会が高い評価を受けて、藤田晴子、草間加壽子がオーケストラの独奏者をつとめた。

しかし、ガダルカナルで日本軍が潰滅しつつあった1942（昭和17）年12月には、戦局悪化、国粋主義、反ユダヤ主義を反映したユダヤ系音楽家攻撃も出現した。音楽批評家吉本明光はローゼンシュトック指揮演奏会について、「日米海軍が壮絶なソロモン海戦を戦い続けている折りも折、大東亜戦争が敵米英を撃滅し、その背後に糸を操るユダヤ謀略を破砕せんとしてこの戦争を戦い続けている折りも折、ナチス後の清掃によりドイツを追われたこのユダヤ人を、単にきわめてすぐれたる音楽的技術の所有者であるということだけでかくも熱狂的拍手を贈ったこの三千の聴衆の心理の諒解に苦しんだ」と述べた［吉本 1942：111］。

国粋主義はドイツ音楽家批判にも転じた。1943（昭和18）年3月に音楽批評家寺西春雄は、なぜかドイツ大使館公認ドイツ人音楽家となっていたグルリット指揮演奏会を、「血みどろの戦い」の際「一外人指揮者の壟断に身を委ねて、定期公演に日本人の作品一曲も持たなければ邦人指揮者の登場も許さないことはこの際、猛省すべき無自覚」と攻撃するとともに、ピアニスト井口基成の演奏には「われわれの生活感情にじかにしみ込んで来るといった日常的な何気ない親しさ」と「健全な力をもった日本人の心を謳う精神と技術」を見て、「正に日本的演奏として讃へるに足るもの」と書いた［寺西 1943：62］。寺西は井口の演奏が「『詩』がない」と評された旧スタイルと隔たっていないで、「もう少し歌がほしいとはいい得る」にしても、「逞しい骨格が日本精神を身につけた如く、ものに動じない日本的な歌」があると説き、日本的演奏を日本型新即物主義と結びつけた［寺西 1943：62］。

1943年には東京音楽学校で外国人教師が排斥されはじめた。同年3月ヴィリ・フライ（ヴァイオリン）とロマン・ドゥクソン（チェロ）が退き、乗杉嘉壽校長は教育が一刻も早く外人の手を離れるのが自分の方針で、これを現在の情勢のもと強化促進する必要を痛感して必要ない外国人教師は解職、他も整理予定と書いた［橋本 2012：92—93］。

アッツ玉砕の同年5月、帝国芸術院賞を受けた井口基成同校助教授は「我楽壇が世界的水準から遅れていたのは今まで専ら外人に頼っていたため」と総括、「謂外国流の表現と縁を切ってみて、我々の技術も決して世界水準に劣るものではないということが確に判ってきた」と説き、「ほんとうの日本人の音楽というものは、ベートーヴェンでもショパンでも日本人の魂を通じて表現されたものでなければならない」と宣言した〔井口 1943：58〕。

音楽批評家はユダヤ系音楽家支持者も攻撃した。やはり1943年5月に、音楽批評家堀内敬三は「日本の楽壇が今日のように公然とユダヤ人万能であることは好ましくない」、「米・英・ユダヤ人等の考え方」では「教授者は自己の生計のために学問や技芸を売る商人であり、弟子はそれを購う顧客である」、「殊に日本に於ける外人音楽家は（少数の除外例ありとは言え）其の切売り的傾向が激しかった」、「恩のないところに恩を感じるな、師弟道のない所に師弟道を感じるな」と断じた〔堀内 1943：42〕。

ユダヤ系音楽家支持層に対する音楽批評家の攻撃は、ユダヤ系音楽家圧迫に同調しない弟子・聴衆の存在と、ほとんど顕在化した政治紛争を浮かびあがらせるものだ。1934（昭和9）年在独日本大使館はナチスと対立するフルトヴェングラーの背後に「保守的分子」〔山本 2003：14〕の支持を見たが、権力と非同調の拮抗はドイツだけの現象ではなかった(6)。

楽壇指導部のユダヤ・外国人排斥論に対する一部の日本人音楽家の非同調は公然としたもので、1943年前半には3月の井上園子とローゼンシュトックの二台ピアノ演奏会、6月16日のシロタ指揮大東亜交響楽団と園田高弘、長岡延子などが共演した門下生演奏会、同月20日の石井京とシロタの二台ピアノ演奏会が行われた。ピアニストたちとローゼンシュトック指揮日本交響楽団との共演も繰りかえされた。

1942年初冬から1943年の秋にかけての時期も女性ピアニストの存在は大きく、藤田晴子、松隈陽子、石井京、黒田睦子は各交響楽団の独奏者に起用されて、とりわけ井上園子、草間加壽子は頻繁に舞台に立った。ピアニストは通常の演奏会のみでなく、頻繁に急場を凌ぐ必要もありラジオに毎日のように出演して慰問演奏にも起用されるなど多忙だった〔黒田・藤田・田中他 1995：77〕。

しかし、1943年10月11日の日本音楽文化協会第五回理事会に山田耕作副会長、中山晋平理事長、常務理事の野村光一と山根銀二、理事の相島敏夫、井口基成、上田友亀、柴田知常、須藤五郎、堀内敬三、宮田東峰、山本直忠、参与理事の有坂愛彦、大村兼次、臼井保男、稲垣守克、国民部長の早川彌左衛門、情報局の宮澤縦一と登川直樹が出席して、ユダヤ系が主体である同盟国人以外の外国音楽家を演奏活動から実質的に追放すると決めた。(7) 宮澤縦一は戦後「日本政府もユダヤ人をどうこういっていなかったし、まあ、けっきょくはナチスの政策に便乗した連中が騒ぎ立てたまでのこと」［秋山 2003：367］と証言するが、結果として楽壇指導部は同僚を国籍を理由に楽壇から排除するに至った。12月に、この決定につき芹沢光治良は日記に「音楽の世界にもせまい日本主義がはいった」と記したが［芹沢 2015：171］、音楽批評家有坂愛彦は「ユダヤ人教師の指導下に、彼等の満足するような表現を理想とする演奏家も、もう役には立たぬ」と断言［有坂 1943：40］、翌44（昭和19）年3月シロタ、クロイツァー、モギレフスキーが東京音楽学校を退いた。

音楽関係の日独協働すら実効なく終わった。1944年にはグルリットと東京音楽学校外国人教師でドイツ人指揮者のヘルムート・フェルマーの音楽活動が妨害された。

(2)　戦争末期の女性ピアニストとユダヤ系音楽家

太平洋戦争後半の空襲下に女性ピアニストは活動を維持した。黒田睦子はピアノを弾くと石を投げられたと述懐したが［黒田・藤田・田中他 1995：76］、人々は音楽を渇望してピアニストの演奏を聴いてから入営する青年もいた。学徒出陣で男子がいない東京音楽学校では女子が慰問演奏を担った［橋本 2018：110］。中村稔は空襲警報時に第一高等学校防空本部にいて、放送で井上園子が弾くベートーヴェンのピアノ協奏曲第五番『皇帝』を聴き「最高の音楽」と思った［中村 2004：390］。藤田晴子は「一分後の自分の命さえわからない危険」を回顧して、「何時死んでもの憂いのない結構な身分であったから一度も疎開しないで、帝都に踏みとどまったお陰で、私は、空襲警報の合間を縫って音楽会場に集まってくださる純情な聴衆の方達から教えられることが大変多かった」と振りかえった［藤田 1946：30］。

敗戦前夜の水面下でユダヤ系音楽家と弟子の紐帯も保たれた。関屋敏子はシロタの弟子である友人の体験談を、「軽井沢の知名外人の軟禁収容所に生活せねばならなかったレオ・シロタ氏と、ふと道で出会って、手を握って泣いたとも彼女は後に私に語ってくれた。その手が、あまりひどくひびあか切れていたので、シロタ氏が手をさすって涙を流した」と報告した［関屋 1981：131］。長岡延子はシロタに軽井沢で学び「戦争が終わったらリサイタルする」［岩佐 2010：61―62］と語っていたが、帰京時に空襲で斃れた。芹沢光治良の小説「ピアノに憑かれて」にシロタ夫人アウグスティーネが空襲による弟子の死を嘆き「涙をはらはらおとして」、「啜りあげる」描写がある［芹沢 1997：189―190］。

(3) 敗戦後

敗戦後に焼け野原の東京で女性ピアニストは活動を始めた。1945（昭和20）年8月と9月に新聞ラジオ欄では藤田晴子、星野すみれ、松隈陽子、井上園子、原智恵子の演奏が予告され、(8) やがて進駐軍への慰問演奏も始まった。井上園子は日本交響楽団の10月24日と25日の定期演奏会でチャイコフスキーのピアノ協奏曲第一番を演奏した。敗戦直後の手探りの時期に、女性ピアニストの演奏は利用可能な少数の文化資産のひとつだった。

楽壇指導者も敗戦後に地位を保った。日本音楽文化協会は1945年10月解散したが、情報局に支援されて46（昭和21）年1月発会式を行った日本音楽聯盟理事長は、戦時にユダヤ系音楽家に忠実な弟子を攻撃した有坂愛彦だった。やはりかつて排外主義を説いた批評家野呂信次郎は、同年5月批評家が戦時と同様に戦後も各団体の「音頭をとってきた」と指摘、「どうやら批評家がまた楽壇を引きずっているように見える」と書き、「かれらが政治的主張にたけ、楽壇の指導的地位にあるということと、音楽的に優れた才能を有しているかどうかということとは自ら問題は別であろうか」と醒めた認識を示した［野呂 1946：22］。当時は流石にユダヤ系音楽家迫害が特に深刻な問題と認識されたのであり、これを相島敏夫は「顕著な事実」とみなして［相島 1948：30］、山根銀二は山田耕筰に責を問い、迫害を複数のユダヤ系音楽家も弾劾したが事実は解明されなかった。東京音楽学校では45年乗杉嘉壽校長が辞任、翌年小宮豊隆校長のもとで戦争責任追及が紛糾して井口基成は外国人排斥の咎で辞職したが、複数のユダヤ系元教員が復帰せずシロタ門下の豊増昇は小宮の処置に納得しないで教授を辞した。小宮の助言者野村光一は［野村・堀内・山根 1949：20］、学生の勤労動員を理由に戦時に「ユダヤ人の先生がやめさせられたってほとんど関係ない」と考えた［野村・中島・三善 1978：277］。井口だけでなく有坂、相島、山根、山田、野村もユダヤ系音楽家追放を決めた43（昭和18）年10月の日本音楽文化協会理事会出席者だった。

敗戦後にシロタとクロイツァーは活動を再開したが、世代交代も顕在化した。1947（昭和22）年シロタは渡米する。クロイツァーは東京音楽学校に復帰して、47年日本交響楽団定期演奏会で停電の闇のもとシューマンのピアノ協奏曲をオーケストラパートを含めてひとりで弾いた逸話は長く語りつがれた。しかし、山根銀二は戦時に日本的演奏と結びついた日本型新即物主義を国際的主流の「現代様式」と再解釈して［山根 1947：46］、クロイツァーの影響を「害悪」とみなした［永井・野村・山根 1949：84］。ピアノ教育では48（昭和23）年井口基成たちがはじめた子どものための音楽教室が52（昭和27）年に桐朋学園音楽科創設に至り、寺西春雄も桐朋教員となった。53（昭和28）年に趨勢に最後まで非同調を貫き批評家と論争したクロイツァーが没した。こうして日本型新即物主義が戦後の基調となった。

ところが国際交流の復活は欧米の新即物主義と音楽批評家主導の日本型新即物主義の乖離を露呈させた。1953（昭和28）年来日した新即物主義の旗手ヴァルター・ギーゼキングは自由奔放な演奏で日本楽壇を驚愕させた。もう一人の新即物主義の旗手ヨーゼフ・シゲティは1966（昭和41）年にモギレフスキーとクロイツァーを「よき教育者」と賞賛するとともに両者没後の日本音楽教育を「テクニック偏重」と批判した［シゲティ 1966：183］。

日本型新即物主義批判を音楽学者・批評家はしばしば自陣営でなく演奏家の問題と解釈した。すでに1950（昭和25）

年兼常清佐は海外体験を誇示しつつ日本人ピアニストの演奏に「美しい幻」や「詩」がないと批判したが、批評家が極端な新即物主義を標榜したことや兼常自身のピアニスト・タイピスト論に言及しなかった［兼常 1950：46—47］。兼常の転向をふまえて、彼のかつての主張を日本人ピアニストの「機械的」演奏批判と読みかえる音楽学者小山郁之進の曲芸的再解釈も出現した［小山 1953：78—80］。政治性を帯びた古い言説をさらに強引に再解釈して、ピアノ演奏史を実態と乖離した方向で記述する手法は後の時代も行われたが、これも記憶と歴史に関わる言説による政治の一環だった。(9)

戦時に楽壇の中心で活動した女性ピアニストの多くについて、やがて演奏頻度が減少したことには個々に理由があるとしても、演奏家は日本型新即物主義が原則として維持されつつ批判される矛盾のもとで混乱した圧力を受けていた。

おわりに

昭和戦前期ピアノ演奏には複数の政治が関係した。それは欧州における離散、反ユダヤ主義の勃興、太平洋戦争、占領などの国際政治を背景に、外国人・外国人支持者とショーヴィニストの対立、実践する演奏家と言説生産者の対立、制度化されない教育を通じて学んだ教養層と学歴エリートの対立、さらに男女、世代、階級間対立を反映して、女性の自己実現への努力と男性支配の抗争、反ユダヤ主義・国粋主義と文化的普遍主義の抗争、日本型新即物主義と演奏表現の国際的主流の抗争、言説生産者主導の楽壇統制と実践家の非同調の抗争に顕在化した。昭和後半にユダヤ系音楽家は去って女性ピアニストの多くも舞台から遠ざかったが、批評家と音楽学者は残り、戦時に統制した側が表現と音楽文化の進路を左右して爾後の戦時音楽界理解も規定した。しかし、ピアニストの記憶と記録は日本ピアノ演奏史の通説的理解を別角度から再検討する余地を後世に残した。(10)

注

（1）越境する音楽文化の顕著な実例については本書第9章参照。
（2）葉照子は「日本の対欧米白人種と対アジア有色人種への態度、対応策が全くの二重構造をなしていた」［葉 2003：208］と指摘した。枢密院の議論を見ると日本の植民地支配関係者は植民地支配と他民族への抑圧を正当化する建前として人種平等を必要としたが、この点を筆者旧稿では充分明確には指摘していない［山本 2012：69］。
（3）この点を筆者旧稿の記述はさらに明確にするべきだった［山本 2012：69―72］。
（4）「日本音楽文化協会会報」（『音楽文化新聞』（1）1941年12月20日）、4頁。
（5）「日本音楽文化協会初総会」（『音楽文化新聞』（22）1942年8月1日）、4頁。
（6）吉本、堀内、有坂の主張に言及した筆者旧稿は、ユダヤ系音楽家支持層の社会集団としての性格を捉え切っていない［山本 1999：27］。なお、本書第3章は拙稿と違った側面に注目して音楽におけるナチスとの共鳴という観点からドイツ音楽関係者の影響力を指摘する。
（7）出席者は「第五回理事会」（『日本音楽文化協会会報』（1）1944年3月15日号、7頁）参照。同記事では常任理事のはずの井口基成が理事となっている。ユダヤ系音楽家への処置の内実は後に議論されたが、当時者の相島敏夫は戦時下の「在留ユダヤ系音楽家の演奏禁止」を指摘した［相島 1948：30］。44年1月にクロイツァー演奏会新聞広告があるように、ユダヤ系音楽家の演奏は活動が不可能になるまで興行として成立した（『東京朝日新聞』1944年1月2日、3面）。
（8）「ラジオ欄」（『朝日新聞』（東京版）1945年9月3日、22日、26日、30日の各2面。
（9）本書第12章は演奏家・演奏に関する一面的抽象的認識の隠蔽された政治性を扱う。
（10）個を掘りさげることによる史実再検討の先駆的で重要な試みが青柳［1999］である。

参考文献

〈邦文献〉

相島敏夫［1948］「そとから見た楽壇」『音楽の友』6月号。
青柳いずみこ［1999］『翼のはえた指――評伝安川加壽子』白水社。

秋山邦晴［2003］『昭和の作曲家たち』林淑姫編』みすず書房。

朝日新聞社編［1941］『昭和十七年朝日年鑑』朝日新聞社。

安倍和子［1991］『音楽の旅路遙か――昔日のベルリン回想譜』東京経済。

有坂愛彦［1943］「対象を大衆に」『音楽文化』12月号。

井口淳子［2019］『亡命者たちの上海楽壇――租界の音楽とバレエ』音楽之友社。

井口基成［1943］「帝国芸術院賞を頂いて」『音楽公論』5月号。

井上園子［1937］「新年の希望」『婦人之友』1月号。

今田絵里香［2007］『「少女」の社会史』勁草書房。

岩佐美代子［2010］『岩佐美代子の眼――古典はこんなにおもしろい』（岩田なつ編）、笠間書院。

牛山充［1942］「モギレフスキー・シロタ提琴奏鳴曲演奏会」『音楽文化新聞』20（1942年7月10日）。

牛山充・園部三郎・原太郎ほか［1938］「映画『国際ピアノ・コンクール』を廻って」『音楽評論』4月号。

歌川光一［2019］『女子のたしなみと日本近代――音楽文化に見る「趣味」の受容』勁草書房。

大田黒元雄［1935］『音楽生活二十年』第一書房。

――［1940］『音楽そのほか』第一書房。

筧潤二［1937］「井上園子独奏会」『音楽評論』1月号。

加藤周一［2109］『青春ノート1937―1942』（鷲巣力・半田侑子編）、人文書院。

兼常清佐［1950］「ニホンのピアノは昼間でない」『音楽之友』2月号。

菊池寛［1994］「蒼眸黒眸」『菊池寛全集　第7巻』文藝春秋。

黒田睦子・藤田晴子・田中園子他［1995］「いまは自分自身に感動がないのでは？――かつての少女たちから、現代と未来の少年少女たちへ」『ショパン』4月号。

小山郁之進［1953］「兼常清佐氏の文体について」『音楽芸術』6月号。

鹽入亀輔［1935］「次代楽壇を背負う人々」『中央公論』12月号。

塩津洋子［2010］「ピアノ同好会の活動」『音楽研究――大阪音楽大学音楽博物館年報』25。

シゲティ、J.［１９６６］「よき指導者を失った日本」加藤潔編『音楽の心』音楽之友社。

柴理子［２０１６］「『白系ロシア人』音楽家カテリーナ・トドロヴィッチの日本滞在（1）――１９１０年代までの足跡」『中欧研究』2。

関屋綾子［１９８１］『一本の樫の木――淀橋の家の人々』日本基督教団出版局。

芹沢光治良［１９９７］『芹沢光治良文学館　第10巻　短編集「死者との対話」』新潮社。

――［２０１５］『芹沢光治良戦中戦後日記』勉誠書店。

高月智子・能澤慧子［２００３］「１９２０年代若い女性の理想像――『婦人グラフ』に見る令嬢たち」『東京家政大学博物館紀要』8。

武田佐知子［２０００］『娘が語る母の昭和』朝日新聞社。

東京芸術大学百年史編集委員会編［２００３］『東京芸術大学百年史――東京音楽学校編　第2巻』音楽之友社。

寺西春雄［１９４３］「東響定期公演と井口基成独奏会」『音楽公論』3月号。

永井進・野村光一・山根銀二［１９４９］「ピアニストへの道を語る」『音楽之友』12月号。

中村稔［２００４］『私の昭和史』青土社。

野村光一・堀内敬三・山根銀二［１９４９］「音楽放談」『音楽芸術』9月号。

野村光一・中島健蔵・三善清達編［１９７８］『日本洋楽外史』ラジオ技術社。

野呂信次郎［１９４６］「停滞を救うもの――音楽時評」『音楽芸術』5月号、22頁。

橋本久美子」［２０１２］「乗杉嘉壽校長時代の東京音楽学校：昭和3年～20年――その建学の精神の具現化と社会教育論の実践（4）」『東京藝術大学音楽学部紀要』38。

――［２０１８］「東京音楽学校・美術学校の『学徒出陣』の実態解明に向けて――記録と記憶によるアーカイブズ構築のために」『東京藝術大学音楽学部紀要』44。

藤田晴子［１９４６］「リストとショパンによせて」『音楽界』10月号。

堀内敬三［１９４３］「楽壇戦響」『音楽之友』5月号。

文部省教学局［１９３９］『学生徒生活調査』下。

松田永治［１９３８］「在留外人ピアニストの独奏会」『音楽評論』3月号。

宮本百合子［１９８０］『宮本百合子全集　第15巻』新日本出版社。

山田和男［１９４０］「音楽週評」『東京朝日新聞』（夕刊）１９４０年12月１日、４面。

山根銀二［１９４７］「田村宏独奏会を聴く」『音楽芸術』10月号。

山本尚志［１９９９］「在日ユダヤ系音楽家問題――ナチス・ドイツの圧力に対する日本側対応の背景」『ユダヤ・イスラエル研究』17。

――――［２００３］「在日ユダヤ人音楽家と在日ドイツ人音楽家をめぐる政治（１９３６―１９４４）」『紀尾井史学』23。

――――［２００４］『日本を愛したユダヤ人ピアニスト――レオ・シロタ』毎日新聞社。

――――［２０１２］「『猶太人対策要綱の諸起源について』『ユダヤ・イスラエル研究』26。

――――［２０１４］「昭和戦前期にピアノを弾いた少女たちの人生と家族と憧憬」『学習院高等科紀要』12。

――――［２０１６］「レオニード・クロイツァー追考――ヨーロッパ在住時代の記録と日本亡命後のユダヤ避難民救出計画」『学習院高等科紀要』14。

――――［２０１７］「クラシック音楽愛好家研究のために――大正期から敗戦に至る時期について」『学習院高等科紀要』15。

山本直忠［１９３６］「ケンプの持ち味」『音楽評論』１９３６年４月号。

葉照子［２００３］「日独文化協定締結とその背景について――ナチスドイツの人種政策の観点から」『稲元萌先生古稀記念ドイツ文学・語学論集』稲元萌先生古稀記念論集発行会。

吉本明光［１９４２］「ラジオ界」『音楽の友』12月号。

〈欧文献〉
Bieber, H.-J. [2014] *SS und Samurai : Deutsch-japanische Kulturbeziehungen 1933–1945*, München : Iudicium Verlag.
Hayasaki, E. [2011] “Ein judisch-deutscher Musiker in Japan während des Krieges : Klaus Pringsheim（1883–1972）” in Pekar, T.（Hg.）, *Flucht und Rettung : Exil im japanischen Herrschaftsbereich （1933–1945）*, Berlin : Metropol Verlag.
The Pupils of Prof. Leo Sirota［1938］*Invitaion Concert*（June 19th, 1938）.

Column 3　戦時下日本の音楽と商業主義

「音楽に政治を持ち込むな」．インターネット上にそんな定型句がある．ミュージシャンが政治的な発言をするといつもこの声があがる．まるで音楽は政治と無縁だといわんばかりに．むろん，正しい理解ではない．

近代日本では，政治と音楽は商業主義を媒介として結びつき，数多の作品を生み出した．その大きな山は，日清・日露戦争の時期と日中・太平洋戦争の時期に求められる．

前者ではおもに印刷媒体で，後者ではおもにレコード媒体で，数千単位の軍歌や時局関係の歌謡曲が送り出された．戦後，学生運動にあわせて革命歌や労働歌が広く歌われた時期はあったが，社会的な影響の点でも，この二つの山にはとうてい及ばない．

商業主義への着目は，その受容と深く関係している．一般に戦時下の音楽は，軍部など公的機関によって民衆に押し付けられたと考えられている．そういった面があったのは事実だが，十分な説明ではない．むしろ，民間企業が営利を求めて時局に便乗し，進んで「商品としての音楽」を作り，民衆もそれを楽しく消費したからこそ，検閲当局が「笑止千万」と指摘するほど多くの作品が乱造されたと考えるべきではないか．

戦前期のレコード産業を例にとってみよう．昭和初期，関東大震災を機に導入された奢侈関税で日本市場を失うことを恐れた海外のメーカーが，つぎつぎに日本法人を設立し，そこに民族資本系のメーカーも加わって，レコードの販売競争は熾烈をきわめた．人気の作詞者，作曲者，歌手は専属契約で囲い込みが行われ，引き抜きも横行した．そのなかで，ジャズが流行ればジャズを作り，音頭が流行れば音頭を作るという流れが生まれ，そして1930年代に満洲事変や日中戦争が起こると，今度は思想信条関係なく軍歌を作る――という現象をみるにいたったのである．

日本でレコードに検閲制度が導入されたのは1934年だが，それ以前の満洲事変時に，すでに時局便乗的なレコードが作られていたことは注目に値する．要するに戦時下の音楽は「上からの統制」のみならず「下からの便乗・消費」も考慮しなければならないのだ．

近年，レコードの資料的価値が評価され，各研究機関でアーカイブ化が進みつつある．それを無作為に聞くと，じつに雑多で退屈な作品が多い．ただ，その失敗作の群れにこそ真相があるのではないか．傑作だけを並べ，公文書を見るだけでは，戦時下の音楽はみえてこない．そしてこのことは，今後生まれるかもしれない「政治的音楽」を考えるうえでも示唆的であろう．

（辻田　真佐憲）

Column 4　公式の音楽，民衆の歌

朝鮮半島のナショナリズムは，東アジア，いやグローバルな文化の伝播という大きな波の中に息づいている．19世紀末，ソウルにパリの凱旋門のスタイルを模した「独立門」が建立された．のちに韓国国歌となる『愛国歌』は，その定礎式の際，白頭山を歌った愛国詩をスコットランド民謡“Auld Lang Syne”（日本では『蛍の光』）のメロディーで歌ったものという．大韓民国が成立した1948年 8 月15日の光復節の独立記念式典では，安益泰が1935年に作曲したクラシック音楽の管弦楽曲『韓国幻想曲』の終曲のメロディーを同じ歌詞にのせた新しい『愛国歌』が披露された．

安益泰は，日本，アメリカ，ドイツで学び，欧州で暮らしたグローバルな文化人である．『愛国歌』のメロディーは，『蛍の光』ではなくなったものの，ヨーロッパの民謡の流れを汲む日本の唱歌や童謡とも近い．ただ，安益泰のように西洋音楽の作曲技術を身につけた人々へは，当時の音楽教育の中心であった日本とのつながりゆえに，最近では「親日派」との批判も強まっている．

『愛国歌』のような「公式の音楽」ではない，もっと大衆的で，民族意識や政治意識に深くかかわる歌もある．民謡『アリラン』は，日本統治下の1926年の羅雲奎監督による同名の映画の公開をきっかけに朝鮮全土に広まった．日本のレコード会社が朝鮮に進出し，ラジオ放送開始も重なるという，いわば情報通信のグローバル化の波に乗った．最近では，グローバルに活躍するＫポップの旗手である防弾少年団がカヴァーするなど，韓国の人々のアイデンティティの一部であり続けている．

韓国では市民運動が活発だが，人々がつどう集会は歌によって包み込まれる．また，プログラムの中に特別の歌謡が織り込まれることが少なくない．独裁政治と激しく対峙した民主化運動とともにあった「民衆歌謡」の伝統を強く実感する瞬間である．1980年光州事件の追悼歌『あなたのための行進曲（님을 위한 행진曲)』は，あまたある民衆歌謡の中でも最もよく知られている．『ラ・マルセイエーズ』的なマーチ調のこの歌は，ろうそくデモのような抗議活動で幅広く歌われたほか，ミャンマーの軍事政権に反対する民主派の市民などによって，アジア各地でも歌い継がれている．毎年開催される光州民主化運動記念式典で歌われるかどうかなど，社会的な関心は高い．

（阿部浩己・半澤朝彦）

第Ⅲ部
グローバリゼーションと音楽

第7章

クラブミュージックと直接民主主義のグローバル化
――セカンド・サマー・オブ・ラブ以降の電子音楽が変える世界政治――

五野井 郁夫

1　サウンドデモのはじまり

セカンド・サマー・オブ・ラブからラブ・パレードへ

そもそも近年、世界中の都市や郊外で見受けられる人々に馴染みのあるパレードやサウンドデモといった社会運動のレパートリーとはどこから来たのだろうか。この問いに応答すべく、以下、社会運動における新たなレパートリーを構成することになったパーティやフェスのレパートリーで現在最も有名なものである、ベルリン発祥のラブ・パレードとその前史から説き起こしてゆくことで、今日の社会運動のかたちがどのように出来てきたのかを説明したい。1980年代後半から1990年代、欧州の労働者階級を中心とした普通の人々にとって公共圏とされるものは、学者が想定している市民社会などという大それた学問の用語ではない。スラッファに揶揄されてウィトゲンシュタインの関心の方向性が変わったのと同様に、日常性（everyday life）への注目が、社会科学や芸術の諸分野で再検討され始めている(1)。近年日常生活ないし日常性という観点から考えれば、資本主義的な枠組みとは相容れない、容易にアクセス可能なレイヴやフェス、パレードなどストリートのような空間のことであり、その中心がラブ・パレードであった［Anthony 1998］。

当初ラブ・パレードは、ベルリンの壁崩壊の4カ月前に行われた、音楽を通じた平和と国際交流を目的としてDJのドクター・モッテによって150人程の小さなパレードとして始まった。そのひな形は、1980年代後半のセカンド・サマー・オブ・ラブ（Second Summer of Love）と呼ばれる世界的な現象がその発端である。セカンド・サマー・オブ・ラブは、当初イギリスのDJがバカンスのためにスペインのイビザ島を訪れたさい、そこでプレイされていたシカゴ・ハウスをイギリスへと持ち帰りその後世界で同時多発的な流行の発端となった、一連の野外でのダンスパーティたるレイヴ・パーティとして盛り上がりを見せたものから来ている［Garratt 1999］。(2) そのコアとなった音楽はアシッド・ハウス（acid house）のようなアナログ・シンセサイザーを使った電子音楽（electronic music）であったが、この点がのちのクラブ・カルチャーを基底とした規範変容的文化にとって動員のためのもっとも重要な因子を組み込むこととなる。

クラブ・カルチャーの核をなしている電子音楽とは、オリヴィエ・メシアンやヤニス・クセナキス、ジョン・ケージ、武満徹、一柳慧、カールハインツ・シュトックハウゼンらの現代音楽にその発想のルーツをもちつつも、そのサウンドにおけるルーツについては持たない音楽なのである。(3) すなわち、階級にその基盤を置きがちなクラシックやジャズ、共同体をベースとした地域の民謡などと違って、物語性や歴史性が希薄にされていることないし物語によって従属される立場として暗黙裏に規定されていた人々たる移民らや強制移住させられた人々、性的なマイノリティ、そして何よりも難民や国内で迫害を受けてきた人々の歴史経験としては、「剥奪された情況（deprivedness）」こそが常態であるがゆえに、裏を返せば誰でも気軽に入ることが出来、のれる音楽として世界中に広がるきっかけとなり、文字通り民族や国家、そして人種の壁をも軽々と越えて行き現在に至っている。さらにこの「剥奪された情況（deprivedness）」とは、端的にはハイ・カルチャーからなる階級社会からは拒絶され、自身をとりまく社会情況から将来への展望を持てずにいる労働者階級の若者の心象風景そのものなのである。かれらにとってのリアリティを描いた1996年の映画『トレイン・スポッティング』や、ターナー賞を2004年に受賞したジェレミー・デラー（Jeremy Deller）による『Life is to Blame for Everything』など一連の作品で痛烈に表現されているように、自分の属する社会はもちろん、人々の最後の拠り所となるはずのナショナリズムにも労働者文化（Labour culture）にさえもすがることに希望すら持つことが出来ない若者たちにとって、クラブ・カルチャーとハウス・ミュージックは文字通りアイデンティティの拠り所なのである。[4]
たとえば、デラーの作品の一つである『世界の歴史（History of the World）』はタイトルの持つシニフィアンに反して、イギリスの社会問題とクラブ・カルチャーの歴史を作品のなかに配置させることで現在の若者の世界認識を浮かび上がらせた力作であり、『読み書き能力の効用（The Uses of Literacy）』はリチャード・ホガードを本歌取りしているが、内容はホガードが対象とした大衆文化自体の融解と若者たちのやり場のない感情をクラブ・カルチャーの手法で表現したものである。

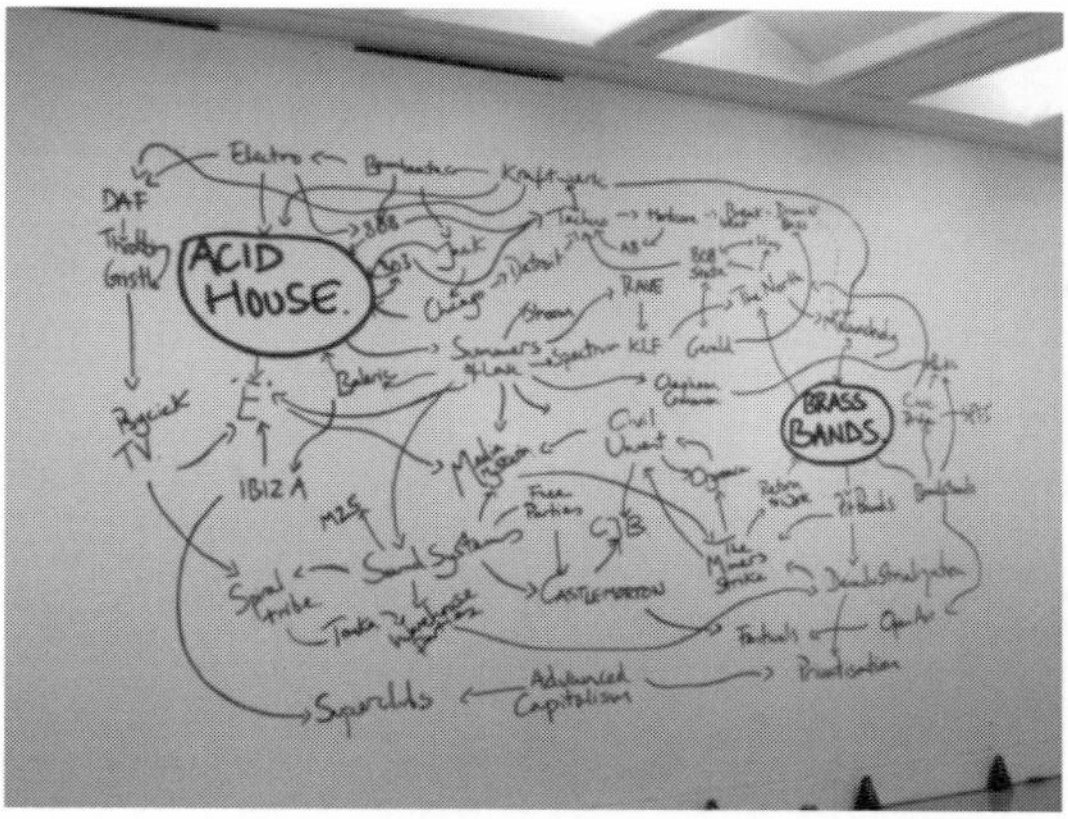

写真７－１　Jeremy Deller『世界の歴史（History of the World）』

Tate Britain にて筆者撮影.

デラーの作品にも表現されているように、アシッド・ハウスを鼻祖とし現在のハウス・ミュージックを中心とした電子音楽の伝播は、イビザからイギリスへ、そして今度はイギリスでのセカンド・サマー・オブ・ラブがベルリンでラブ・パレードへと変貌する。

当初は少人数で行われたラブ・パレードは、奇しくもＥＵの誕生とシェンゲン空間が拡大するにつれて、参加人数の動員が重なってくる。すなわち、シェンゲン空間の拡大とともに、ラブ・パレードは若者にとっての恰好のコンタクト・ゾーン（contact zone）となり運動への参加者も幾何級数的に増加した。というのも、移民も市民も国境という境界線が事実上なくなったことで、若者の間で夏休みにベルリンのラブ・パレードで盛り上がるという動きがとくに１９９１年以降今日まで高まってゆき「夏になったらベルリンへ」という常識が若者の間で普及し最大で１２０万人から１５０万人規模の動員を可能にした。そしてラブ・パレードをベルリンで体験し

表7-1　ラブ・パレードの年表

開催年	開催地	テーマ	動員数
1989	Berlin	Friede, Freude, Eierkuchen	150
1990	Berlin	The Future Is Ours	2,000
1991	Berlin	My House Is Your House And Your House Is Mine	6,000
1992	Berlin	The Spirit Makes You Move	15,000
1993	Berlin	The Worldwide Party People Weekend	30,000
1994	Berlin	Love 2 Love	120,000
1995	Berlin	Peace on Earth	500,000
1996	Berlin	We Are One Family	750,000
1997	Berlin	Let the Sunshine In Your Heart	1,000,000
1998	Berlin	One World One Future	1,100,000
1999	Berlin	Music Is The Key	1,500,000
2000	Berlin	We Are One Family	750,000
2001	Berlin	Join The Love Republic	800,000
2002	Berlin	Access Peace	750,000
2003	Berlin	Love Rules	750,000
2006	Berlin	The Love is Back	1,200,000
2007	Essen	Love is everywhere	1,200,000
2008	Dortmund	Highway to love	1,600,000
2009	Bochum(cancel)		
2009	Duisburg	The Art of Love	1,400,000

（出所）ラブ・パレードの公式ウェブサイト資料より筆者作成.

た人々がシドニー、リーズ、メキシコ、サンフランシスコ、サンティアゴ、カラカス、ロッテルダム、東京など世界中で自律的に様々な規模でのラブ・パレードを組織するようになる。

ラブ・パレードの概要は、ベルリン市内の目抜き通りである「6月17日通り」を行き来する多数のフロート（サウンドシステムを積んだトレーラー）を中心にして大音量のハウス・ミュージックにのって参加者が踊り、色とりどりの衣装や服装でねり歩く。パレードの終盤には戦勝記念塔（Siegessäule）の下で皆が集結し、ファイナル・ギャザリングとよばれる最後のDJプレイでクライマックスを迎える。「パレード」の名の通り、1989年当時の本来はドイツ統一に向けた政治的デモ行動として行政当局にも開催を認められていたが、ラブ・パレードは一義的には政治的なメッセージよりも、とにかく、みな参加者が楽しんでハッピーになるという空間の創出を少なくとも表向きは目的としている。例外は第一次チェチェン紛争さなかの１９９５年の「世界に平和を（Peace on Earth）」と２００１年の同時多発テロとその後の対テロ戦争の年であった２００２年の「平和のための結集（Access Peace）」の２回だけである。これらは国際ＮＧＯらが行ってきた国際規範形成とはほど遠いものである。反面、単なる商業的・観光的イベントに成り下がったとの批判や、フロートからばらまかれるフライヤーの多さなど、パレード終了後の膨大なゴミ問題、そして何よりも対テロ戦争以降はテロ攻撃と治安の問題なども深刻化した。ベルリン市の行政当局もデモではなく商業イベントになったという判断から開催費用捻出を拒否するようになり、結果、２００４年には資金難を理由に中止を余儀なくされた。２００５年も開催を見合わされたが、世界の各地では同様のラブ・パレードが多数開催された。その後スポンサーを得て“The Love is back and alive!”をコピーに掲げ２００６年7月には3年ぶりに開催された。そののち、ベルリン市が再び開催を拒否したため、２００７年からは、“Love is Everywhere”という前向きなコピーのもと、エッセンやドルトムントなどルール地方の各都市で、毎年持ちまわりで開催されていたが、２０１０年のデュースブルクでの開催時に将棋倒し事故で21名の死者が出たため、以後永久中止となった。(5)

2　リクレイム・ザ・ストリート

(1)　ベルリンからロンドンへ

音楽にのせて街中を練り歩くというベルリンで創造された新しい社会運動のレパートリーは、リクレイム・ザ・ストリート（Reclaim The Streets : RTS）という、１９９０年代のイギリスで誕生した自動車利用への反対を訴える非暴力の市民不服従運動へと伝播してゆく。論点を先取りすると、これがのちにシアトルの闘争へと流れ込んだ。(6)リクレイム・

ザ・ストリートの方法は、主要幹線道路で「ストリート・パーティ」を開くことで占拠するものである。結果としてしばしば自動車渋滞が発生するが、参加者らは「抗議活動ではなく芸術表現である」として、活動を行い自身の開いたパーティで公共空間が解放されたのだと主張する。(7) この活動は現在でも世界中に拡大しており、今日の運動のレパートリーとしてパーティが採用されるようになった契機でもある。(8) 当初、リクレイム・ザ・ストリートが運動として生じたとき『ガーディアン』紙をのぞく主要なメディアは、都市空間の占拠がなぜ生じたのかについて事態を把握することが出来ず、基本的にはアナキストらによる暴動として報道したのに対して、『Mixmag』や『iD』などの若者向けのファッション誌や音楽誌は、ラブ・パレードなどのレイヴ・カルチャーのなかでリクレイム・ザ・ストリートの運動が生じたことを理解しており、「史上最大のレイヴ・パーティ」だとして評価する向きもあった [Wheen 2000]。(9)

(2)　リクレイム・ザ・ストリートの起源と広がり

もともとリクレイム・ザ・ストリートの運動が生起したのは１９９１年で、ラブ・パレード同様に当初の参加者はさほど多くなかった。だが１９９３年の東ロンドンのワンステッドからハックニーをつなぐ高速道路の建設拡張計画が森林破壊を伴うことが分かると、参加者が急に増えるようになる。政府の横暴な合意決定に対して、環境活動家やＤＪ、反企業活動家、そして失業者の若者らを中心に、合意内容を阻止するための合意阻止規範形成として工事反対の非暴力直接行動が開始された。当初はクレアモント・ロードにまだ残っていた住居と道路を占拠することで工事を差し止めようとしたが、その手法こそがラブ・パレードで創造された運動の経験として蓄積されてきた運動のレパートリーである、レイヴ・パーティやさまざまなパフォーマンスを最大限活用したものだったのである。人々が参加した理由の一因としては、ちょうど１９９４年にイギリスでは刑事裁判法（Criminal Justice and Public Order Act）が改悪され人々の集会を制限することとなったこととも緊密に関係していた。というのもこの法律によって、野外で反復的な旋律の音楽をかけるとサウンドシステムは押収されることとなり、１９８０年代後半にセカンド・サマー・オブ・ラブとして盛り上がりを見せていた公の場でのレイヴ・パーティは厳しく取り締まられるようになったのである。1994年の刑事裁判法改悪と戦うために、いつもは野外でレイヴをしたりクラブで踊っていた若者たちが、警察権力に対して同様の危機感を感じていた政治的なサブカルチャーだったリクレイム・ザ・ストリートの運動に参加し不法占拠の手法をとるようになる。(10) こうして、1968年以来の最も活気に溢れた政治運動としてのリクレイム・ザ・ストリートが本格化していく。

(3)「敷石の下には砂浜…」から「コールタールの下には森林…」へ

リクレイム・ザ・ストリートの運動では環境主義が加わることで、さらなる広がりを見せるようになる。その最たるスローガンが、「コールタールの下には……森林がある」というものである。これはリクレイム・ザ・ストリートが1968年パリ五月革命の「敷石の下には……砂浜がある」を本案として環境主義的な精神のもと、ロンドンの6斜線のM41道路を1万人もの人々が、乗っ取るというイベントを行った。そのさいは、路上を解放してブロックパーティをし、いわゆるゲリラ庭師（guerrilla gardener）たちが、アスファルトで舗装されている道路に様々な手法を使って穴を開け植物の苗を植えるなど、現在のアナキストらが行っている「都市緑化（urban gardening）」のさきがけ的なことを、1990年代の半ばにやって見せたのである。こうして環境派でパーティ好きの人々が大通り、交差点、幹線道路を次々にジャックしてゆき、そこではアスファルトを廃し、土と泥、そして花や草木が植えられる光景が1990年代以降、2020年代の現在までの社会運動とくるまでもなくこれまでの規範を崩してゆくような規範変容的な文化現象として、ごく普通の風景として定着するようになった。

こうして、レイヴ・パーティという新しい社会運動のレパートリーによって人々は商業化されない都市空間を要求するのである。こうしてほんの一瞬ではあるが、ハキム・ベイがいうところの「一時的自律空間（Temporally Autonomous Zone : TAZ）」を創り出すのである。(11) この活動をはじめた活動家のジョン・ジョーダンらは、「クレアモント通りが取り戻せないのならば、ロンドンの別の通りを取り戻そう」という標語を掲げることで、活動はロンドン中に、そして世界中に広まってゆく [Jordan 1998: 133]。まず、1995年5月に若者らの街カムデンで500人ほどのパーティが、続いてアッパー・ストリート・イズリントンでは3000人が集まり踊った。路上のダンスフロア化、ないしクラブ化がつぎつぎと生じたのである。こうしたレイヴはロンドンからマンチェスター、ヨーク、オックスフォード、ブライトンなど英国全土へ飛び火する。1997年4月にはトラファルガー広場で2万人もが集まって踊り、それと同時にシドニー、ヘルシンキ、テルアビブへと広がった。

1992年、同様にサンフランシスコの自転車による抗議運動として始まった「クリティカル・マス（critical mass）」と合流も合流し、北米、ヨーロッパ、オーストラリアなどに波及した。

この運動には特徴がある。それは、指導者は表に出ることはなく、かつ実質的な中心がないことである。つまり、核となる中心がいないからこそ世界中で好きに若者らが自身の手によるDIYでの運動を組織できたし、それがゆえリクレイム・ザ・ストリートは若者の心を捉えたのである [Klein 2002: Ch. 13]。[12] こうした運動こそがヴィルノが『マルチチュードの文法』のなかで、ハートとネグリが『〈帝国〉』のなかでそれぞれ想定していた（そして近年はアナキズムを理解できずに放棄した）当時のマルチチュードの実体だったのであり、実際1990年代後半にはさらにグローバルな広がりを見せ始める [Hardt and Negri 2000; 2004; Virno 2004]。[13]

(4) リクレイム・ザ・ストリートからグローバル・ストリート・パーティへ

運動がさらなる広がりを見せたのが、トラファルガー広場でのストリート・パーティからほぼ1年後の1998年5月16日、すなわちバーミンガム・サミットの日である。この日に、世界中で同時開催のパーティである「グローバル・ストリート・パーティ（global street party）」が開催されることとなった。さらにその2日後にもジュネーブでGATTからWTOまでの国際金融体制の50周年を、インドやブラジルの貧しい農民やフランスやイタリア、ドイツ、イギリスの失業者らとともに「祝賀」する30ものイベントが、20カ国以上で行われたのである。オランダのユトレヒトでも1000人が幹線道路をふさぎ、フィンランドのツルクでは2000人が、ベルリンでは1000人が、カリフォルニアのバークレーでは700人ほど集まりアナキストドラムとクラブミュージックで踊った。シドニーでも4000人が道路を占拠し、非合法に音楽祭を行い、1970年代以降の音楽の商業化に伴う通常のフェスでの風景のように協賛企業などがなくとも、音楽祭をDIYで楽しむことが出来ることを証明したのである。[14] ジュネーブでも5000人、プラハでは3000人が集まって踊ったが、そのなかには一部分暴徒化したものもあった。

だがクラブサウンドとともに現れたグローバル・ストリート・パーティが最大のターゲットとしたバーミンガムでは、もっとも象徴的なものとなった。イギリス全土からバーミンガムへ集まった8000人もの活動家らが大通りの「取り戻し」と世界の不正義に対する抗議活動としてのグローバル・ジャスティス運動を行った。サウンドシステムを積んだフロートから爆音で音楽を流して踊ってデモを行ったりと終始陽気に楽しんだのである。しかもジュネーブやプラハでの一部の暴動とは異なり投石や火炎瓶ではなくあくまでユーモアによる非暴力の実践としてカスタードパイを投げ、グローバル・ストリート・パーティを行った20都市の名前が書かれた赤い巨大な凧が空に高々と揚がった。[15] 同様の動きは翌年である1999年のケルン・サミットにあわせて世界同時多発に43カ国で行われた「資本に反対するグローバル・カーニバル」や、後の世界社会フォーラムでも見られた［Klein 2002 : Ch. 13 ; Tyler 2003 : 188–95 ; Hardt and Negri 2004 : Part 3］。

このことからも理解されるようにNGOらが自分らのキャンペーンだと主張した1998年のバーミンガム・サミットやケルン・サミットにおける動員はNGOらの手によるものではなく、普通の人々が自分らの日常生活における怒りと楽しみたいという感情から自発的に集まり大きなうねりを作りあげたという側面もあったのである。

3　現われの空間におけるグローバル・ジャスティス運動の理論と方法

(1)　類縁集団による直接民主主義のネットワーキング

セカンド・サマー・オブ・ラブやラブ・パレード、そしてリクレイム・ザ・ストリートのムードを引き継いで現在に続く反G8も含めたグローバル・ジャスティス運動の動態は、パレードやキャンプ、フェスなどの運動の形態をとることで新たなレパートリーを獲得し、そこにある種の呆れも含むようなユーモアをもって警察権力がもはや無効化されてしまうような一時的自律管理空間の形成を音を通じて促進することで、現在では非暴力直接行動による多元的な、あるいはクィアな公共圏の形成を可能にしている［Bey 1985］(16)。運動それ自体の仕掛けと組織化については数多くのNGOなどではなく、友人や知人らからなる極めてゆるやかな連帯としての類縁集団（affinity group）らがインターネットでのメールや携帯電話でのネットワーキング、現在ではツイッターやフェイスブックなどを使用して、首謀者が誰だかわからないようなメーリング・リストのポスティングによってなされる。その意味で仕掛けの首謀者らは、その役目を終えたがゆえに消えさってしまうような「消滅する媒介（vanishing mediator）」をここでも実践している［Jameson 1981：邦訳53］。このような仕掛けによって匿名性が担保されることで、かつてハーバーマスが説いたヒエラルキーとは無縁の脱中心的ないしは多中心的なネットワークが現実化しているのである。

(2)　非暴力直接行動とフェス公共圏

このような水平的な直接民主主義のネットワーキングとコンセンサス形成は1999年のシアトルの前にもなされた。アクションの手法については、WTO会議場前で前年のバーミンガム・サミットやケルン・サミット同様「人間の鎖」の組織者のひとりだったスターホークは、代表者会議と類縁集団内でのコンセンサスのもと非暴力ガイドラインをメーリング・リスト等で周知徹底させた。それが功を奏し、少なくともシアトルの中心街にあるパラマウント劇場前の抗議運動では、暴力行為はほとんど見られなかったという［Starhawk 2002：52］。むしろ抗議運動を組織するさい、繰り返し確認されたのは「非暴力」という理念だったのである。(17) したがって警察が予期できなかったのは「暴力」ではなく実は「非暴力」という戦術だった。確かに警察が用いた催涙弾や放水車、ラバー弾などによって、市街はあたかも戦場のような様相を呈していた。しかし、その状況のほとんどは武装した警察によって作りあげられたものであって、デモの参加者はその戦争に参加するにはあまりにも無力だったのである。(18) 事前の入念なコンセンサス形成によって実はなされている様々な近年のグローバルなパーティは、クラブミュージックとアナキストドラムをサウンドトラックとして一見すると「お祭り気分（festival atmosphere）」に満ちた、その場限りで盛り上がっておわる「カーニバル公共圏（carnival public sphere）」といえるかも知れない。(19) そしてこのクラブミュージックとアナキスト・ドラムというジル・ドゥルーズが「出発のリトルネロ」とかつて論じた秩序変容を可能にする公共圏の出現時、参加者らの大半には非暴力ガイドラインや逮捕時マニュアルなどが共有されているのである。

(3)　オルタナティヴな公共圏からフェス公共圏へ

こうした水平的なネットワーキングに加えて、さらに歴史の客体として定住ではなく移動することを定められた人々の生活形式が生み出す文化表現のフォーマットも、それぞれの時代・情況において利用可能なディアを通じて流通し、複製・模倣され、トランスナショナルで雑種的ないし異種混交的（hybrid）な公共圏を形成に寄与している。ハーバーマスの1962年版『公共性の構造転換』が、近代以降のデモクラシーが発展するためには必要不可欠な空間として当初想定された公共圏も、ポール・ギルロイに倣えば、ハーバーマスが想定しているほど自由でも平等でもないブルジョア的な公共圏でしかない［Habermas 1962；Gilroy 1989：105］。ここでの公共圏とはギルロイが概念化したような旅行ではなく旅をすることで常住居地を持たないトライブやトラベラー、サーファー、性的マイノリティ、移民といった物語性や歴史性が希薄にされていることないし物語によって従属される立場として「剥奪された情況（deprivedness）」を受け止めているところの、既存の公共圏から排除されてきた人々からなる「オルタナティヴ公共圏」である。だが、メイン・ストリームを措定した上でのカウンターとしての範疇に入ることで飼い慣らされ流用されるのを避ける意味でも、また土着的なもの（それ自体も異種混交なのだが）以上に、ある支配的な歴史のなかで客体（として正統化）とすらされずに排除された人々や文化の異種混交性を本論文ではより強調したい。したがって、ここではバプチン的なカーニバルという要素に加え、より日常生活で使用している用法に近づけて、サウンドデモというレパートリーの空間を言い表すのに、「フェス公共圏（festival public sphere）」ということばを使いたい[20]。

これまで見てきたように、旧来の社会運動と袂を別ったとされる新しい社会運動とも異なるものである。過去の新しい社会運動にフェス的なもの、祝祭をリミックスし差し込んだレパートリーや要素がふんだんに入っていったこと、そしてそれらのアクションを行うさい、動員を行う側が脱中心的構えを自身のなかに「消滅する媒介」を動員の仕組みとして予め組み込んできた系譜が、現在のグローバル・ジャスティス運動に結実している。そのレパートリーの源泉となったのがラブ・パレードやリクレイム・ザ・ストリートから派生したグローバル化するストリート・パーティ、たとえば１９９８年のバーミンガム・サミットにあわせて、20カ国、30以上の都市で行われた「グローバル・ストリート・パーティ」や１９９９年のケルン・サミットへのサミットプロテストや同年11月末シアトルとそれ以降の出来事である。これらグローバルなスケールでのパーティのシンクロは、セカンド・サマー・オブ・ラブ以降の流れ、そしてラブ・パレードとリクレイム・ザ・ストリートに代表されるサウンドデモ文化がグローバル化してゆく側面で、類縁集団をベースとした非暴力を掲げる直接民主主義のネットワーキングからなる「フェス公共圏」として文明圏を越えてアラブの春以降２０１０年代後半のレバノンの反政府サウンドデモ等、２０２０年代の現在まで続いているのである。

以上、ＮＧＯによって組織化されていない人々からなる類縁集団によるサウンドデモを通じた世界政治への参与を本章では論じてきた。そこでの特徴とは類縁集団という、いうならば普通の人でも気軽に参加できるような極めて敷居の低い動員の仕方を行う仕組みを有している点である。その参加のしやすさとは非暴力の徹底にある。「フェス公共圏」は他の階級や何らかの先天性、そして排他性を強調する集団ベースの社会運動とは異なり、趣味や趣向など後天的な繋がりにアイデンティティの核を措くことによって成立する類縁集団をベースとして非暴力を徹底することで、参加のハードルを下げることとなる。そこには異種混交的であり年齢的な差別もなければ、人種や性別、趣味嗜好などによる差別等は一切存在しない[21]。ただ一つの共通項はみながユーモアをもって楽しみのために集まることにより非暴力でDIY的な性質を帯びた「フェス公共圏」という空間が、一時的ではあるが散発的に世界中のどこかで必ず「開かれている」という事実である。規範変容的文化への反発として噴出が予想される原理主義からの反応に対してもしその反応が暴力を伴うものであった場合、非暴力という一点において勝るのである。裏返せば、この根無し草な音楽であるテクノの音に満ちたパフォーマティヴなユーモアと徹底した非暴力直接行動こそが、出発のリトルネロとしての効果を発揮し、唯一まったく異なる背景を持った人々が集まり共に歩むことの出来る条件であり、まさに今日グローバル・ジャスティス運動の市民性（civility）の閾値を反映しているのだ。

注

（1）たとえばこの数年のイギリスの国際政治学会（British International Studies Association）や International Political Sociology、アメリカの国際政治学会（International Studies Association）でも everyday life に注目したパネルが多く汲まれており、また１９９０年代以降の現代美術は日常性をテーマとするものが増えている。この点は毎年のターナー賞の受賞者の作品や Tate の企画展示を見ても一目瞭然である。

（２）流行の中心地となったのは以前からクラブ文化の盛んであったマンチェスターやリバプールなどの北部の工業都市であり、そのなかでも当時のロック・シーンと混ざり合うことで、マッドチェスターと呼ばれる音楽上のムーブメントを起こすこととなる。なお、この系譜については**写真7-1**にあるジェレミー・デラーの作品を、なお、セカンド・サマー・オブ・ラブもふくめた世界のクラブ・カルチャー受容については、野田［２０１７］を参照されたい。

（3）ハウス・ミュージックのもとのでＤＪらの音楽は、元来、音楽の知識もなく楽器の演奏もろくにできないクラブ通いの黒人の少年たちがＤＩＹでレコードを作り始め、それをターンテーブルでかけることからシカゴ・ハウスが始まり、のちにそれがデトロイトでいわゆるテクノ・ミュージックへと変容したものである。こうしたＤＪシーンの歴史については、Brewster and Broughton［2000］を、また電子音楽全般については、Butler［2006］を参照されたい。なお、電子音楽一般をさす「テクノ（techno）」という言葉は、現在でも電子音楽の第一人者であるホアン・アトキンスが、アルビン・トフラー（Alvin Toffler）の『第三の波（The Third Wave）』で使用されていた、「技術の反逆者（techno-rebels）」という造語から影響を受けて作られたものである［Sicko 1994］。

（4）クラブ・カルチャーの社会的効用とＤＪの役割、Roland TB-303からのハウス・ミュージックが世界に与えた影響については、Brewster and Broughton［2000］、Young ed.［2009：Ch. 2；Ch. 4］を参照されたい［Deller 1998；1999；2002；2004a］。

（5）なお、当時の盛り上がりはそのままダイレクトにポップ・カルチャーに繁栄されている。その例としては、アニメその他のメディアミックス作品として展開された『交響詩篇エウレカセブン』（２００５―２００６）であろう。同作品は音楽をラブ・パレードの常連ＤＪ立ちが担当しているほか、世界観と登場人物、使用される曲がArmand van HeldenやDenki GrooveのＮＩＪＩなどLove Paradeで人気の高かった多くの曲も多用するなどサブカルチャー資本subcultural capitalのなかでもとくにセカンド・サマー・オブ・ラブ以降のタームをもとに作られ現在でも世界的に根強い支持を得ている。

（6）リクレイム・ザ・ストリートとシアトルでの闘争の明確な連続性を論じたものについては、Ghazvinian［2000］を参照されたい。

（7）Reclaim The Streetsのウェブサイトはhttp://rts.gn.apc.org/、近年はReclaim the Futureというイベントを自己組織的に開催している。同イベントの記事はロンドンのインディーメディアが挙げている（http://london.indymedia.org.uk/articles/2299、２０２０年９月23日閲覧）。

（8）リクレイム・ザ・ストリートを扱ったものとしてはJordan［1998］、Klein［2002］参照。

（9）*Mixmag* Vol 2, "Club Country", Issue 73 June 1997. p. 101, *Muzik* 25, June 1997.

（10）若者の参加とリクレイム・ザ・ストリートへのラブ・パレードやセカンド・サマー・オブ・ラブのフォーマットの流入についての代表的な文献としては、Huq［1999：15-33］参照。

（11）ＴＡＺについては、Bey［1985］参照。

（12）同運動にも関与しているイギリス独立系メディアであるRikki Mediaのジャーナリスト・アクティヴィストのRikkiへのインタ

ビュー（8．8．2009）。

(13) なお、ネグリらが自身の理論的基礎としているヴィルノのマルチチュード論の可能性については武者小路公秀教授より示唆を受けた。またネグリらの理論的な問題点については、五野井［2005b］を参照されたい。

(14) http://www.indymedia.org.uk/（2020年9月23日閲覧）.

(15) アナキストであり自らもDAN（Direct Action Network）やグローバル・ジャスティス運動（Global Justice Movement）を組織しているアクティビストのDavid Graeber（ロンドン大学ゴールドスミス校准教授）へのインタビュー（1．7．2008）。なお、これら人々による近年の直接行動については、Graeber［2004：77–94］を参照されたい。

(16) 非暴力直接行動はソローやガンディー、キング牧師の運動から獲得したレパートリーである。

(17) これらの抗議行動は事前の周到な準備によって組織されており、早いものは会議の数週間前から、遅いものでも数日前にはMLや集会を通じて準備を始めていた。とりわけ「非暴力直接行動」という戦術に関しては綿密な準備と情報の共有がなされた。そこでは、ケガなどの応急処置やバリケードの構築の技術、万一警察に逮捕された時の対応の際の法的知識から、デモや集会におけるストリート・パフォーマンスまで、さまざまな実践的な知識も共有された。抗議行動への参加目的は多種多様だったが、この「非暴力ガイドライン」を遵守することだけは一定の合意として参加前に要請されていた。物理的であれ言葉によるものであれ暴力からは距離をとること、武器を持ってこないこと、ドラッグやアルコールを持ち込まないこと。建造物などを壊さないこと。これはあくまでも最低基準の合意であり、そのほかの信条を縛り付けるものではなかった。

(18) テレビで報道された映像とはまったく異なり、警察が排除する前は、まるでラブ・パレードかと見紛うほどのストリート・パーティが行われていたことがYouTubeの映像として数多く残っていること、そこに映っている殆どの人々が警察に抗っていないことがその証拠である。たとえば、N30：WTO Seattle（http://www.youtube.com/watch?v=oEL-LDvIMPM，2020年9月23日閲覧）、また人間の鎖の映像やシアトルの路上で行われていたラップ大会の映像はA Year In The Streets：WTO Seattle：Morning Prep（http://www.youtube.com/watch?v=7fMO1Hj2_SE，2020年9月23日閲覧）。

(19) フェス公共圏については五野井［2020：44］を参照。また、祝祭と民衆の公共性との関係についてはBukthin［1968：邦訳251–358］を参照されたい。

(20) 端的には、眺めるだけの観光化していない、客体としてしか観ないお祭りではないもの、たとえばNoting hill carnivalなども含めた、市民参加型のものをここでは指したい。詳細はGonoi［2008］、五野井［２０２０：４３］参照。

(21) こうした異種混交性を強調することで既存の規範を「さかしま」にしようとするアート・アクティヴィズムの最も代表的な作品としては。Deller［2004b］がある。スペインのサン・セバスチャンの目抜き通りを、労働者、サーファー、同性愛者らの人々が堂々と練り歩くことでヘテロトピアの思考をパレードという形式で表現したJ．デラーの同作品による規範の揺らぎの表面化は見事なものである。

参考文献

〈邦文献〉

五野井郁夫［２００５ａ］「クラブ、あるいは〈現われの空間〉」『10＋1』39（生きられる東京　都市の経験、都市の時間）、１４８―１４９頁。

――――［２００５ｂ］「普遍主義の帝国とその影としての周縁」『思想』９７５、２００５．

――――［２０２０］「ハッシュタグと〈現われ〉の政治　空間の秩序を変える直接民主主義について」『現代思想』48（13）２０２０年、40―47頁。

野田努［２０１７］『ブラック・マシン・ミュージック：ディスコ、ハウス、デトロイト・テクノ』河出書房新社．

〈欧文献〉

Anthony, W. [1998] *Class of 88*, London : Virgin Books.

Bakhtin, M. M. [1968] *Rabelais and His World. Trans. Hélène Iswolsky*. Cambridge, MA : MIT Press（杉里直人訳『ミハイル・バフチン全集第七巻〔フランソワ・ラブレーの作品と中世・ルネッサンスの民衆文化〕〔他〕』水声社、２００７年）.

―――― [1984] *Problems of Dostoevsky's Poetics*. Ed. and trans. Caryl Emerson. Minneapolis : University of Minnesota Press（望月哲男・鈴木淳一訳『ドストエフスキーの詩学』筑摩書房、１９９５年）.

Bey, H. [1985] *T.A.Z The Temporally Autonomous Zone*, NY : Autonomedia（箕輪裕訳『T.A.Z. 一時的自律ゾーン』インパクト出版会、１９９７年）.

Butler, M. J. [2006] *Unlocking the Groove : Rhythm, Meter, and Musical Design in Electronic Dance Music*, Bloomington : Indiana University Press.

Brewster, B. and Broughton, F.［2000］*Last Night a DJ Saved My Life. The History of the Disc Jockey*, New York : Grove Press.

Deller, J.［1999］*Life is to Blame for Everything*, London : Salon 3.

――――［2002］*The English Civil War-Part II*, London : Artangel.

――――［2004a］*The Uses of Literacy*（*Open House/Book Works Projects*), London : Book Works.

――――［2004b］*Social parade*, Donostia-San Sebastián : Manifesta 5.

Garratt, S.［1999］*Adventures In Wonderland : A Decade Of Club Culture*, London : Headline.

Ghazvinian, J.［2000］"A DASH OF BRITAIN'S RAVE CULTURE HAS BROUGHT A NEW STYLE TO GLOBAL PROTESTS : Dancing in the Streets," *The Nation*, 24. April.

Gilroy, P.［1989］*The Black Atlantic : Modernity and Double Consciousness*, Verso : London.

Gonoi, I.［2008］"Politics of Art/Art of Politics : Reclaiming the Space of Appearance in World Politics," Workshop of CEELBAS, UCL and University of Warwick, "DOING CULTURE". University of Warwick.

Graeber, D.［2004］*Fragments of an Anarchist Anthropology*, Chicago : paradigm.

Habermas, J.［1962 bis 1987］*Strukturwandel der Öffentlichkeit. Untersuchungen zu einer Kategorie der bürgerlichen Gesellschaft*. Luchterhand, Neuwied am Rhein（細谷貞雄・山田正行訳『公共性の構造転換〔第２版〕』未来社、１９９４年).

Hardt, M. and Antonio Negri, A.［2000］*Empire*, Cambridge, MA. : Harvard University Press. 2000.

――――［2004］*Multitude : war and democracy in the Age of Empire*, New York : Penguin Press.

Hirschkop, K. and Shepherd, D. eds.［2002］*Bakhtin and Cultural Theory, 2nd Edition*, Manchester : Manchester University Press.

Huq, R.［1994］"The Right to Rave : Opposition to the Criminal Justice and Public Order Act 1994," in Jordan, T. Lent, A. eds., *Storming the Millennium : The New Politics of Change*, London : Lawrence & Wishart Ltd.

Jameson, F.［1981］*The Political Unconscious : Narrative as a Socially Symbolic Act*, Ithaca : Cornell University Press（大橋洋一訳『政治的無意識』平凡社、１９８９年).

Ghazvinian, J.［2000］"A DASH OF BRITAIN'S RAVE CULTURE HAS BROUGHT A NEW STYLE TO GLOBAL PROTESTS : Dancing in the Streets," *The Nation*, 24. April.

Jordan, J. [1998] "The Art of. Necessity : The Subversive Imagination of Anti-Road Protest and Reclaim the Streets," in McKay, G. ed., *DiY Culture : Party and Protest in Nineties Britain*, London : Verso.

Klein, N. [2002] *No Logo : No Space, No Choice, No Jobs*, New York : Picador.

Sicko, D. [19994] "The Roots of Techno," *WIRED*, Issue 2.07 (http://www.wired.com/wired/archive/2.07/techno_pr.html, ２０２０年８月12日閲覧).

Tyler, W. [2003] "Dancing at the Edge of Chaos : a Spanner in the Works of Global Capitalism", in, Notes From Nowhere eds., *We Are Everywhere : the Irresistible Rise of Global Anticapitalism*, London : Verso.

Virno, P. [2004] *A Grammar of the Multitude : For an Analysis of Contemporary Forms of Life*, NewYork : Semiotext (e).

Wheen, F. [1997] "Small Riots : No One Dead," *The Guardian*, 3 May

Young, R. ed. [2009] *The Wire Primers : A Guide to Modern Music*, London : Verso.

第8章 アメリカ軍産メディアエンターテイメント複合体が担う主体形成
——政治的なるものとしての日常性——

前田幸男

はじめに

本章は、米軍を支えるアメリカ合衆国のマインドセットである「軍事的なるもの＝愛国的なるもの」が、音や映像が媒介となって市民のメンタリティの中に深く埋め込まれてきた、そのプロセスについて論ずる（第1―3節）。そして具体的には、米国「市民」一人一人が、いかにテレビ・ゲーム・ラジオ・広告・映画といったエンターテイメントから受け取るサウンドや映像（第4節）、そして基地・町・教会・家といった具体的な場所で体験する「生活音」や「景色」（第6節）を、いわゆる「ソフトパワー」であるアメリカ文化として主体的に享受しているのかに焦点をあわせる。言い換えればこれは、市民性を骨抜きにしながら（第5節）、どのように軍事主義が人々のアイデンティティへと重層決定的に刻み込まれ、別様の主体化がなされていくのかを論ずることを意味する。

本章の主題は、生活基盤であったローカルな活動が、音や映像が媒介となってナショナルなスケールへと引き上げられつつ、ときに兵士になったものは世界の紛争地という「グローバル」なスケールに投射されるところまでを包摂した兵士への主体化過程である。そしておわりに、この音と映像を媒介とするアメリカの「軍事文化」の市民への浸透が、アメリカ合衆国の軍事主義のミクロな再生産現場であると確認した上でも、別様の音や映像を媒介にして、主体形成のあり方の転換は可能であるということに触れて論を閉じる。

1　メディアエンターテイメントと戦争の関係

かつてナチス・ドイツがプロパガンダと論理を通して、人民を熱狂させ、第三帝国の兵へと臣民を主体化したのとは対照的に、今日のアメリカでは、様々なチャンネルから個々人を主体に仕立て上げる形で、軍は兵士を備給している。一つは、米国民になりたい外国人への市民権の付与といった政治共同体の参加資格へのインセンティブをうまく利用して軍への入隊を促す経路である。もう一つは、アメリカの資本主義経済の不安定性と失業への不安という問題と、表裏の関係となる仕事と福利厚生という経済的な保障を提供する経路である。

本章で注目するのは、もう一つ別のケースであるメディアエンターテイメント産業を経由した兵士生成の経路である。アメリカでは兵士になる前に日常生活の中で、若者が戦争に触れるための装置がちりばめられており、そうしたところでの諸経験を通過することが兵士に「なる」際の試金石になっている。この第三の兵士生成の経路は、マスメディアに触れる人間であれば全員が曝されている経路である。視覚と聴覚を刺激する日々の文化実践が、自由—民主主義体制下で議論される中身を規定し、遂行される政策の地平を決定する力を持つということはアメリカ合衆国の場合に最も顕著に表れる。

ジュディス・バトラーが指摘しているように、確かに権力は外部から主体を抑圧したり、従わせる力でもあるが、「フーコーに従えば、もしわれわれが権力とは主体を形成するものであると理解するならば、権力は、われわれが単に対抗するものではなく、強い意味で、われわれの存在にとって、われわれが依拠しているものであり、われわれの心に抱え、保たれているものでもある」[Butler 1997 : 2]。この指摘をアメリカに当てはめるとすれば、われわれの行動を規定する権力を支える言説・信念・文化・娯楽といったものに「戦争」が深く組み込まれているということになる。

ここでは、ギリシャ時代のポリスに市民兵士がいたことと比較すれば、今のアメリカに市民兵士がいることは至極当然であると指摘するものがいるかもしれないが、論点はそこではない。今日のアメリカは、主体を形成するための権力の回路が人々の欲望―消費の回路を経由して戦争機械へと接続されているという意味で、かつての主体形成とはまったく別物の仕掛けが作動していると考えるべきだろう。戦争機械への接続は必ずしも自動的な交戦状態への接続を意味しないが、軍・産・メディアエンターテイメントが一つのネットワークとして作動しているため、個々人の「自発性」を通して、いつでも交戦状態に臨むことのできる体制への人々の組み込みを引き出す装置であることを意味する。かつてフーコーはクラウゼヴィッツの「戦争とは他の手段による政治の継続である」という有名なテーゼを逆転させ、「政治とは他の手段による戦争の継続である」と論じた。ハートとネグリは、このフーコーのテーゼを利用し、世界が基本的に戦争を利用することで資本主義を作動させていると指摘した［Hardt and Negri 2004］。そしてアメリカでは「軍事」というものが、音や映像といった洗練された形のソフトパワーを経由して、市民の中に当然のものとして定着していることを考えるとき、以下のフレーズは容易に理解できるようになる。

> 戦争は、流血を伴うか否かとはかかわりなく、あらゆる力関係と支配のテクニックに共通する一般的な母型となったのだ。戦争は生権力の体制、すなわち住民を管理するだけでなく、社会生活の全側面を生産・再生産することをもその目的とする支配形態となったのである。このような戦争は死をもたらすものであると同時に、逆説的ではあるが、生を産み出すものでなければならない。これは戦争が手なずけられたとか、その暴力性が軽減されたという意味ではない。というより、人びとの日常生活や権力の通常機能に、戦争のもつ脅威や暴力性が浸透しているということなのだ［Hardt and Negri 2004：13］。

本章は、上記のテーゼをさらに捻ってアメリカのケースに当てはめると以下のテーゼを導き出せる。すなわち、「メディアエンターテイメントとは、他の手段によるヴァーチャルな戦争の継続」［Der Derian 2009（2001）：9］であると(1)。

こうして、世界中で決して絶えることのない「戦争」が、「内戦（＝世界内戦）」という形で、秩序立った圏域の外部にイメージとして存在し続けることから、結果的に、平和構築や人間の安全保障などの言説を経由しながら兵士が備給されていく。第二次世界大戦後だけでいっても、朝鮮半島、ベトナム、アフガニスタン、イラク、シリア、イエメン、南スーダンなど、その例には枚挙にいとまがない。その一方で、アメリカ国内では、絶え間なく戦争遂行主体（少なくとも戦争に反対しない主体）を生成する装置によって兵士供給システムは維持されてきた。このことを踏まえ、以下では具体的なケースに触れながらその主体形成の諸回路について見ていきたい。

2　銃後の戦線を用意する軍産メディアエンターテイメント複合体

われわれは、遠方の戦線（distant front）で起こっている国際レベルの紛争や内戦がメディアエンターテイメントを経由してある種の「暴力」として視界に立ち現れることを日々経験しているが、それは何も国土の外から伝わるニュースに限らない。例として、近年の陸軍の取り組みに注目してみよう。２００８年8月、陸軍はフィラデルフィアのフランクリン・ミルズに「陸軍体験センター（Army Experience Center）」を開設した。およそ１２００万ドルを費やして建設した軍事テーマパークだが、リクルート目的ではないとしている。銃や戦争をテーマとしたＴＶゲームや、退役軍人と接触できる場などを用意している。また、この場所は、他のショッピングモールやインドア・スケート場とも隣接しており、まさに消費活動の中に軍事を埋め込みながら、体験させる形になっている(2)。

他方で、陸軍が開発したオンラインゲームである「アメリカの陸軍（America's Army : AA）」は、２００２年に製作され、戦場でのリアリティを追求したシューティングゲームとして高い人気を誇っている。大衆文化領域への軍事的なるものの浸透は、たとえフィクションであっても、ゲームの設定が敵である脆弱国家勢力やテロリストなどと対峙する形をとるため、まずは訓練を受け、ユニフォームを着用することから、「ヴァーチャルな市民兵士」の育成という形をとり、そこにゲーマーが能動的に参加していくことになる。これがいわゆる銃後の戦線（home front）であり［Shapiro 2009 : 19］、軍産メディアエンターテイメント複合体を呼ばれるネットワークの一部を構成している。こうしたヴァーチャルな戦争体験は湾岸戦争におけるメディア報道あたりから本格化してくるが、こうした装置に反復的に触れることは、「なぜ戦うのか」という問いを退け、「どのように戦うのか」という問いと、それに付随する「戦い方を身につける楽しさ」が前面に出てくることを意味する［Stahl 2010 : 110］(3)。そこで絶大な効果を発揮するのが、相手を撃ち殺すイメージと、それを体感させる効果音である。このことはかつてスチュアート・ホールが論じていたことと通底する。すなわち、こうした陸軍の試みは、図らずも「文化的な意味とは、「頭の中」だけにあるものではない。そうした意味は、社会的な実践を編制、制御し、私たちの行動に影響を与え、結果として実際の、実践的な効果を与える」［Hall ed. 1997 : 3］。

ブラック・ライブズ・マター（BLM）運動の文脈の中で、2020年8月に米中西部ウィスコンシン州で、警官が黒人男性を背後から銃撃する事件への抗議が続くなか、17歳の白人の少年がデモ隊の参加者を銃撃し、3人を死傷させた疑いで逮捕されたことは記憶に新しい(4)。本章との関係で無視できないのは、10代の若い白人少年がなぜそこまで銃の取り扱いに慣れているのかということである。銃に体現されるアメリカの暴力的事件の背後にあって作動している「映像と音」がアメリカの機制（仕組み）に組み込まれていることに、われわれは目を凝らすときが来ていると言わざるを得ない。

もはや明らかなのは、テレビ・ゲーム・ラジオ・広告・映画などがすでに暴力的文化を内包していることから、「戦争」の舞台が、実際の場所に赴く前から、アイデンティティの構築のされ方をめぐる戦いが展開されるサイバー空間上へとシフトしているということである。それは結果的にそうなっているという側面を超え、米軍が自覚的にシフトさせてきた面もある。戦場は、ヴァーチャル空間を経由しながら、現代の「市民社会」のど真ん中に位置しているのである。

こうしてオンラインだろうと体験センターだろうと、どちらでも容易く軍事的なるものに触れることができる。共通していることは、人々の「楽しみ」、もっといえば、性的な意味合いが含み込まれている「享楽（jouissance）」［Barthes 1973］に訴えかけている点である。「敵」の「死」を踏み台にして得られる「サバイバル」感覚である。

このように、よりメディアエンターテイメントを活用した形で若者に訴えかけるようなリクルート・スタイルが普及してきた背景には、ベトナム戦争以降、徴兵制が志願兵制へと変化したこと、及び湾岸やアフガニスタン、イラクへと派兵が続いたように、入隊後は明らかに戦地に赴かなければならない状況が増える中で、普通ならば入隊を回避したいと考える状況下でも安定的に兵士の供給路を確保する必要性があったということが挙げられる。戦争や暴力をテーマにしたサイエンス・フィクションやハリウッド映画の蓄積が、人々のイメージを先行的に構築してきたことを考えると、このことはとくに驚くべきことではない。その意味で、先に映画で語られ、その後シネマティックな戦争の世界へ入るといった、自己言及的成就のような世界が、米軍のリクルートのシーンでは起こっていることがわかる。例えば、アメリカ空軍のリクルートのためのプロモーション映像の中で、「それはサイエンス・フィクションではない。われわれが日々行っていることである」と語っているが、裏返せば現実がどうなっているかは、われわれの日常に氾濫する暴力映像のイメージが決定しているのであり、その後になってやっと、そのイメージとの同一／相違で現実が理解されるということを意味する。つまり、戦争とメディアの関係についていえば、近年、ヴァーチャルな世界を現実が後追いするというケースが頻繁に起きているのである。

3　インタラクティブ戦争とは何か？

次にメディアエンターテイメント産業が軍産複合体と密接な関係を築くことで兵士のリクルートに寄与しているということが、いかなる帰結を生むかについて確認しておきたい。

少なくとも今日のアメリカの文脈で戦争を語るとき、過去に戦争に参加した世代の経験と、現在メディアエンターテイメントを経由して感じとる戦争の経験はまったく別物として理解すべきということである。というのも、戦争映像を繰り返し視ることで戦争を「知覚」する場合、そこでの恐怖の感覚は畏敬の念へと昇華されることはなく、むしろ、「のぞき見主義的なもの」に変貌するからである。なぜなら、後者の「戦争」の場合、死の現実というものが、一度はビデオによって、次にシミュレーションによって、二度取り除かれるからである。コンピュータースクリーン上の敵は、肉体と血でできた生身の人間ではなく、あくまでアイコン的な象徴として立ち現れているにすぎない［Der Derian 2009［2001］: 9］。言い換えれば、それが実践であれ、演習であれ、ヴァーチャルな空間を媒介する「戦争」にあって、「敵同士は直接の接触をまったく持たないからである」［Shapiro 2011 : 113］(5)。

したがって、手元のスティックやボタンを操作する者が死を直接感じとり、嘆き、喪に服するといった行為を理解することができない。まして最前線の戦場では、ナイト・ヴィション、無人飛行機、統合目標攻撃監視レーダーシステム（JSTAR）搭載の飛行機、人工偵察衛星などの、距離を置いた総合的把捉ツールを通してしか敵と味方は向き合えない。しかも、ゲームに登場してくる敵／味方以外の木々や動植物は、自らの命を支える大切な存在であると認識されるどころか、単なるオブジェか舞台設定として消費されるにすぎない。

こうした状況では、もちろんかつては血と肉として表れていた敵は消え、コンピューター上に画素化されデジタル化された者として再び現れる（re-present）。戦争ゲームが戦争の「現実」を再生産することが技術的に可能になればなるほど、ゲームと現実の境界線はあいまい化していく［Der Derian 2009（2001）: 14］。ましてピュシスとしてのヒトも自然も登場してくる余地は、そこにはほぼない。

上記のことを生命の尊厳という観点から考えれば、むしろ状況はより悪化しているといわねばならないだろう。というのも、ヴァーチャルな戦争体験の文脈にあって、視聴者は、一面で受動的であるが、ある意味で能動的な主体になっているからである。ここでの受動的というのは、一方的に情報が流し込まれるという意味であり、逆に能動的というのは、音と映像による刺激に反応してボタンを押すなどのコントローラーの操作をするからである。この一連の空虚な作業を含む現代的な戦争を、スタールは「インタラクティブ戦争」［Stahl 2010 : 20–21, 35–48］と呼ぶ。インタラクティブ戦争の特徴は、参加する主体が明らかに暴力行使を楽しむという側面を抱え込んでいる点にある。それは戦争に対して倫理的には消極的、エンターテイメント性に対しては積極的に、主体を立ち上げる装置であることがわかる。ソフトパワーと呼ばれる文化が極めて政治的であると指摘される所以である。

こうした被害者が後を絶たない憂うべき状況とは対照的に、インタラクティブ戦争の現在は真逆へと進んでいる。現場に兵（擬似市民兵を含む）を配置する側からすれば、この技術的なトーンの「ヴァーチャルな戦争」を、犠牲者を最小化できる「高貴な戦争（virtuous war）」へと作りかえられると考えているからこそ軍事にメディアエンターテイメントが活用されているのだ［Der Derian 2009 : xxxi］。

ここでの犠牲者の最小化というのは、遠隔からの暴力の発動という含意から、第一義的には味方の犠牲の最小化であり、二義的には技術的にも敵もターゲットとされる者だけに限られるというファンタジーが示唆されている。高貴であるというのは、暴力をできるだけ美化して脱臭し（sanitization of violence）、第一義的にはアメリカの市民に向かって、さらには他国の世論に対しても、それを誇れるというファンタジーの含意である。ロゴスによる理想的戦争の完成への妄想は留まるところを知らない。

注意すべきは「インタラクティブ戦争」によって他者の苦痛への感覚の麻痺を体験するといっても、無人飛行機ドローンによって標的殺害に関与した空軍の兵士が心的外傷後ストレス障害（ＰＴＳＤ）を起こす確率が高いという点である。このことはテクニカルに戦争を死と切断できたとしても、実際はそれほど簡単に兵士を死から隔離できるわけではないということを意味する。

4　娯楽と報道が支える戦争

上記では兵士リクルートとの関係でメディアエンターテイメントについて述べてきたが、それはあくまで市民と戦争の関係の一部に過ぎず、「戦争―暴力的なるもの」に市民を曝すことでそうした日常に慣れさせるための装置は他にも数多くあり、それは社会に散りばめられている。すべてを網羅することは不可能だが、以下ではとりわけ近年の軍産メディアエンターテイメント複合体を象徴するようないくつかのケースに焦点をあてる。

(1)　映　画

戦争イメージの脳裏への刻印

戦場はアメリカ市民社会の中にあると先に指摘したが、その具体的な場所としてまず挙げられるのが映画館だろう［Virilio 1984］。例えば、２００１年9月11日の同時多発テロを基点に考えてみよう。（9・11）を予言しているかのような世界（≠アメリカ）の破滅をテーマにした映画は9・11発生以前に既にいくつも上映されていた。一例としては、『ダイハード』シリーズ（1988、1990、1995年）、『インディペンデンス・デイ』（1996年）、『アルマゲドン』（1998年）、『ゴジラ』（1998年）、『ディープインパクト』（1998年）などが挙げられる。[6] その他無数の映像や音楽が予め脳裏に刻印された状態で、（9・11）直後、同時多発テロに対して世界中の人々が口にしたのが「映画みたい」という言葉だったということを確認できたならば、ボードリヤールのメッセージである「それを実行したのは彼らだが、それを欲したのはわれわれのほうなのだ」［Baudrillard 2002：邦訳 9］との指摘は正しかったと言わざるを得ない。ただし、これは事件の前に映画が放映されていたから正しいのではない。その後も、似たような作品が反復的に放映されていることも確認した上で肯定する必要があるということだ。例えば、アーノルド・シュワルツネッガーが単身テロリストを追い詰めるという設定の『コラテラル・ダメージ』（２００２年）、トム・クルーズが殺人事件を予知できる人間の特殊能力を駆使するという『マイノリティ・リポート』(7)（２００２年）が一例だろう。つまり、アルカイダのテロ攻撃がアメリカのメディアエンターテイメント産業の消費とスペクタクルを生み出したのではなく、その前も後も垂れ流されていた暴力と戦争のイメージのスペクタクルの中に、たまたまテロ攻撃がはまったに過ぎないのである［Baudrillard 2002：邦訳 38：42：43］。ここでの「未来のプレヴューは、過去のフラッシュバックと融合する」［Der Derian 2009（2001）：9］。これが、まさしくボードリヤールいうところのハイパー・リアリティである。

ペンタゴンのハリウッド渉外担当オフィス

ハリウッドのアクションや戦争を扱った映画には、派手な攻撃や爆発を演出する数多くの武器や兵器が登場するが（近年でいえば、Bradley Fighting Vehicle や M2 Abrams Tank、Apache Helicopter などが挙げられる(8)）、当然こうした撮影にはペンタゴンハリウッド渉外担当オフィスを介した上でのペンタゴンの許可と協力が必要となってくる。こうした軍との協力面でも興行面でも成功したといわれているのがトニー・スコット監督の『トップガン』（１９８６年）や、兄のリドリー・スコット監督の『ブラック・ホーク・ダウン』（２００１年）だろう。両作品の製作にも携わり、それ以外にも戦争関連でいえば『アルマゲドン』（１９９８年）、『エネミー・ライン』（２００１年）、『パール・ハーバー』（２００１年）をプロデュースしたジェリー・ブラッカイマーはペンタゴンとの太い関係を築いてきた(9)。

(2)　リアリティＴＶ番組

アメリカでは２０００年より①『サバイバー』（ＣＢＳ）、２００１年より②『アメージング・レース』（ＣＢＳ）、③『ブート・キャンプ』（Ｆｏｘ）といったリアリティＴＶ番組が人気を集めていた。①は英国の退役軍人であるマーク・バーネット（Mark Burnett）が、②は先ほど登場したジェリー・ブラッカイマーがそれぞれ手掛けている。③では、海軍のエンターテイメント渉外担当者による協力を得ている。

こうしてTV番組も様々な形で軍との関係性を保っているのだが、指導する側だけでなく番組への挑戦者の中には退役軍人で頻繁にテレビに登場し、有名人になるものも現れた。この点、実際の戦争との関係で注目すべき例がスコット・ヘルヴェンストン（Scott Helvenston）のケースである。彼は12年間海軍に従軍し、海軍の特殊部隊SEALsにも所属していた。退役後は、フィットネス・インストラクターとして働きながら、軍事関連のハリウッドにおけるコンサルタントに関わっていた。(10) その後、別のリアリティTV番組であるCombat Missionsで知り合った者から民間軍事会社ブラックウォーターUSA（会社名は、2009年にXe Servicesへ、また2011年にはAcademiへと再度の変更を行っている）との契約の話を受ける。そこで彼は武装した車両によって、民間車両の護衛を行う傭兵契約をかわし、同社員としてイラク入りする予定だった。ところがその後、コスト削減のために武装車両の提供をしないという契約内容に変更され、さらに直前になって、請負業者へと契約先を移されることとなった。その後、ヘルヴェンストンを含む4人は、ファルージャでほぼ丸裸の状態で襲撃・殺害され、橋の上に吊るされることとなる（FOX News［2004］、土佐［2004］も参照）。

常日頃からリアリティTVやハリウッド映画にも関わっていた元退役軍人が、民間軍事会社のコスト削減の犠牲になって命を落とした。軍産メディアエンターテイメント複合体は、ネオリベラルなプライヴァタイゼーションの力とも共振しながら、リアリティTVでは決して流れることのない、本当の死亡事故を生み出したということである。ボードリヤールがいうように、日々のメディア生活ではイメージの中にわれわれは深く浸っているが、しばしば事故という形をとって、本当は見えるはずのない現実がまれに姿を現す。

(3)　体験型報道

広く戦争にかかわる報道のされ方も近年大きく変化してきた。まず、CNNやCBS、FOX Newsでは、実際の開戦とは別に、ハイテク武器の現状を伝えるべく、レポーター自らがリモコンを操作して爆弾を実際に爆破させて興奮するさまを伝えるような報道や、対テロ戦争の中で水攻めによる拷問をレポーターが体験する報道、さらには高圧電流を流して電気ショックを与えるテーザー銃を体験する報道などである［Stahl 2010 : 44-45, 59-60］(11)。こうした報道は、視聴者をただ受け身の存在として想定するのではなく、体験の共有や興奮や苦痛の共有を目指したものであり、受け手を擬似体験者として規定する可能性を含む。

(4)　従軍報道システム（embedded reporting system）

従軍報道という形式は第二次世界大戦の時期から存在していたものの、ベトナム戦争期に反戦機運を高めるような様々な報道や映像が流れたことの反省もあり、他方でレーガン政権期の１９８３年にはおよそ50あった大手メディアが、規制緩和による競争激化から20年間でたった５つに減少した。その結果、徹底した情報管制が可能になり、流されるニュースも時間・費用ともに高くつく独自取材のものが減少し、かわりに従軍報道という形で、低コストにまとめ上げられて、狭い範囲での「事実」報道という決まった形式でのレポートと映像（しばしば「ストローの穴」から眺める映像と評される）が反復して流れるようになった［Stahl 2010 : 23］。湾岸戦争とは、この厳しい報道管制が敷かれ、ペンタゴンに都合のよい紋切り型の情報が流し込まれ、聴衆は戦争の悲惨ではなく「戦争映画」を消費するかのスタイルに慣れさせられた最初のケースとなった［Cumings 1992 : Ch. 4］。

このペンタゴンのニュース報道体制を支えたのが、リアリティＴＶ・スタイルの戦争報道である。先に指摘したようにリアリティＴＶ番組がブームとなっており、こうした流れを模倣する形でニュース番組が組まれる。従軍記者が米軍にまつわる逸話やハンヴィーに同乗しながらオンタイムで報道するというスタイルは、イラク戦争を境に、花形レポーター（ＦｏｘＮｅｗｓならGreg Kelly、ＣＢＳならJim Axelrod、ＮＢＣならDavid Bloom（２００３年に取材中に死亡））を使うことで定着していった［Stahl 2010 : 82-87］。

この形式はジャーナリズムが常に軍の動向を報道することから、市民による軍の監視に寄与するのではないかと考えるならば、事態はまったくの逆に進んできたといえる［Tuosto 2008］。つまり、一握りのメディアの従軍による音と映像を通した戦争とその報道は、限定された情報の反復以上のものではないために、民主主義の基礎となる討議や対話の基となる情報を極端に限定することを意味する。

5　戦争と消費の回路――政治の後退――

上記で論じたように、一方でメディアエンターテイメントのツールを駆使して、兵士のリクルートをしながら、他方で情報の受け手たる市民には、のぞき見と擬似体験的なニュースで注意を引きつけつつ、戦争や内戦にかかわる高度に政治的内容を帯びる報道は注意深く情報を管理することで世論の表出のされ方を予め形作っていくことがわかってきた。

このことはメディアエンターテイメント産業が深化し、かつては単なる情報の受け手だったメディア消費者が、能動的に「参加」する形で情報社会がつむぎだされていることを意味する。しかし、ここでいう「参加」の意味には注意する必要がある。というのも、ここでの参加はあくまで娯楽を能動的に求める形の参加であって、デモクラシー実現を目指した批判的討議と対話という意味での参加ではないからである。

当時のアイゼンハワー大統領の目には、ジャン・ジャック・ルソーを引用するまでもなく、明らかに「市民は投票者に縮小」して映っていた。代議制民主主義体制の下、市民は「定期的に機嫌をとってもらい、警告され、困惑させられるが、それ以外のときは、実際の意思決定の場から遠く隔てられ、世論操作者にして受取人である人々によって作成された台本の中でこれぞという場面にほんの束の間登場することを許される」［Wolin 2004：565［717］］にすぎなかったのだろう。ここに情報を画一化させ、娯楽を細部にまで展開するアメリカのメディアエンターテイメントの現況を考慮に入れれば、音と映像によって構成されるメディアが作り出す政治を「記憶喪失の政治」と呼び、それが大衆の政治参加ではなく、逆に政治への不関与を促している「逆・全体主義」の状況であると批判してきたシェルドン・ウォリンの指摘が符合してくる［Wolin 2008 : 44］。

こうして軍産メディアエンターテイメントが一つの複合体たりうる所以は、大統領制の下で軍事や戦争に関する決定がなされる中で、メディアエンターテイメントは、市民を政治には受動的―無関心な主体へと仕立て上げ、娯楽には能動的な主体へと生成させるからである。この受動／能動のコインの表裏を司るのが「音と映像」だとすれば、市民はそれらを単なる娯楽の消費物として捉えるのではなく、むしろそれこそが賭け金になっていることを自覚すべきだろう。そこでは音と映像のあり方への感性こそが問われる。

この文脈に重ねて、先に指摘した「高貴な戦争」という考え方を読み込むとすれば、メディアエンターテイメントというフィルターを経由して、戦争が市民の目には「高貴に」映っているにすぎないということになる。ただし、この背後には、中心に位置する権力が虚偽意識を作っているのではなく、イメージそのものが中心にあって、そのイメージが無限に拡散する状況といった方が正しいだろう。したがって、何かを打倒すれば、真の世界が登場するのではない。「高貴な戦争」という夢に対しては、「批判的な覚醒（critical awakening）」が必要なのである［Der Derian 2009［2001］: xxxiii］。

6　アメリカ軍事主義のミクロレベルへの浸透

このように「批判的な覚醒」が必要となるとはいえ、「ヴァーチャル革命はハードウェアよりもソフトウェアによって進められ、主体よりもネットワークによって実現されてきた」［Der Derian 2009［2001］: xxx］。したがって、ダーデリアンにとっては、その覚醒も、われわれの生活の中心を占めているネットワークに対する批判的覚醒ということになる。

しかし、アメリカ市民の五感を捉えているのはヴァーチャルなネットワークだけに限られない。人は、マスメディアや大衆文化を経由しなくとも、ゆっくりと営まれる日々の日常生活の中で主体性を形成していく。つまり、人は徐々に社会の諸常識を身体感覚で学んでいくのである。そうした角度から考えれば、アメリカの軍産メディアエンターテイメント複合体は、仮想空間だけに見出すのではなく、むしろ米軍基地とその周辺の町という現実空間での日常的な経験からも考えなければならない。

そこでの経験には記憶として「イメージや音」を伴うそれ固有の景（スケープ）を伴う。例えば、楽器音や音響にはじまり、人の声や活動の音、にぎわい、モノや機械の音、さらには自然の音から静けさまで音環境は幅広い。

米国国防省によれば、２０１０年時点で国内には４２４９の基地（正確には国防省の用地）がある[12]。これら施設に所属する兵士とその家族の公私にわたる活動と生活を包括的に抽出することは不可能だが、ケースを取り上げることはできるだろう。以下では、ケンタッキー州とテネシー州にまたがるキャンベル駐屯地（Fort Campbell）で働く米兵とその家族の日常について行われた質的調査［Bernazzoli and Flint 2010］を素材に、軍産メディアエンターテイメント複合体について論ずる。なお、両州は、駐屯地周辺に町を持っており、前者はホプキンスヴィル（Hopkinsville）、後者はクラークスヴィル（Clarksville）である。

かつてハロルド・ラスウェルは、軍事主義と官僚統制が結合した国家を、「兵営国家（Garrison State）」と呼び、当時のアメリカにその理論を適用した［Lasswell 1941］。しかし、この当時の枠組みでは権力は中心に位置しており、日常レベルの下から支えられた軍事主義を説明できない。単に政治的レトリックだけに注目するのではなく、むしろ地域のセンターや商業のような場所で育まれる日常会話やイベント、さらにはローカルな場所を象徴する記念碑や銅像、さらには軍関係の車両や軍関係者が行き交う際に市民が見聞きする日常のランドスケープやサウンドスケープ[13]に注目することで、そうした軍事の日常性がみえてくる。以下で、カギとなる場所を順に見ていく。

(1) 町

町という場所にあるモノとヒトが織りなすランドスケープとサウンドスケープを考えてみよう。町に走るほとんどの車にはアメリカ国旗が掲げられ、また「軍隊を支援する」と記されているステッカーやマグネットをもっている。そのような行き交う無数の車や飛び交う軍用機の景色と音を経験する日々を想像してみてほしい。そこで日々経験する音はまさしく「内燃機関の音」[Schafer 1977：邦訳 131] である。そこに住む人々にとって、そうした風景と生活音は当たり前のものとなっている。そしてホプキンスヴィルの商工会議所で働くある者は、そこで従事する兵士たちのことを「彼らは忠誠心や敬意を払うことを重んじ、勤勉であり、献身、高潔、誠意を尊ぶ。だからわれわれもそうするのだ」と発言している [Bernazzoli and Flint 2010：161] が、実際に接する中でパーソナリティを理解しての発言という面がある一方で、日々の経験から除去しえない軍という存在の持つ意味をここでは強調しておきたい。なぜなら、人はそうした経験の情報を日々否定的に処理して生活するというよりも、何らかの意味付けをして受け入れながら生きるからである。

(2) アメリカ軍放送網

さらに見逃してはならないのは、町を走る車の中で流れてくる音についてである。AFN (American Forces Network) と呼ばれるアメリカ軍放送網という基地関係者とその家族向けのラジオ (やテレビ番組) があるが、それはもちろん一般人でも聴くことができ、そこで流れる音楽やトークが絶大な影響を持っている。ラッシュ・リンボー (1951-2021年) はその中でも最も著名な人物の一人である。こうした人物は他にも数多くおり、かれらは生活感に根ざしたリベラル嫌悪による誹謗中傷を売りに番組を制作している。ここでは送られてくる内容やメッセージ以上に、その日々繰り返される音体験が記憶に残る点に注目したい。これらを体験する人々の「日常」が軍事主義を支えているということは、とりわけ強調しておくべき点である [cf. Schafer 1977：邦訳 332―35]。

(3) 教　会

またキャンベル駐屯地で任務に就きながら次の戦いに備えている3人の兵士とともに、教会の祈りの場にいた者の発言は以下のようなものであった。「彼ら3人は無事に戻ってくると信じていたし、そのミッションの正当性を信じていた。だから、彼らがそれを信じているというのに、私がそれに疑問を呈すると思いますか？　あそこではそうするつもりさえありませんよ！　彼らは再び家族から離れる準備をしているのです。彼らは再び危険な任務に取り掛かる準備をしている、しかし彼らはその正当性を信じていた。つまり、これが現実なのです。これが、私の通う教会で、この前の日曜日にあったことなんです！」[Bernazzoli and Flint 2010 : 161]。

ここでも教会という場所で毎週日曜日に体験する音と景色（兵士たちが牧師によって行われるミサを静かに聴き、その後の黙祷に捧げる時間）[14]が、住民の脳裏に刻印され記憶の一部を構成しているからこそ、このような兵士像を描き出せるのである。

(4) 地域の奉仕活動

クラークスヴィルで活動する地域のキワニス・クラブを一例に挙げると、そこでは子どもたちに、ボランティア精神と愛国心の涵養と国家の誇りを植え付けるという観点から、様々なプログラムが用意されている。例えば、授業の一環として退役軍人を招き、プレゼンテーションを聴講したり、戦いの経験を語ってもらう。

退役軍人にとっては、未来のコミュニティのリーダーたちに愛国心的な義務感（つまり「兵役」の存在）を植え付けるという極めて重要な任務への意識がある。というのも、兵士への敬意の植え付けが、ひいてはアメリカの軍事的な国家外交政策の各人への受容に繋がることをよく理解しているからである。こうした日常レベルでの平和裏に遂行される軍事教育こそが、兵営国家を永続させることとなる。これが主体化における教育の力であり、自然な形で軍事主義が毛穴から入っていくプロセスである [Bernazzoli and Flint 2010 : 162]。

退役軍人が民間の社会奉仕団体のイベントに定期的に参加し、体験を語る行為が、子どもたちやひいては地域社会に与える意味を考えなければならない。そこで語られている「内容」が大事なのではなく、退役軍人が直接来て声を発し、子どもたちがその声を聞いたという事実とその記憶の方が重要となる。なぜなら、人はよほど暴力的な体験ではない限り、五感で得た記憶を自らの一部として肯定的に吸収するからである。退役軍人の声は、今度は子どもたちの記憶へと変換され、その後自身の幼少期の体験を語る声へと変換されて行く。言説はそうやってコミュニティや社会へ流布していくのだが、見逃してはならないのは、その流布に使われている「声」こそがサウンドスケープを構成している点である。意味の前に音が来る。理解は「音」を経由して醸成される。ここでは意味をめぐる社会構築主義の議論に移る前に、「音＝声」の原体験が打ち込まれていることへ注目すべきなのだ。

(5)　男女の分業と男性の要職への就任

またフォート・キャンベルを利用した町おこしも兵士と町の人々との交流・信頼醸成にとって重要な役割を果たす。兵士との交流を促すようなイベントとして昼食会を設定したり、10km走やゴルフトーナメント（Godfather Golf Tournament）、ピクニックなどのスポーツ・イベントを用意するが、そこで食事を用意する兵士の妻の役割の重要性も見逃せない［Bernazzoli and Flint 2010: 163］。ここでの兵士とその関係者と触れ合うイベントから聞こえる声、にぎわいといった毎年恒例となっている音環境が、各人の記憶の構築をになう。こうして男女の分業体制が日常生活の中で常識化し、そこにはまらない者は浮いていく構造が出来上がる。しかも、その延長として退役後は、市長や村長、議員などになっていくルートが自然に形成されている。というのも、日々の交流の中で、町に住むほぼ全員が何らかの軍事的なコネクションの中に入っていくからである。少なくとも、基地周辺の町に存在する市民社会は、「軍事市民社会」であることがわかる。つまり、ここでは民主主義が機能するかどうか以前に、民主主義的選挙の後に、出てくるであろう結果が「親軍事」的スケープの下に予め作られているということである。

こうして基地を中心にして町・放送・教会・商工会議所・地域の奉仕活動などでの経験が軍事主義を支えていることが見えてくる。ベルナゾリとフリントが、こうした営みを「フレンドリーなファシズム」と呼ぶ所以がここにある。ここでは明らかに、町と基地を自然なものとして生活する者にとっては、何の違和感もなくその体制に規律訓練されているのがわかる。[15] そしてその権力の作動を可能ならしめている媒体が音と映像である。

おわりに──「批判的覚醒」にとって鍵となる日常体験──

以上を踏まえると、軍産メディアエンターテイメント複合体は、テクノロジーの加速によってますます人々の感覚を管理する方向に進む一方で、それと同時並行で、軍事的なものが伏在する市民社会が、基地とともにアメリカ中でしっかりと根を張って広がっていることがわかった。軍産メディアエンターテイメント複合体は、平滑空間・条理空間の双方を縦横無尽に動いている。どちらの軍事空間も国家によって上から押し付けられているのでも、地理的に最初から存在しているものでもない。人が集まり、人々の記憶に軍事的なランドスケープとサウンドスケープが立ち上がると同時に主体も形成されるからこそ、こうした空間が形成、再生産されていくのである。

既存の政治学や国際政治学では、公的、文化発信者、そして言説を強調する傾向があるが、本章では私的、文化の受け手／実践者、感情、記憶といった、しばしば捨象されてきた側面こそが戦争と国家の関係性を親密にさせ、秩序を作り支えている点に注目した。

他方で、アメリカの軍事主義に決して出口がないわけではない。ダーデリアンのいう「批判的な覚醒」が不可能ならば、ではなぜ退役軍人たちは全米規模の市民団体である「平和のための退役軍人の会（Veterans For Peace : VFP）」のような組織をつくり、反戦のための活発な運動を展開できるのだろうか。実際は、軍産メディアエンターテイメント複合体といっても、その形成と展開は、一人一人の市民の手にかかっている。大衆文化が世界政治に果たす役割を甘く見てはいけない［Weldes and Rowley 2015］。リチャード・フォークは問題を発見し、現実の厳しい状況を変革していく先駆的市民のことを「市民巡礼者（citizen pilgrim）」と呼ぶ［Falk 2016］。こうした暴力的文化の中にあっても、そういった行動する一人一人が連なり、運動へと盛り上がっていくことで、アメリカのデモクラシーの麻痺は改善していけるだろう。そして日常的に体験する文化の組み換え如何がその鍵を握っているのだ。

注

（1）もしこのテーゼを本章との関係の中に位置づけるとすれば、アメリカのメディアエンターテイメント産業は、〈帝国〉の中枢にあって、最も激しい戦場の一つということになるだろう。

（2）Army Experience Center については、陸軍の以下のサイトを参照。http://www.army.mil/article/12072/army-experience-center-opens-in-philadelphia, ２０２１年3月2日閲覧.

（3）現在はＡＡに限らず、『荒野行動』（２０１７年）や『エーペックス・レジェンズ』（２０１９年）、『コール・オブ・デューティ』（２０１９年）などの、ＦＰＳと呼ばれるオンライン・シューティングゲームの世界的浸透には目を見張るものがある。これらがプレイヤーの主体形成に果たす役割についての研究は始まったばかりであるが［Cf. Bos 2015 ; 2018］、日本の国際政治学ではほとんど研究が進んでいない状況である。

（4）『朝日新聞』（２０２０年8月27日）「黒人銃撃、再び争点に浮上　白人少年はデモ隊殺傷の疑い」（https://www.asahi.com/articles/ASN8W5TK7N8WUHBI019.html, ２０２１年3月2日閲覧）.

（5）ボードリヤールの「湾岸戦争は起こらなかった」［Baudrillard 1995］という主張はこの文脈においてこそ、正しく理解できる。湾岸戦争としてスクリーン上に現れた、攻撃の光や爆撃は、ずっと以前からシューティングゲームの体験で先取りされていたわけであり、湾岸戦争はその何度も繰り返されてきたハイパー・リアリティを、ただ実演したに過ぎないということである。

（6）『ダイハード』シリーズであればエンディングで Vaughn Monroe の Let It Snow が流れることがお約束となっていたり、『アルマゲドン』であればＡＥＲＯＳＭＩＴＨの I Don't Want To Miss A Thing がエンドロールで流れるなど、さらには効果音も含むサウンドトラックが文化主体をどのように構築するのかは重要なテーマである。こうした映画音楽は流れた瞬間に映画の内容を断片的にでも人々の脳裏に蘇らせる。この音楽のもつ連想効果が暴力的文化の再生産に果たす役割は掘り下げるべきテーマといえる。

(7)「マイノリティ・リポート」は、9・11後のアメリカでテロリストをあぶり出そうとしたブッシュドクトリン展開の文脈と重なりながら見られていたという指摘がある [Weber 2006 : 119]。

(8) 例えば、ハンヴィーとハリウッド映画の密接な関係については前田［2011］を参照。

(9) ただし、ペンタゴンは様々な修正要求を各作品に出している [Robb 2004]。

(10) 例えば、『G. I. ジェーン』（1997年）では、デミ・ムーアに対して軍事トレーナーを引き受けている。

(11) CBS Newsでのテーザー銃の体験型報道の動画はQRコード①、Fox Newsの体験型報道でテロ容疑者を水責めにする尋問方法に対する体験型報道はQRコード②、をそれぞれ参照。

(12) 陸軍・海軍・空軍・海兵隊・ワシントン本部の用地数は、それぞれ1665、832、1509、111、132である [US Department of Defense 2010 : 9]。

(13) サウンドスケープとは耳で捉えた風景（＝音の風景）のことであり、生活の中で流れてくる音で構成される環境を指し示す概念である。サウンドスケープは、見られたものではなく、聴かれた事象によって構成される [Schafer 1977 : 邦訳 28]。

(14)「沈黙が音に先行する場合、強い期待感がその音をより刺激的なものにする」[Schafer 1977 : 邦訳 366] とのシェーファーの指摘をこの文脈で捉えなおすと、教会での静かな時間こそ、教会の外で経験する様々な出来事にアクセントを与える役割を果たしているとさえ言いうる。

(15) ベルナゾリとフリントは、これを規律訓練権力によって説明してはいないが、これは上から下へ流れる伝統的な権力観では十分に説明できない事象であり、むしろ下からくる権力が作動しているからこそ立ち現われている現実なのである。

参考文献

〈邦文献〉

土佐弘之［2004］「世界内戦化とリンチ的暴力――『市民的』不服従のアソシエーションへ」、『現代思想』32（9）。

前田幸男［２０１１］「自動車―近代的自動車―戦争・文化・環境を連動させる近代的矛盾の装置」、佐藤幸男編『国際政治モノ語り――グローバル政治経済学入門』法律文化社．

〈欧文献〉

Barthes, R. [1973] *Le Plaisir du Texte*, Paris : Éditions du Seuil（沢崎浩平訳『テクストの快楽』みすず書房、１９７７年）.

Baudrillard, J. [1995] *The Gulf War Did Not Take Place* (P. Patton, Trans.), Bloomington : Indiana University Press.

――― [2002] *L'esprit du terrorisme*, Paris : Galliée（塚原史訳『パワー・インフェルノ』ＮＴＴ出版、２００３年）.

Bernazzoli, R. M. and Flint, C. [2010] "Embodying the Garrison State? : Everyday Geographies of Militarization in American Society," *Political Geography*, 29 (3).

Bos, D. [2015] "Military Videogames, Geopolitics and Methods," in Caso, F. and Hamilton, C. eds., *Popular Culture and World Politics : Theories, Methods, Pedagogies*, Bristol : E-International Relations Publishing.

――― [2018] "Answering The Call of Duty : Everyday Encounters with The Popular Geopolitics of Military-Themed Videogames," *Political Geography*, 63.

Butler, J. [1997] *The Psychic Life of Power : Theories in Subjection*, Stanford, Calif. : Stanford University Press.

Cumings, B. [1992] *War and Television*, London ; New York : Verso（渡辺将人訳『戦争とテレビ』みすず書房、２００４年）.

Der Derian, J. [2009 [2001]] *Virtuous War : Mapping the Military-Industrial-Media-Entertainment-Network*, New York : Routledge.

Falk, R. A. [2016] *Power Shift : On The New Global Order*, London : Zed Books（前田幸男・千葉眞・小林誠・小松崎利明・清水奈名子訳『パワー・シフト――新しい世界秩序に向かって』岩波書店、２０２０年）.

FOX News [2004] "*H'Wood Consultant One of Civilian Deaths in Iraq*, April 2" Retrieved October 1, 2011, from FOXNews.com (https://www.foxnews.com/story/hwood-consultant-one-of-civilian-deaths-in-iraq, ２０２１年9月30日閲覧).

Hall, S. ed. [1997] *Representation : Cultural Representations and Signifying Practices*, London : SAGE.

Hardt, M. and Negri, A. [2004] *Multitude : War and Democracy in the Age of Empire*, New York : Penguin Books（幾島幸子訳『マルチチュード』ＮＨＫ出版、２００５年）.

Lasswell, H. [1941] "The Garrison State," *The American Journal of Sociology*, 46（4）.

Robb, D. L. [2004] *Operation Hollywood : How the Pentagon Shapes and Censors the Movies*, New York : Prometheus Books.

Schafer, R. M. [1977] *The Tuning of The World*, New York : Alfred A. Knopf（鳥越けい子・小川博司・庄野泰子・田中直子・若尾裕訳『世界の調律――サウンドスケープとは何か』平凡社，２００６年）.

Shapiro, M. J. [2009] *Cinematic Geopolitics*, New York, N.Y. : Routledge.

——— [2011] "The Presence of War : "Here and Elsewhere"," *International Political Sociology*, 5（2）.

Stahl, R. [2010] *Militainment, Inc. : War, Media, and Popular Culture*, New York : Routledge.

Tuosto, K. [2008] "The "Grunt Truth" of Embedded Journalism : The New Media/Military Relationship," *Stanford Journal of International Relations*, X（1）.

US Department of Defense [2010] *Base Structure Report : Fiscal Year 2010 Baseline*, Office of the Deputy under Secretary of Deffense : Washington, DC.

Virilio, P. [1984] *Guerre et Cinéma I : Logistique de la Perception*, Paris : Editions de l'Etoile : Diffusion, Seuil（石井直志・千葉文夫訳『戦争と映画――知覚の兵站術』平凡社，１９９９年）.

Weber, C. [2006] *Imagining America at War : Morality, Politics, and Film*, London : Routledge.

Weldes, J. and Rowley, C. [2015] "So, How Does Popular Culture Relate to World Politics?," in Caso, F. and Hamilton, C. eds., *Popular Culture and World Politics : Theories, Methods, Pedagogies*, Bristol : E-International Relations Publishing.

Wolin, S. S. [2004] *Politics and Vision : Continuity and Innovation in Western Political Thought*, Princeton, N.J. : Princeton University Press（尾形典男・福田歓一・佐々木武・有賀弘・佐々木毅・半澤孝麿・田中治男訳『政治とヴィジョン』福村出版，２００７年）.

——— [2008] *Democracy Incorporated : Managed Democracy and the Specter of Inverted Totalitarianism*, Princeton : Princeton University Press.

第9章

グローバルとローカル
――佐渡から見るソフトパワーとしての「鼓童」――

細田晴子

はじめに

佐渡は本土からカーフェリーで2時間半、ジェットホイルでも約70分かかる離島である。しかし、佐渡は単なる孤島ではない。鎌倉時代以降順徳上皇、日蓮、世阿弥などの高等流人が居住した。さらに江戸時代には金銀山のために天領となり、江戸から役人が多く赴任した。船が運搬の中心であった時代に、佐渡は北前船、樽廻船・菱垣廻船等の寄港地であり、上方の文化が流入する一方、北海道との交流もあった。そうして伝わった文化は島に積み重なって出て行かない(1)。そのため、島内外の文化を受け入れ交流してきた佐渡は、「文化のふきだまり」[佐渡市世界遺産推進課他 2008：114]とか、旅する民俗学者と呼ばれた宮本常一らには「日本の縮図」などと言われてきた。世界から海によって区切られ、社会的・文化的な重層性が見られるのである。

そうした佐渡に拠点を置く太鼓芸能集団鼓童は、「和太鼓」という新しいジャンルを開拓した第一世代の一つといわれ、佐渡に昔からあるものを提示したのではないが、主に地方の芸能を研究し日本各地のものを積み重ねたという意味では佐渡的といえよう。また、鼓童は海外への広がりを持つ文化団体である。日本のパブリック・ディプロマシーと深く関係がある上に、ポスト・コロナ時代、ウィズ・コロナ時代における課題を考え、その先を見据えた芸術によって未来を構築するグローバルな団体である。

鼓童の研究については、鼓童自体［鼓童文化財団 2011］や鼓童出身者［林 2017］の出版物がある。そのほか、地理学の専門家による分析［山本・神谷 2013］は、鼓童の発展とその過程で形成された奏者の再生産システムおよび鼓童の公演と市場の特徴について論じている。本章では、この音楽（太鼓）による発信者鼓童が、グローバル化する世界で日本のパブリック・ディプロマシーの一端を担うなど政治とも絡みながら、いかにローカル・グローバルの間を自由に「越境」しているかを検討する。

1　伝統と創造――太鼓の歴史――

呪術から創造へ

太鼓に宿る神秘性の源は何か。日本では、大空に向かってそびえる大樹には神が宿るとして、信仰の対象であった。その木をくりぬいて作成された太鼓は、雷のような音で雨を呼んだため、強い霊力があるとされた［鼓童文化財団 2011：105］。また、太鼓には牛の皮が使われるが、大きく皮下脂肪が少ない牛は多くはない。鼓童の前身の鬼太鼓座時代から参加し1982年に鼓童を退団してからも太鼓独奏者として世界で活躍している林英哲は、他の楽器にはない神秘が太鼓に感じられる理由を、太鼓に皮と木の命が宿るためと考える［林 2017：159］。

さらに、伝統楽器として2000年以上の歴史のある日本の太鼓は、近代以前は宗教儀式や祭りに使用されてきた。すなわち、個人が好きなときに創造的に音楽を作り出すのではなく、決まったパターンを決まった状況で打つための道具であったため、呪術的な力がある太鼓のパワーはコントロールする必要があると考えられた［和泉 2008：163］。ところが、文明開化、2つの世界大戦を経て西洋化した日本では太鼓はすたれていた。呪術性のあるコントロールすべき太鼓から脱した現在の「和太鼓」といわれる楽器の演奏スタイル（パフォーマンス音楽）は、1950年代に「御諏訪太鼓」を結成したジャズドラマーの小口大八をはじまりとする。それまで複数人では演奏されていなかったところ、彼は伝統的な民俗芸能とは一線を画す、伝統的太鼓をいくつも組み合わせた「組太鼓様式」を提唱した。〔和泉2007：56；和泉2008：163〕。和太鼓の「和」は「日本風の」を意味せず、「調和」や「和合」の和を意味した。山本は、「和太鼓」を『「伝統に捕らわれずに、好きな組み合わせをして、好きなリズムを叩く」ことから出発した芸能』と定義した。また「和太鼓」の確立の第一世代として、御諏訪太鼓のほかに、鬼太鼓座・鼓童・林英哲などを挙げる〔山本2002：38―39；40―48〕。

伝統的な呪術性・神秘性に、創造的な要素が加わった鼓童では、身体感覚を大事にしている。林は、故郷を持たない太鼓打ちは、風、土、水になってみる、「原始のイメージを肉体化できなければならない」という〔林2017：16〕。鼓童の人々は、そうした五感を体現する訓練には、自分の中の「感」に通じるものが溢れる佐渡が適した場所だと考えていた。〔鼓童文化財団2011：127；141〕。佐渡では一般の村人も舞ってきた能・地域の鬼太鼓を通じ、人々の身体感覚が研ぎ澄まされ、積み重なってきたのであろう。

2　特殊な普遍――鼓童の歴史と国際交流――

(1)「辺境」から世界へ

周防大島出身の民俗学者、宮本常一は、全国の離島をめぐっていたが、離島振興法の成立（1953年）にも、全国離島振興協議会初代事務局長として関係した。1958年初めて来島して以来佐渡への興味を持ち、何度も島を訪れていた宮本は、人づくりから始めよ、島の外からよそ者の目線が大切だと強調し、農業の促進、博物館活動、伝統芸能の復活による観光事業の活性化を考えた〔佐野2001：177；180―183〕。具体的には、島の産業におけさ柿を含め、北前船で栄えた小木に民族博物館を設立し、鬼太鼓によって島おこしを企図した。

一方早稲田大学の中国文学を専攻した田尻耕三（田耕《でんたがやす》 1931–2001年）は、1952年の血のメーデー事件で退学して宮本常一に教えを請い、各地をめぐるうち佐渡と出会った。観光地化された鬼太鼓を見て感じた、「伝統芸能の復活を通して佐渡の若者たちに自信を回復させたい」という願いが、宮本の教えとマッチした［佐野 2001：180—83］。東洋の端の日本が世界の文化の吹きだまりならば、佐渡は日本の中で同様の立場にあると考え、ヨーロッパの端の島国から世界的に有名になったビートルズを引き合いに出し、「最も辺境だからこそ、最も可能性がある」と考えた［林 2017：255］。田尻は佐渡に拠点を置いて佐渡の若者を集め、「佐渡の國鬼太鼓座」を設立しようとした。

毛沢東の思想を信奉する田尻は、敗戦で反米思想を持ち、文化によって米国に対抗しようと考えた[2]。しかしながら田尻は佐渡の若者を集められず、全国から若者を集めることとなった。集まったのは安保闘争、高度経済成長後の日本を憂い、学生運動の敗北・無力感を有しつつも先鋭化しない若者たちで、その中でも特に学生は、「社会に対する不満、また西洋化の中で伝統文化に触れる機会を持てず、アイデンティティーと独自の表現手段を模索」していた［菅野 2009：67］。

彼らは太鼓に関しては全くの素人集団であったが、田尻の広報力は優れていた。素人集団は日本の芸能に太刀打ちできないので、まず国外でインパクトをと、1975年ボストンマラソン完走後に太鼓をたたくパフォーマンスを行い、翌年アメリカの「タングルウッド音楽祭」で、世界的指揮者小澤征爾の指揮で、ボストンシンフォニーと「モノプリズム」を演奏するに至った。

しかし林を含め、集まったメンバーたちには、田尻の世代のような敗戦による「屈折した感情」はなかった［林 2017：126］。彼らは佐渡に伝統文化の学びの場を作りたいという思いを強め［菅野 2009：69］、映画を作成しようとした田尻と意見を異にするようになる。1981年田尻が脱退した佐渡の鬼太鼓座は、鼓童と名乗った。アメリカに勝ちたい、という意識で始まった鬼太鼓座を変革したいと思った林は、「怒りや復讐、意趣返しのネガティブな太鼓から解放され、肯定的でポジティブな太鼓のイメージに包まれ」、命とつながる鼓動と音を重ねて「鼓童」と命名した［林 2012：45：52］。そして同年鼓童は、ベルリン芸術祭でデビューを果たした。

鼓童は日本各地に伝わるリズムや踊りを学びながら、従来用いられなかった演奏技法も使用し、伝統と創造をあわせて高い芸術性を加え世界の音楽へと昇華させてきた［和泉 2008：163］。鼓童は佐渡の伝統芸能を継承・保存する団体ではなく、村落にそれぞれ伝わる伝統芸能の鬼太鼓から直接的な影響を受けて生まれたわけではない(3)。前身の鬼太鼓座が日本の伝統的な芸能へのこだわりがあったのに対し、鼓童は日本各地の音楽のみならず、世界各地の音楽を導入し、佐渡という「縁辺地域」から自然を取り込んで地球的な普遍性を感じさせ、異なる市場を開拓していった［山本・神谷 2013］。鼓童はその始まりから、「世界」を意識していたのである。

(2)　世界での和太鼓

和太鼓は、世界では当初ものめずらしさ、オリエンタリズムの色眼鏡を通して見られていた。国外での日本の舞台芸術は、ビジュアル・パフォーマンスが重視され、和太鼓も西洋音楽のように起承転結を持って作曲・編曲され、振り付けにより視覚的にも楽しめるよう作成された［和泉 2007：57］。海外における太鼓の「ビジュアル」のイメージは、1958年にベネチア国際音楽祭にて金獅子賞を受賞した、人力車夫の主人公太鼓を打つシーンを見せ場とする「無法松の一生」が影響しているのであろう。アメリカ西海岸に1969年設立された日系アメリカ人による和太鼓グループも、パフォーマンス太鼓の例としてこれをヒントにした［和泉 2008：153］。1975年、鬼太鼓座が初めて入場料を取ったパリ公演の際、デザイナーのピエール・カルダンが、褌での演出を提案して以来、褌による和太鼓演奏が定着するようになった［Bender 2010：鼓童文化財団 2011：58］。

「和太鼓」が流行った一因として、鼓童文化財団専務理事の菅野敦司氏は、非言語性（能や歌舞伎にみられるような言語の壁がない）・打楽器の普遍性・見た目の日本性（オリエンタリズム）を挙げている。1964年東京オリンピック・1970年大阪万博における芸能の紹介により、世界へ太鼓に対する興味が広まっていたのではないかという(4)。

一方、日本の太鼓は太平洋戦争後の北米では別の方面に「進化」していた。ラディカルな批判的政治見解を表現する重要な文化的手段となったのである。つまり戦後太鼓は、アメリカやカナダ社会のマイノリティとしての日系三世のエスニック・アイデンティティの涵養に重要な役割を果たす一方、和太鼓奏者にとって政治的表現の手段となっていった。またそれは、マイノリティ（女性の演奏者も増加）の主張の手段としても使われた。和泉は、太鼓が敗戦で自信を失った戦後の日本人に伝統文化を再び誇りに思える一つのきっかけを与え、各地に点在していたローカルな伝統芸術がナショナルなレベルで再認識され、世界的知名度が得られるようになったと主張する［和泉 2007：55：57：65―69］。米国で公演を行った鼓童は、こうした現地のグループとも交流している。

(3) 世界での鼓童の評価と発信

では、鼓童はどのようにして国際交流の中で重要な位置を占めるに至ったのだろうか。

鼓童が世界展開を行おうとする時代の音楽事情といえば、1970年代のレゲエの流行からポピュラー音楽産業によるプロモーションがはじまり、80年代のライブ・エイドなどのチャリティ・ロック・イヴェントが行われ、社会問題への関心が高まっていた。1980年代半ばには、「ポピュラー音楽の領域で非主流的（端的にはアングロ―アメリカ的ポップ／ロック音楽以外のもの）を包摂する用語」として「ワールドミュージック」が使われるようになった。輪島によれば、「ワールド・ミュージック」（ワールド・ビート）は「西洋的」で、多国籍音楽産業が担い手であった。ただし、その音楽産業は、「「ローカル」な音楽文化の変容及び再編制・再構築を生み出すエージェントとしても機能している」という［輪島 2001］(5)。

この1970年代から80年代にかけて、日本全国で、政府や以前の民間とは関係ない地域から、独自の視点や発想でトランスナショナルな関係を構築していく第二の民間の国際交流活動が日本全国で出現した［芝崎 2020：36：平野 1999：286］。一方80年代後半に、文化を異にする人々が交流を通じて、ともに文化を変えていく、「共生」の理念が日本の国際交流関係者の間で提起された［平野 2000：182］。

外務省所管の特殊法人として、1972年に設立された国際交流基金は、2003年より独立行政法人となった。棲み分けはあいまいであるものの、外務省では日本大使館・総領事館を通じて日本文化紹介事業、文化庁では文化交流使派遣などの事業、国際交流基金は文化芸術交流活動を支援している。鼓童は結成直後1984年、国際交流基金などの助成を受けて6カ月にわたる「ワン・アース・ツアー」を行っている(6)。「共生」という意味でも、鼓童は国際交流の理念にあてはまる。2001年12月日本人アーティストとしては初めてノーベル平和賞コンサートに参加した。

鼓童は、世界ではどう評価されていたのか。1988年のニューヨークタイムズ紙は、「鼓童を日本の伝統的なパフォーマンスアートの生きた貯蔵庫」とするニューヨークやパリの論評に対する、鼓童の菅野氏の反論を掲載している(7)。1987年のワシントンポスト紙は、佐渡で修道士的な生活を送り、「新しいグローバル文化」を模索する団員は、舞台ではボクサーのようにアグレッシブと評した(8)。2005年の同紙は、観客が巨大な儀式の中に浸っているように感じ、団員が「カンフーや映画のヒーロー・ヒロインにみるようなやさしい脅威のようなものをかもし出している」と評している(9)。スペインでは2006年に「音楽や演出のほかにも、大太鼓などのもつ美的効果」「最も良かったのは演奏家の筋肉の巧みさ(10)」とする評論家がいた一方、2014年には、演奏家は「音楽家か、修道士かはたまた戦士か」、「日本の伝統的文化の表現でよくあるように、儀式のような規律と正確さをもつ動きであるが、まさにその下には、獰猛な、暗い、地の、先祖がえりした力が脈打っている」と評している(11)。このように形容詞もバリエーションがあり、音楽そのもののみならずパフォーマンスを含めた舞台芸術も評価され、伝統的な日本、中国的、グローバルと、受け手のとらえ方は様々である。

いずれにせよ、鼓童の活動により国外での「和太鼓」人気が加速し、鼓童に限らず「和太鼓」のパフォーマンスを望む聴衆が増加したといえる。その証拠に、元団員の活躍も目覚しい。文化庁の文化交流使派遣事業に文化交流使として平成24（2012）年度には鼓童団員、元団員は平成25（2013）年度、26（2014）年度（林英哲）に選ばれている(12)。

現地では鼓童に触発され、太鼓の人気が拡大し、費用が低く抑えられるその他の太鼓を呼びたいという話も出、鼓童以外の和太鼓奏者も派遣されている。現在、鼓童は文化庁の公式ユー・チューブの中の、「日本文化の海外発信」の中の「音楽」という分類に掲載されており、掲載された二つの団体はいずれも和太鼓である。[13]

和太鼓は移動に労力・人数も必要とし予算もかかるため、外交関係樹立の周年事業などの大型文化事業のような、大規模な支援が必要である。[14] ただし、現地に現地経費等を負担してくれる主催者がいれば、主催事業ではなく、助成事業でも対応できる。[15] 前述のように大規模な鼓童にこだわらず他の和太鼓奏者を派遣することも考えられる。大規模な支援を必要とする和太鼓・鼓童がパブリック・ディプロマシーの旗手として選ばれてきたのは、菅野氏の言う「視聴覚によるインパクト」に加え、国外における「影響力」「波及力」により国外の受け入れ側の体制も整いつつあったからではないか。

3　ローカルに根付いたグローバル

(1)　芸術と経済

アサヒビール芸術文化財団を立ち上げた加藤は、日本では従来、芸術文化の振興は市場原理にはなじまぬ「公共財」とされ、行政は「無難」な芸術文化だけを振興するという循環に陥っていたが、経済と文化は二者択一ではなく、相補関係にあると主張する〔加藤 2018：25：98〕。実際、すでにイギリスではエディンバラ、オークニー諸島など、経済をまわすことを考慮し、芸術家により地域が活性化している例もある。[16] 2018年より文化庁も歴史文化を活かしたまちづくりを目指し、地域の連携・協働を推進するプラットフォーム作りをはじめた。また社会の多様化が進み、地球環境問題も深刻化するなかで、現在は市民社会側のプレーヤーも多様化している。NPOや財団に加え社会的起業の活動も活発化し、既存の企業もESG（環境、社会、ガバナンス）への取り組みを行うようになってきた〔鈴木 2020：

24］。

一方80年代以降、もともと暮らしの中に存在した芸術文化が、美術館・コンサートホール・劇場などの箱物文化施設から町なか・里山・里海に解き放たれ、地域の課題に着目しながら創造拠点を作る「アートプロジェクト」が徐々に拡大してきた。これらは芸術文化が囲い込まれず、社会に開いており、一般の人にも見えやすいという特徴がある。また、芸術文化を再び生活の中に取り戻そうとし、同時に世界的視点にも立って課題解決に取り組もうとする。作品の質や出来というより、「その地域でどれだけきめ細かく、人々とともに考えともに汗を流したかが重要」だという。［加藤 2018：218：234―36］。後述する十日町市の「大地の芸術祭」、鼓童の「アース・セレブレーション」はその好例であろう。

前例のない状況に対処していくには、芸術と経済の相互関係を勘案しつつ、箱物に頼らない、小回りのきく、地方発の芸術が牽引役になってもよいのではないか。加藤は、「規模は小さく過疎地であっても、世界で認められて地域社会の価値が上がる」と指摘する［加藤 2018：374］。鼓童は「政治や経済では無く、文化の力を通じて具体的な提案を行ってい」くのを原点とする［菅野 2009：66］が、宮本が企図したように、鼓童は佐渡島の活性化・知名度向上に貢献するのみならず、政治や経済をも巻き込む力に成長しつつある。以下、鼓童がどのようにそれらを巻き込んでいったのかを明らかにする。

(2)　地球と共感共同体

世界展開を繰り広げる鼓童であるが、国内では、観客を集めやすい国や大都市だけのショービジネスではない［鼓童文化財団 2011：131］。それを証拠に日本では、県庁所在地に限らず人口7000人程度の自治体でも公演を行っている［山本・神谷 2013：64］。また、行政と連携し地元とのコラボレーションも行ってきた。最も有名なのは、アース・セレブレーションである。鼓童は、国内外のアーティスト・文化人と多様な文化を交錯させ「新しい地球文化」を創造しようと、１９８８年国際芸術祭のアース・セレブレーションをはじめた(17)。

アース・セレブレーションは屋外のステージで行われる。世界的な「アース」であるとともに、地元・大地としての「アース」の意味もある。ここでは、「たたく」をテーマにコンサートやワークショップ、講演などを通じて文化交流・人間交流し、佐渡を拠点として地球規模の絆を強めようとしている［鼓童文化財団２０１１：１５５］。１９８４年に富山県の利賀フェスティバルに参加した経験(18)が、その後のアース・セレブレーションへの刺激となったのである。アース・セレブレーションは、１９９４年国際交流基金地域交流振興賞を受賞し、１９９８年ニューヨーク・タイムズ紙に「日本で最先端のワールド・ミュージックイベント」と評された。

鼓童は当初から各地の太鼓や民俗芸能、そして海外ツアーにより世界の多くの国に太鼓グループ、さらにはバレエやサーカス、映画とも協働する［鼓童文化財団２０１１：９７：１１７］。アジアでも、２００２年中国映画『ＨＥＲＯ』の音楽を担当し(19)、同年の日韓ワールドカップ関連イベント（ファーストマッチ前文化イベント、オフィシャルコンサート、決勝戦前夜祭）に出演し、ＣＤアルバム『2002 FIFA World Cup Korea/Japan 公式アンセム』発売した。２０１７年には、無生物――歌声のシンセサイザー、初音ミクとのコラボレーションでスペシャルライブを行った。

こうして鼓童を中心とする和太鼓は、西洋音楽の「覇権」を乗り越えるというよりはむしろ協働し、文字どおり「ワールドミュージック」となり、さらには日本の伝統文化についても考えさせている。そのため、国の側からも、鼓童による対外的発信を念頭に、国内でのインパクトも期待されている。２０１９年度の文化庁の戦略的芸術文化創造推進事業に採択された。この事業の課題が、「（ｉ）我が国の文化芸術による国家ブランドの構築と経済的価値等の創出や国際発信力を高めるための新たな展開に関する取組（ⅱ）地方や離島・へき地等において、優れた文化芸術活動を鑑賞・参画する機会と社会的価値等を創出する取組(20)」であったため、発信力があり離島に拠点を置く鼓童にマッチしたのであろう。

２０２０年開催予定だった東京オリンピック前後の日本博（事務局は日本芸術文化振興会）のなかでは、「日本博を契機とする文化資源コンテンツ創成事業、国際的文化フェスティバル展開推進事業（長期開催型）として、アース・セレブレーションが採択されている。この事業の目指す、「国内外への戦略的プロモーションを推進」し、「観光インバウンド需要回復を狙」うものであった。同じ新潟県の十日町市のアートフェスティバルの「大地の芸術祭」も採択されている[21]。ただしこれらは、国内での活動のための支援である。

平野はすでに90年代末に、公的な国際交流活動が一方的ではなく、時には地方自治体や草の根レベルの活動とあいまって、公的な活動が意図せざる文化接触・文化変容をおこしていると述べていた。国家間から、人々の相互理解へと進んだ国際交流は、違いだけではなく共通点も見出すようになり、「地域（リージョナル）コミュニティおよび世界（グローバル）コミュニティにともに属しているという感覚を徐々に共有するようになるであろう」と予言していた［平野　１９９９：２８９—２９０］。鼓童はまさに「日本文化」を発信していながら、世界の中で共感できる部分が受け取られ、国内外で新たなコミュニティを形成している。

(3)　コミュニティと共感共同体

鼓童は、より地域に密着した活動をも展開している。１９９６年には、廃校となった佐渡の岩首中学校を鼓童の研修所としている。１９９８年には、同集落の鬼太鼓に研修生の参加が可能となった［山本・神谷　２０１３：６０］。２０１８年には、「響く島。ＳＡＤＯ」をスローガンに、「さどの島銀河芸術祭」をはじめとする佐渡島内のイベントと連携し、プロジェクト全体（開催期間4〜10月）では人口以上の延べ6万５０００人の客をむかえる[22]（佐渡島の人口は２０２１年現在約5万２０００人）など、あきらかに佐渡自体のプロモーションに重要な役割を果たしている。

さらに鼓童は、健康増進・介護予防フィットネス・プログラム、エクサドン（エクササイズ＋佐渡＋ドンの造語）を２０１４年より開始した[23]。これは、太鼓を通じて参加者が互いに学び、助け合い、心を通わせる、「こころの中に平和をつくる活動（こころの世界遺産づくり）」である[24]。令和2年度には文化庁の委託事業「和太鼓で健康増進・社会包摂を実現する「エクサドン（EXADON）」プロジェクト」となった。[25] 加えて、環境保全と地産地消の観点から、地場産の杉材の間伐材を使用した家具（アースファニチャー）も開発した［菅野 2009：74–75］。

近年地域の人々の間の絆形成は祭りだけでは難しくなったが、太鼓が新しい芸能として地域を越え隣村まで拡大した。さらにコロナ禍で、国内外における信頼できるコミュニティのあり方が見直され、その重要性が明確となった。菅野氏は地域の風土に育まれてきた芸能が、「自然との共棲の知恵を含み、人のぬくもりを持ったコミュニケーションの媒体として、コミュニティーの絆を取り戻し、地域に活力を取り戻していく」可能性を秘めている［菅野 2009：70：75］と考える。

地元に根ざしつつも、非言語的に感じるものであったからこそ、世界に共感を持って受け入れられた鼓童であったが、コロナ禍で同じ空間の体感が不可能となった今、新しい道を開拓している。菅野氏によれば、2020年、無観客で配信してもコンサートの合間のトーク、休憩時間に世界中からコメントという反応を得て、出番を待ちつつ言語化でき、「音の可視化」を通して、言語化で新たな発見もあったという。今後は他の太鼓集団との差別化のため、音を出すために必要な準備など、哲学、物語を言語化していきたいという。[26] 音楽を言語化するのは、評論家だけではない。音楽は表現の手段であり、芸術家と観客の間の柔軟に変容するコミュニケーションの手段であることが改めて明らかになった。

イギリスの文化史家ヒューイソンによれば、「デジタル化によって可能になった自己生産的な文化の新たなかたちは、よりコミュニティを基盤とし、より民主的」だという。すなわち、デジタル化によって、人々の間の創造的な関係が発展し、所有権が重要視されなくなり、開かれた公共領域の空間では、文化活動が共同行為となり、多様性が尊重され、協力して意味づけが行われる。それが越境的な発展の源になるという［Hewison 2014：邦訳 286―287：291］。公の意図した「国際交流」によって、「外」から評価された鼓童は、コミュニケーションを通じ、国内外のコミュニティを形成し、佐渡における「自己生産的な文化」という新たな形を生み出してきている。

文化資本が社会資本を拡大させ、相互の寛容性を増やし、協調を促し、信頼を生じさせる。その信頼が創造性を生み、危機の時代には安心感を与える［Hewison 2014：邦訳 299］のであれば、鼓童はまさに、五感で感じる太鼓という普遍性から始まり、公の支援により国外で評価され逆輸入され、地元で「自己生産的な文化」としてショーから体験・参加型へのプログラムに重点を置き始めた。コミュニティの中で寛容性を高め、協調を促し、共同行為に意味を与えながら信頼を構築するための触媒となっているのではないか。

おわりに――Think globally, act locally――

発信者（芸術家）は、それを支援する公権力が意図した方向に進まず、無意識に別の方向に解釈して表現することもある(27)。一方受け手のほうも、公権力・発信者の意図とは異なる解釈をすることもある。さらには、公権力の側においても、パブリック・ディプロマシーの手法は世界情勢・現地の受け入れ体制により常に変容している。それらがどの程度の相互作用を及ぼしたかを数値化、明文化して実証することは容易ではない。

しかし一つ言えることは、佐渡の鼓童の場合はカネ・モノ・ヒト・情報のグローバル化の時代、「越境的な発展の源」として、そのコミュニティは国境を越え、国民国家の枠組みを超え、日本のパブリック・ディプロマシーが意図した以上の化学変化、交流をもたらしていることだ。それは提示してきた数多くの助成、国内外のアーティスト・地元との協働が物語る。

国際文化交流現象の本質が、「文化要素と人間の出会いの場」であり、絶えざる変容のプロセス［芝崎 2020：12］であるならば、重層的な文化が息づく佐渡において、鼓童は日本の伝統文化の歴史や、各地・世界の文化との出会いを積み重ねて、「自己生産的な文化」創造にもかかわっている。さらには「政治と音楽」のみならず「経済と音楽」にもつらなり、地域と世界のあいだで相乗効果を生み出している。1978年に宮本常一が、鬼太鼓座座員に向けて夢を持たせようと述べた、「国際性を持つ、根を下ろす、育つ、中央集権ではなく地域主義として地域のエネルギーが国をいきいきとさせる」［鼓童文化財団 ２０１１：６２―６３］という言葉がよみがえる。

注

（１）「さど芸能」（平成29、30年度文化庁文化芸術振興費補助金）（https://sado-geinou.com/history/index.html, ２０２１年７月20日閲覧）

（２）山本・神谷は、鼓童を「高度成長期に対抗文化形成を目指した運動としての側面を持つ」と見ている［山本・神谷 ２０１３：５９―６０］。

（３）ただし、近年は鼓童文化財団研修所のカリキュラムで地元の伝統芸能の鬼太鼓を教わり、これを題材とする演目も演じられた。「鼓童」（https://www.kodo.or.jp/about/faq, ２０２１年７月20日閲覧）。

（４）菅野敦司（公益財団法人鼓童文化財団専務理事）へのインタビュー、佐渡、２０２０年10月24日。御諏訪太鼓は、東京オリンピックの開会式、大阪万博に出演している。

（５）輪島は同論文において、ワールド・ミュージックとは何かについて回答を与えるのではなく、その研究について検討するとしている。

（６）菅野敦司（公益財団法人鼓童文化財団専務理事）へのインタビュー、佐渡、２０２０年10月24日。

（７）“Kodo Drummers Hone Bodies as Well as Skills,”（1988/1/3, The New York Times,（https://www.nytimes.com, ２０２１年５月24日閲覧）.

（８）“The aggressive beat of Japan's Kodo,” 1987/2/21, *The Washington Post*（https://www.washingtonpost.com, ２０２１年７月20日閲覧）.

（９）“Kodo : Kung Fu Drummers,” 2005/3/21, *The Washington Post*（https://www.washingtonpost.com, ２０２１年７月20日閲覧）.

（10）“Tradición milenaria puesta al día,” 2006/4/21（https://www.lavanguardia.com/, ２０１２年５月25日閲覧）.

（11）“¡Dale que te pego, !” 2014/7/28, El país（https://elpais.com/espana/, ２０２１年５月25日閲覧）.

（12）「文化庁」（https://culturalenvoybunka. go. jp/, ２０２１年５月１日閲覧）。

(13) もう一団体のDRUM TAO（１９９３年設立）は斬新な衣装で、太鼓の演奏が中心ではない芝居仕立ての演出である（https://www.bunka.go.jp/koho_hodo_oshirase/international_dissemination/index.html, ２０２１年５月１日閲覧）。

(14) 例えば２０１４年には、鼓童は国際交流基金主催の日西交流４００周年行事の一環としてスペイン、フランスで「打男　ＤＡＤＡＮ」を演奏した。２０１８年には国際交流基金の助成により、ジャポニズム２０１８のプログラムの中で、フランスで公演を行った（https://www.kodo.or.jp/performance/performance_kodo/8493, ２０２１年５月１日閲覧）。

(15) 「外務省」（https://www.mofa.go.jp/mofaj/gaiko/oda/shiryo/hakusyo/04_hakusho/ODA2004/html/siryo/sr315002.htm, ２０２２年１月６日閲覧）。

(16) 「文化庁」（https://www.bunka.go.jp/bunkacho/50thAnniversary/pdf/r1409744_02.pdf, ２０２１年５月１日閲覧）。

(17) 佐渡の市町村（当時佐渡島の中の小木町を拠点としていたが、小木町は２００４年合併して佐渡市の一部となった）とともに開催している。

(18) 演劇集団ＳＣＯＴを中心に運営される世界演劇祭。

(19) 「鼓童」（https://www.kodo.or.jp/discography/sicc126_ja.html, ２０２１年７月20日閲覧）。

(20) 「文化庁」（https://www.bunka.go.jp/seisaku/geijutsubunka/jutenshien/senryaku/pdf/r1392505_02.pdf, ２０２１年５月１日閲覧）。２０２０年度も採択されている。

(21) 「文化庁」（https://www.bunka.go.jp/shinsei_boshu/kobo/pdf/92195601_01.pdf, ２０２１年５月１日閲覧）。

(22) 「Earth Celebration 2019」（https://archive2019.earthcelebration.jp/, ２０２１年５月16日閲覧）。

(23) 音楽療法エクサドンの効果については、コミュニタリアニズム等を専門とする政治学者小林正弥の［小林　２０１９］参照。

(24) 「エクサドン」（https://www.exadon.com/about, ２０２１年５月１日閲覧）。

(25) 「令和２年度障害者による文化芸術活動推進事業（文化芸術による共生社会の推進を含む）」（https://www.bunka.go.jp/seisaku/geijutsubunka/shogaisha_bunkageijutsu/kyosei/pdf/92159101_01.pdf, ２０２１年５月１日閲覧）。

(26) 菅野敦司（公益財団法人鼓童文化財団専務理事）へのインタビュー、佐渡、２０２０年10月24日。

(27) 第６章山本論文においても、現在まで語られることがなかった女性音楽家が、公権力の意図とは逆説的にピアノ文化の担い手となったことが語られる。

参考文献

〈邦文献〉

和泉真澄［２００７］「選択的・戦略的エスニシティ――和太鼓と北米日系人コミュニティの再創造／再想像」、米山裕・河原典史編『日系人の経験と国際移動――在外日本人・移民の近現代史』人文書院。

――［２００８］「アメリカにおける和太鼓の起源と発展――「日本」文化移植の三つの類型」『言語文化』11（2）。

加藤種男［２０１８］『芸術文化の投資効果――メセナと創造経済』水曜社。

鼓童文化財団［２０１１］『いのちもやしてたたけよ。――「鼓童」三〇年の軌跡』出版文化社。

小林正弥［２０１９］「和太鼓によるエクササイズ（エクサドン）の効果――日本発のポジティブ介入技法という可能性」『Journal on public affairs』（千葉大学）、15（1）。

佐渡市世界遺産推進課・佐渡市教育委員会社会教育課佐渡学センター・新潟県教育庁文化行政課・世界遺産登録推進室［２００８］『黄金の島を歩く――佐渡金銀山の文化と歴史』新潟日報事業社。

佐野眞一［２００１］『宮本常一が見た日本』日本放送出版協会。

芝崎厚士［２０２０］『国際文化交流と近現代日本――グローバル文化交流研究のために』有信堂。

菅野敦司［２００９］「太鼓を中心とした芸能から始まる地域づくり――佐渡島における鼓童の活動」『地域政策研究』46。

――［２０２０］インタビュー、公益財団法人鼓童文化財団専務理事、佐渡、２０２０年10月24日。

鈴木勉［２０２０］「心と心をつなぐ試み――アジアセンターのＤＮＡ」、国際交流基金編『国際文化交流を実践する』白水社。

林英哲［２０１２］『太鼓日月　独走の軌跡』講談社。

――［２０１７］『あしたの太鼓打ちへ　増補新装版』羽鳥書店。

平野健一郎［１９９９］「ヒトの国際移動と国際交流――現象と活動」、平野健一郎編『国際文化交流の政治経済学』勁草書房。

――［２０００］『国際文化論』東京大学出版会。

山本健太・神谷浩夫［２０１３］「地方に活動拠点を置くプロ芸能集団の存立基盤――佐渡「鼓童」の事例」『地理学報告』１１５。

山本宏子［２００２］『日本の太鼓、アジアの太鼓』青弓社。

輪島裕介［2001］「音楽のグローバライゼーションと『ローカル』なエージェンシー――『ワールド・ミュージック』研究の動向と展望」『美学芸術学研究』20。

〈欧文献〉

Bender, S. [2010] "Drumming from Screen to Stage: Ondekoza's Ōdaiko and the Reimaging of Japanese Taiko," *The Journal of Asian Studies*, 69 (3).

Hewison, R. [2014] *Cultural Capital: The Rise and Fall of Creative Britain*, London: Verso（小林真理訳『文化資本――クリエイティブ・ブリテンの盛衰』美学出版、2017年）.

Column 5　音楽チャリティーは誰のものか

1985年７月のライブエイドは，エチオピアをはじめ飢餓に苦しむアフリカ人を救うため，世界的なロックスターのボブ・ゲルドフが呼びかけ開催した．前年に英国で結成されたバンド・エイドは，チャリティソング“Do They Know It's Christmas？”を発表した．各時代のアーティストを加えつつ，エボラ出血熱患者支援などを目的に４度再収録されている．米国でも，1985年１月発表の“We are the World”が2010年にハイチ地震被災者支援で再収録された．

「弱者」救済のために「超党派」のアーティストがレコードを出し，米英のスタジアムに集い，世界に中継されたライブエイドが，今からみて「斬新」にすらみえるのは，ユニセフなど国際機関とほとんど連携しなかったことだ．裏返せば，ライブエイドは先進国・旧宗主国や国際機関への批判・対抗でもあった．

他方，G８直前の2005年７月にG８諸国と南アフリカ共和国で開催されたライブ８は，ボブ・ゲルドフよりもU２のボノがけん引し，2000年に「ミレニアム開発目標」を打ち出した国連とのコラボレーションを鮮明に打ち出した．アフリカ諸国の債務やHIV/AIDS，不公正貿易に焦点を当てたという意味でライブエイドとの連続性はあるものの，ボノはビル＆メリンダゲイツ財団など企業系団体との連携にも積極的だった．この潮流の到達点は，COVID-19パンデミック下の医療従事者を支援すべく，2020年４月にレディ・ガガが立ち上げたバーチャル・チャリティコンサート“One World : Together At Home”である．中国に忖度したと批判される世界保健機関（WHO）との共催であった．

音楽を通じた「弱者」救済は，なぜ国際機関や企業と連携するようになったのか．それは，国連がコフィ・アナン第７代事務総長以降，若者世代の取り込みでセレブリティの活用に注力していることと呼応する．国連が企業の活力・影響力なしに開発援助で立ち行かなくなった現状も反映している．企業，アーティスト自身も「社会貢献」が売りになる時代の空気に飲み込まれている．そして聴衆も，チャリティー収益の使途をどこまで意識しているだろうか．

結果として，現在の音楽チャリティーは，「救済」の客体よりも実施側のお祭りとのそしりをいかに回避するかが課題になっているといえるだろう．

（井上実佳）

Column 6　モーリシャスの「音」にひそむもの

世界中が新型コロナウィルスの蔓延に直面した2020年夏，モーリシャス島の沖合で日本の大型貨物船が座礁し，大量の油が流出した．モーリシャスの周辺はラムサール条約に指定された海洋公園や自然保護区が広がり，絶滅の危機に瀕する種が多く生息する生物多様性のホットスポットだ．モーリシャス政府は多様な野生生物が危機的な状況にあるとして「環境緊急事態」を宣言した．座礁から実に12日が経過していた．

翌８月，首都ポートルイスで人口の約１割が参加し，過去最大と言われた大規模な抗議活動が発生した．人々は国旗やプラカードを高らかに掲げ，政府の事故対応への遅さを非難し，透明性のある情報の開示を求めた．この様子は複数の現地メディアによって世界中に配信された．

モーリシャスを研究対象とする筆者も世界中に散らばるモーリシャンと同じく，固唾を呑んで配信に耳を傾けた．代わりに聞こえてきたのは，耳を劈くような大音量の「不協和音」だった．この音の正体は一体何なのか？　よくよく見ると，その音は，モーリシャスの伝統音楽「セガ」に用いられる３つの楽器（ラヴァン，マラヴァン，トライアングル）と，アフリカ起源の打楽器「ジェンベ」や「ブブゼラ」から発されていた．

伝統音楽「セガ」の起源は18世紀まで遡る．かつて，モーリシャスは西インド洋域における奴隷貿易の中心地で，砂糖プランテーションの労働力として，アフリカから多数の奴隷が送り込まれた．もともと，彼らの故郷アフリカは無文字社会であり，言語メッセージの伝達手段として「音具」が使われてきた．

それらの「音具」によって発された「音」は「声」以上に速く，広く，人びとの元へと届いた．モーリシャスに連れてこられた奴隷は，サトウキビの茎や干した種子でマラカスのようなマラヴァンを作り，木枠とヤギ革を使って片面太鼓のラヴァンを作った．そして，それらの発するリズムに乗せて，過酷な労働と非人間的な抑圧の悲惨さを歌い，軛の痛みを癒した．その「音」は「奴隷たちの魂の叫びだったんだ」と，モーリシャスの友人は言う．

人間の「ことば」を超えた「音」が持つメッセージの力強さは歴史の中で伝えられ，民族の壁を超えてモーリシャスの中で受け入れられてきた．国家的イベントで，また人生の節目で，ラヴァンが叩かれてきた．今，その「音」は，現代の通信手段にのって，はるか海を越え，私の心の奥底へずしりと届き，痛みを伴って深く響く．明らかなメッセージはない．だが，「音」に痛みを伴う「声」を与え，肺腑に落ちてくるのだ．

（井手上 和代）

Column 7　ナショナリズム象徴の換骨奪胎

――リビア革命歌「われわれは降伏しない」――

2011年の「アラブの春」が及んだ各国では，政権打倒や尊厳の回復といったスローガンを端的に短いフレーズにまとめてリズムと音楽に乗せた「革命のヒットソング」が生まれた．そこでは，政府が教育制度や公共メディアを通じて国民社会に流通させ，政権の正統化に用いてきたナショナリズムの象徴を，いわば「簒奪」し，換骨奪胎して，反体制のスローガンに転じさせた場合がある．

もし演説や書物の形式であれば，政権のナショナリズムの担い手としての立場を否定し，反体制デモの主張と行動がナショナリズムを体現していると論じて，国民の多数を短期間に説得するのは，かなり困難な課題である．ところが，ポップやロック，あるいはラップやヒップホップのリズムやメロディーに乗せて，短い歌詞として発信することで，国民社会の多数の政治意識を短期間に変える，あるいは政治意識の公的表出のあり方を激変させる事例が見られた．

代表例が，リビアで流行した「われわれは決して降伏しない　勝利か，死だ」というリフレインが広く知られるポップ・ソングだろう．この曲はリビア系アイルランド人のラーミー・カーレハ（Rami El-Kaleh）が作詞したものとされる．リビアに戻っていたカーレハは，2月半ばに始まった反カダフィ政権の大規模デモに参加し，3月8日に銃撃で命を落とす．この曲はカーレハの死を悼んだ友人たちのバンドによって歌われて広がった．

このリフレインは，リビアのナショナリズムの祖とされるオマル・ムフタールの言として知られる．カダフィはナショナリズムの護持者として自らを正統化する際に，このフレーズを好んで用いた．カダフィは資金を投じてオマル・ムフタールの伝記映画『砂漠のライオン（Lion of the Desert）』（1981年）をハリウッドに製作させた．この映画で，反イタリア反乱を率いて蜂起し捕らえられたオマル・ムフタールは，イタリアのリビア総督ロドルフォ・グラツィアーニに対面し，屈服を要求される．そこでアンソニー・クイン演じるオマル・ムフタールがこのリフレインのフレーズを発する．この映画のこの場面は繰り返しリビアの国営メディアで流され，リビア人の国民アイデンティティの核となった．カダフィ自身が，大規模デモの発生後の，欧米からの退陣要求を拒絶する演説で，このフレーズを用いている．

ナショナリズムを喚起するフレーズを，デモの弾圧で命を落とした青年の叫びとして換骨奪胎することで，リビアの反カダフィ勢力は国民の意識を政権打倒へと方向づけた．

（池内　恵）

第Ⅳ部

音楽で世界を読み解く

第10章

「歌の人間学」としてのブルース
――詞《ことば》で表現する政治・社会・文化――

佐藤壮広

はじめに――個人的なことは政治的なこと――

「ちょいと皆さん聴いとくれ　稼いだお金は税金で取られ　家賃は払えない　彼女は欲しい洋服や靴も買えない　いったいどうなっているんだ　憂鬱だよアイゼンハワーさんよ(1)」

1950年代に米国・シカゴを拠点に活動したJ・B・ルノアー（1929-1967）は、ブルースをシャウトし、当時の大統領アイゼンハワー（在任1953-61年）の無策を批判した。この「アイゼンハワー・ブルース」は発売後に即回収され、タイトルと歌詞から大統領名を削除した「Tax Payin' Blues（納税ブルース）」として再発売となった。米国・ホワイトハウス（大統領官邸・政権）からクレームが付いたとの説もあるが、その事情は不明である。ルノアーは、朝鮮戦争（1950-53年）の時にはKorea Blues、ベトナム戦争（1955-75年）が激化するとVietnam Bluesと、いわゆるプロテスト・ソングを歌った。

ブルース・ミュージックは、個々人が生活のなかで抱くどうしようもない感情を詞《ことば》で発露する表現文化の一つとして広く知られている。個々の抱える〝どうしようもなさ〟を唸っては叫ぶ歌(2)。そのメッセージの意味は、個々人へと還元されがちだ。しかし、政治や社会および文化から切り離されて存在する人間などいないという事実からすれば、ブルース・ミュージックはそれ自体ですでに社会・文化的表現であり、政治的なものでもある。ルノアーのブルースも当時のアフロ・アメリカンの生活者の実情を詞にしたものだが、それらは優れて政治・社会的な表現なのである。このような視角からブルース・ミュージックを捉えるならば、個と社会を切り結ぼうとする人間の表現としてそれらを理解することができる。

筆者はこれまで、日々の雑感や政治・社会状況へのコメントなどを詞《ことば》として表現し、それを共有するワークショップを実践してきた。個人的なことを社会状況の中に置き直し、それを言葉にして思考し、そして歌う。このような一連の営みを筆者は「歌の人間学」として位置づけ、探究をしてきた。ここでは、筆者の研究・教育・社会的実践を事例として紹介し、政治・社会の情況の中で音楽表現がもつ人間学としての意義を考察する。扱うトピックは次の通りである。

第1節では、２００９年にメディアに取り上げられた筆者の「非常勤ブルース」という歌の実践的な意味と大学キャンパスでのブルース詞作成ワークを通した表現教育との関わりについて、主に社会・政治的なことの意識化という観点から考察する。第2節では、政治的・社会的運動の現場で活動してきた人びとの思いを共有し継承する際に、歌・音楽がどのように活用され得るのかの事例を紹介し、考察を行なう。第3節では、１９４５年の沖縄戦で戦死した人たちの遺骨捜索の現場に焦点を当てる。筆者は２０１２年に沖縄本島で遺骨捜索に参加し、戦死者の遺骨と対面する機会があった。そしてその体験を「遺骨捜索ブルース」という歌で表現した。遺骨の声をじかに代弁することは難しいが、戦後処理・補償の不条理を言葉として刻み、音に乗せて表現することはできる。本稿の趣旨をふまえて言えば、「故人的なことは政治的なことである」ということになる。(3) このような死者に関する思考と表現も、「歌の人間学」を構成する重要な部分なのである。

1　非正規雇用、貧困・格差社会を唸る　♪非常勤ブルース

2009年2月14日付朝日新聞に、「流しの講師　非常勤ブルース」(4)という見出しの記事が掲載された。「年収は200万ちょっと」、「教壇でギターを抱えて熱唱。学生にも自分の心を見つめた歌詞をつくってもらう。異色の授業が好評だ」など、この講師の生活と仕事を紹介した内容だ。「アルプス1万尺　俺は一コマ3万弱　一コマなんぼの　俺の生活」という歌詞も紹介されている。記事中の大学講師とは、筆者のことである。これを契機に、労働運動の集会や社会問題の研究会・勉強会などからたびたび声がかかるようになり、高学歴ワーキング・プアや非正規雇用労働の当事者としてメディアにも取り上げられた。しかし実はその数年前の2004年、東邦大学理学部の「人類学Ⅰ」の授業で「非常勤ブルース」の雛形になるような歌を唸っていた。また2005年からは、「マイノリティと宗教」(立教大学全学共通カリキュラム)という授業の中で、身の上のことを表現するブルース詞を学生たちに書いてもらうというワークも始めた。筆者がブルースを唸りメッセージを発信することと、授業における詞づくりワークとは、とても密接なつながりがある。以下、これらのつながりについて述べる。

2005年の4月から筆者は、立教大学春学期開講の全学共通カリキュラム科目「マイノリティと宗教」を担当した。このようなタイトルの授業ではたいてい、マイノリティの定義や被抑圧の歴史の検討や差別を温存する社会構造の批判的考察などが、主な学修のポイントとなる。そのこと自体に異議はない。しかし筆者は、別のアプローチでこの授業を組み立てた。それは、差別・抑圧を受けてきた人々がどのような表現活動を通して自分たちを取り巻く不条理や苦境を訴えてきたか、そして作品化してきたかという視点から、彼らにおける「救いのモメント」を考えるというものである。

「マイノリティとされた人びとの声に耳を傾けることが大切です。痛みの声を聴く耳を持たなければ、学びの意義は

半減してしまいます」。初回の授業で筆者は、学生たちに向けてこう話す。別言すればこれは、痛みや苦境に向き合う「人間の力」にもっと焦点を当ててこそ、いわゆるマイノリティの人びとのことをより深く理解することができるということだ。このような狙いで、筆者はまず自身の現状を詞として表し、声にして学生たちに投げかけ始めたのである。

２００６年、２００７年と、たて続けに「ワーキングプア」に関する本が出た(5)。筆者はすぐにそれらを読んだ。大学非常勤講師の業界でも、貧困や格差問題の構造は同様だ。雇用保険、健康保険、福利厚生など、正規雇用・正社員には保証されているものが、非常勤講師にはない。もちろん、研究室もない。教材や書籍などを保管しておける十分なスペースやロッカーもない。賞与もない。研究費、書籍費もない。研究活動は全て自前の持ち出し。さらに、次年度に講師契約が無くなり「雇い止め」になる不安も大きい。他の業種に比べればまだマシだという見方もできるが、同じ研究・教育現場に立つ専任教員との格差・落差はあまりにも明らかである。

非常勤講師の世界は、肉体的・精神的そしてアタマもタフでなければやっていけないところだ。そんなところには、当然のことながら非常勤講師たちの心身の痛みや苦しみが渦巻いている。だが、不満を口にすることなく行儀よくおとなしくしていれば次の仕事や専任職にありつけるという淡い期待もあり、自身の苦境を訴え、労働環境の問題点などを表立って声高に指摘する人たちは少ない。筆者は、教育の場は同時に表現の場でもあると考えてきた。それゆえ、学術的な知見はもちろんのこと、その時々の世相や政治・社会的な課題についても授業内で語り、表現してきた。

いくつかの大学で授業をしていると、授業内容と筆者自身に関心を持った学生たちがそばに寄ってくる。彼らは決まって、次のように尋ねる。「先生の研究室はどこですか。どこに行けば先生に会えますか。先生、いつもどこにいるんですか」と。２００１年に非常勤講師生活を始めてから、何度もこの同じ質問を受けてきた。その都度、「授業の前後なら、講師控室にいます」、「授業の前後だけキャンパス内にいます」と答えてきた。しかしそんな言葉でしか返答できない非常勤講師の身の上を憂え、ただ卑屈な思いが重なるだけだった。そして、別の答えを探し続けた。２００４年春学期の初回授業でまた、学生たちが目を輝かせて寄ってきた。そしてその質問が来た。真っ直ぐに彼らに応答するには、どうすればよいのだろう。筆者は、じっと学生たちの顔を見た。その時に出てきたのが、「あなたたちの目の前にいるよ」というひとことだった。学生たちはきょとんとしたが、すぐにニヤリとうなずき返してきた。「非常勤ブルース」の詞が出来上がった瞬間だった。それが「先生いつもどこにいるんですか　訊かれるたび答えるよ　お前らの目の前だ」という歌詞である。

この日以来、担当講義の初日には自己紹介も兼ねてこの歌を歌うことにしてきた。「非常勤ブルース！」と唸ると、学生たちが声に出して返してくれる。これはコール＆レスポンスという音楽形式の典型である(6)。授業でこのようなコール＆レスポンスをすることにより、痛みややり切れなさを表現し、それを受けとめることの大切さを、身をもって伝えることができる。学生たちとのやりとりで、このことを強く実感した。また、自身のコールに対してレスポンスが返ってくることで、教室が自分の居場所なのだということを、学生たちから教えてもらった。ブルースのシャウトが持つ自分にとっての第一の意味はここにある。

2　ブルース講義と詞づくりワーク

続いて、立教大学での「マイノリティと宗教」という授業で行った、マイノリティの表現とどのように向き合うのかというテーマでの実践を紹介する。マイノリティ問題に向き合う際には、マイノリティの表現文化、精神文化に触れることが重要だという考えは、先にも述べた。こうした観点から、２００９年4月21日の授業では『あなたがもし奴隷だったら』[Lester 1998] という本を取り上げた。著者のジュリアス・レスターと作絵のロッド・ブラウンは、ともに米国のアフロ・アメリカンである。この作品では、16世紀の奴隷貿易から19世紀の米国における奴隷解放までのいわゆる黒人の歴史が、絵と共に紹介されている。授業では、スクリーンにページを投影し、45分間かけてゆっくり朗読した。すし詰め状態で糞尿の処理も十分ではない奴隷船で運ばれる黒人たちの様子を描いた絵、安値で取引きされる奴隷売買を描いたページ、足枷をつけられたまま畑で農作業をし、鞭打ちされる黒人の絵など、時間を超えてその現実が真に迫ってくるものばかりだ。途中に、「あなたならどうしますか」という言葉が挿入されている。その都度、我々は問いの前に立たされる。

朗読のあと、絵本の中の奴隷制度は無くなったがマイノリティや社会的弱者の抑圧という問題は現在もなお続いているのだと、さらに解説を加えた。続く授業の回の中でも、綿花栽培の大規模農場での労働で歌われたワーク・ソングの音源を流し、作業現場での掛け声と応答のコール＆レスポンスを確認した。また、大産業都市シカゴでの労働を歌ったブルースの名曲「スィート・ホーム・シカゴ」（原曲はロバート・ジョンソン）をギターと生歌で紹介した。もちろん、コール＆レスポンスはしっかりと入れて。このように、教員が朗読や歌を含めた表現の主体であることを示すことで、表現することが帯びる政治・社会的な意味をより強く学生に意識してもらうことができる。また、声によるコール＆レスポンスはお互いの存在を認めあうコミュニケーションであるということも、教室で実感できる。民族音楽学者の増野亜子は、言葉を発する道具として声が機能する以前から、人間は声でさまざまな表現を行なってきたとし、「声を出すことは、自分の存在を誰かに知らせることでもある」［増野 2014：11］と述べている。他者とのやりとりの中で私が私たり得るという、いわばアイデンティティ形成の基本構造が声を出すという行為の中に含まれているのである。

「マイノリティと宗教」の授業では、期末のまとめとして自身のブルースを唸るという課題を設けた。この表現ワークを筆者は「自分詞づくり」と呼んでいる。これは、個人的なことは社会的・政治的なことでもあるということを、表現を通して学ぶ作業である。2007年度春学期には、「就活ブルース」という詞を提出した学生がいた。提出シートには、「4月からやっときゃよかった就活／4月からやっときゃよかった就活／コンスタントにやっていたのは　ああコンパだけ……」とあった。これは特別にどうということもない大学4年生のぼやきであり、個人的な心情の吐露である。しかしこの詞をスクリーンに投影し、ブルースのコード進行で唸ると、就職活動の辛さや切なさ、それに比例するように楽しい時間を求める心情が、じわじわと他の学生たちにも伝わっていくのが分かる。「シュウカツ」の部分がコール&レスポンスとなり、「4月からやっときゃよかった就活!」～「シュウカツ!」となる。歌を繰り返していると、「シュウカツ!」の声の響きも次第に大きくなっていく。

「就活ブルース」を歌ったからといって、就職が実際に決まるわけではない。しかしこの学生は、辛さや焦りを嘆きつつも、就職活動を続ける気力を得る。詞に込められた心情をほかのクラスメイトが共有し、コール&レスポンスで表現し合うからである。この学生の言葉は、就職活動という多くの学生に共通する課題を表現している。就職先がなかなか決まらないということは社会の状況・景気の反映であり、詞に込められた切なさには多くの就活生が共感する。「はじめに」で述べたように、個人的なことを社会の文脈の中で詞として表現し、その意味を思考するのが「歌の人間学」である。この観点からは、「就活ブルース」も筆者の「非常勤ブルース」と同様に個と社会を切り結ぶ表現の一つであると解釈することができよう。

3　運動の中にある音と言葉を聴く

(1)　労働運動のことばを詞に～川柳とブルース

2009年2月以降、非常勤ブルースを歌う〝コールさとう〟(筆者の活動名)として多くの労働運動の集会や会合に呼ばれては話し、歌ってきた。2009年3月28日には「反貧困フェスタ2009」(主催「反貧困ネットワーク」、於・千代田区神田一橋中学校)に参加した。(7) この年は2008年から2009年にかけて実施された「年越し派遣村」の現状や、図書館や役所など公的機関の職員の多くが非正規雇用労働者で担われていることの問題などをめぐり、湯浅誠(現法政大学教授)、中島岳志(現東京工業大学教授)らが登壇してシンポジウムも開かれた。主催者のひとりである宇都宮健児弁護士も、ジャンパーを着て会場運営を行なっていた。

多くの社会運動、労働運動の集会は、2部構成になっていることが多い。1部は報告・発言の部、2部は音楽や寸劇

写真10-1　反貧困フェスタ2009でシャウト

筆者提供.

などによるメッセージ発信の部というように。「反貧困フェスタ２００９」では、小学校の校庭にステージが組まれ、午前10時の開会とともに8組の出演者がパフォーマンスでメッセージを表現した。[8] ギター&ボーカル・デュオの寿［kotobuki］は、「前を向いて歩こう」を歌った。これは、坂本九「上を向いて歩こう」にアレンジを加えた力強いメッセージソングで、会場には手拍子と大きな拍手の音が響いた。筆者の出番では、コール&レスポンスで会場を巻き込み、ブルースを歌った。

続く4月26日には、「官製ワーキングプア　反貧困集会」（同実行委員会主催）に参加した。ここでは「非正規川柳」なる企画があり、会場参加者らから寄せられた川柳が集会の中で紹介された。筆者は、それら入選作を即興でブルースにして歌う役でこの場に加わった。「安月給されど仕事はプロ意識」「気がつけば常勤教える非常勤」などの川柳を、3コードのブルース形式に乗せて唸り、シャウトするのである。「安月給」「プロ意識」「非常勤」などのキーワードを、リズム良くコール&レスポンスに落とし込む。川柳のことばを歌にすると、作品鑑賞・講評を越えたメッセージの共有ができる。川柳を歌で唸り、コール&レスポンスで共有するこの活動の場は、歌が人間学的にも大きな意味を持つということを実感する非常に良い機会となった。川柳の企画で審査員を務めた歌人の乱鬼龍《らんきりゅう》氏とは、その後もたびたび同種の企画で組む機会があり、筆者は労働と表現との関わりについて多くを学んだ。

(2) 社会運動の「ビラ」を歌うワークショップ〜思いを繋ぎ直す音と言葉

２０１９年８月３日には、ＮＰＯ法人・開発教育協会（ＤＥＡＲ）[9] が主催する「D-lab2019」[10] という企画に参加し、「ビラを歌おう！——行動した市民たちの経験を受け継ぐ」というワークショップを行なった。これは、（公財）公害地域再生センター（あおぞら財団）の栗本知子・林美帆、立教大学共生社会研究センターの平野泉らと共同で行なった企画である。その主旨は、過去に日本国内で展開した原子力発電所建設の反対運動や人権保護運動などにおいて作成されたビラやチラシを再読し、行動を起こした当時の人びとの思いや、そこで露呈した課題について改めて考えるというものである。当時の状況を知識としてただ共有するのではなく、運動の当事者たちの経験に学びつつ現在の課題に向き合い、今後の行動につながっていくような仕掛けとして「ビラを歌う」というアクションをそこに組み込んだのである。冒頭で平野泉は、「社会課題を訴え、行動を呼びかけるために作成されたビラ。それらは人に手渡され、保存され、今を生きる私たちに豊かなメッセージを送ってくれます」と語った。また平野はアーキビストの立場から、過去の政治・社会運動は記憶され記録されるが、それがただ保存されても「継承」はされないとも指摘し、「過去の記憶が、現在を生きる人々の表現や活動のネットワークの中に組み込まれ活かされ続けること」［平野 2019］が重要だとも述べている。このようなビジョンに基づき、ワークショップでは15名の参加者とともに社会運動の「ビラ」を読み解いていった。

会場では数人で一つのグループになってもらい、ビラを囲んで自由に歓談する時間をとった。グループワークでは、ビラの内容やデザインを眺め、その当時に活動した人たちのことも想像しながら、ビラから自分たちが受け取ったメッセージを付箋に書いて抜き出した。配布した数点のビラの中から、ある班はアフリカ行動委員会の「反アパルトヘイト、金・ダイヤ・プラチナの不買運動」のビラ、またある班は大分・臼杵の「大阪セメント工場誘致反対青年の会」のビラ、別の班は人魚のイラストが入った「島根原発2号炉運転中止を求める陳情」のビラを選び、それらを読み解いた。そしてグループで付箋に書き出したキーワードを、童謡「シャボン玉」（詞・野口雨情／曲・中山晋平）を雛形にして再構成すると、それぞれの班の「メッセージ・詞」が出来あがった。それをA3用紙に清書し、全体で共有した。

「反アパルトヘイト、金・ダイヤ・プラチナの不買運動」のビラを取り上げたグループでは、1990年代に南アフリカ共和国でダイヤやプラチナ採掘の過酷な労働やアパルトヘイトが大きな問題となり、それに伴って日本でもダイヤやプラチナの不買運動が起こったという過去を振り返った。出来上がった詞は次の通りである。メロディにのせ、脳内で再生してみてほしい。

指輪はやめよう　苦しみの上　光る輝き　身に付けたくない
アパルトヘイト　最低の賃金　最悪の労働　苦しみの上
Let's Boycott Diamonds & Platinum Now! Only to white people. Boycott Now!
あなたがダイヤやプラチナを買わないことが　アパルトヘイト　終わらせる道
愛する人が　私のダイヤ

末尾の「愛する人が　私のダイヤ」はメッセージとして秀逸で、グループで声に出し歌ってもらうと他のグループからは大きな拍手が起こった。筆者は、ブルース調、ロックンロール調、ラップ調にアレンジしてこの詞を歌い、また参加者と一緒にコール&レスポンスで声に出してメッセージの共有を行なった。最後には、3つの班のメッセージをつなげてキーワードをコール&レスポンスし、全員で成果を共有した。

「ビラを歌う」というこの行為は、過去のメッセージを「声のビラ」として今に再現する試みだと考えることができる。声ゆえに、そこには他の人たちに訴える力もある。またこの「声のビラ」は、これから出会う仲間に届けるビラでもある。政治運動、労働運動など多くの運動の現場では、演説や語りとともに歌声によるメッセージの共有が行われる。あらためて強調するまでもないが、メッセージがどこから来て、誰に向けて発せられているのかという点は、音楽と政治、音楽と社会の関わりを読み解く上で非常に重要である。この社会運動の「ビラ」を歌うワークショップは、このことを強く意識する機会を提供しているのである。(11)

4　沖縄戦後処理の不条理を唸る　♪遺骨捜索ブルース

本節では、過去の戦争で亡くなった人との関わりの中で生まれた詞《ことば》と歌について述べる。舞台は、１９４５年の沖縄本島における地上戦である。１９４５年3月から始まった連合軍の攻撃により、沖縄県民約15万人を含む24万人余が戦死した。激戦地だった沖縄本島南部の糸満市では、地面に散らばった遺体・遺骨を集めて供養するために、住民の手によって慰霊塔「魂魄の塔」（納骨堂も兼ねていた）が建立され、慰霊祭も執り行われた。また、遺骨捜索・収集も行われてきた。[12]だが、現在も行方知れずのままになっている戦死者の遺骨（未収骨者）は、２０２１年5月現在で２８２５人もいる。１９９５年に糸満市摩文仁に建立された戦没者刻銘碑「平和の礎《いしじ》」には、２０２１年6月現在、２４万１６３２人の名前が刻まれている。[13]

戦死者をカウントした数字を見るたび、読むたび、いつも息が詰まる。それらの数字をバラし、１＋１＋１＋１……と記述すると、それだけで紙幅も尽きてしまうだろう。しかしそうでもしなければ、戦死者云々という話はできないのではないか。このような感情を抱きつつ、筆者は２０１１年の11月、12月そして２０１２年の3月と、3回にわたり（計14日間ほど）沖縄本島で遺骨捜索・収集作業に参加した。

作業現場は沖縄本島南部、与那原町字与那原地区で、沖縄戦当時には首里攻防（１９４５年5月）の激戦地となった丘陵地である。地元では「運玉森（ウンタマムイ）」と呼ばれ、沖縄ではよく知られている伝説上の義賊「ウンタマギルー」が活躍した場所である。ここに国道・与那原バイパスという道路を建設するという計画が持ち上がり、着々と話が進められていた。しかし、遺骨収集ボランティア団体「ガマフヤー」（沖縄の言葉で「洞窟を掘る人」の意）の具志堅隆松代表と、ホームレスへの生活支援を行う団体「プロミス・キーパーズ」の山内昌良代表（沖縄ベタニアチャーチ・牧師）が、バイパス工事を始める前に遺骨捜索作業をしたいと与那原町に働きかけた。具志堅らは、政府が設けた「緊急雇用創設事業制度」を活用し、道路工事に伴う遺骨捜索の事業化にこぎつけた。土を掘る作業を行なうのは、失業者や元ホームレスたちである。遺骨捜索を福祉・社会事業化するという発想は、具志堅や山内らの画期的なアイデアである。死者（遺骨）が生者の生活を支援するというこの仕組みを、激戦地沖縄だからこそ生成する新しい社会デザインとして評価することができる。(14)こうして遺骨捜索に事業としての予算が付き、作業員45人が２０１１年9月から２０１２年３月までの半年間、作業を行うことができた。筆者はこの現場に入り、遺骨捜索作業に加わった。

遺骨捜索作業の1日は、朝礼から始まる。丘の下の広場に集合し、ラジオ体操で体をほぐす。そして現場監督から作業の確認と諸注意があった後、作業員らはスコップや手グワを持ち、10人ずつの4班に分かれて丘を登っていく。現場に着くと横一列になり、コツコツと土を掘る。午前と午後に休憩を2回挟み、午後5時には丘を降り、終礼のあと解散となる。昔話「花咲か爺さん」のココ掘れワンワンの場面とは異なり、作業現場では地面を掘ってもすぐに遺骨は出てこない。骨が出た時にそれがどこの部位なのかを確認するのは、ガマフヤーの具志堅さんの役割だった。具志堅さんも山内牧師も、出てきた遺骨のＤＮＡ鑑定なども行いながらそれらを遺族の元へ返すのが、戦後補償・戦後処理の基本だと考えている。それゆえ、遺骨のＤＮＡ鑑定を厚生労働省に強く要請してきた。だが、ＤＮＡ鑑定による遺骨の人物特定と遺族への返還は思うように進んでいないのが現状だ。

土の中からは、手榴弾、薬きょう、薬品を入れる小瓶なども出てくる。不発弾が見つかることもあった。２０１１年11月に筆者が掘っていた現場のすぐ上の斜面で、米軍型２５０キロ爆弾が見つかった。その処理のため、12月28日には自衛隊の処理班が出動した。工期中には3個もの大型の不発弾が見つかり、処理された。(15)２０１２年3月はじめには、丘の奥にある沢で一体の兵隊の遺骨が見つかった。茂みに分け入って現場へ行くと、遺骨は仰向けで手を組んでいた。銃撃で倒れた彼を仲間が静かに横たえ、去ったままになった様子だ。戦後68年間そこに横たわっていた彼を思いおこすはずの仲間も、戦死してしまったのではないかと考えられる。

筆者は遺骨捜索作業をしながら、何人かの作業員と雑談もした。そしてどんな思いで遺骨捜索をしているのかを訊いた。北海道出身のSさん（1951年生、男性）は「北海道生まれの自分にとって、遺骨捜索は他人ごとじゃない。北海道からも兵隊がたくさん来ているからね。遺骨の収集が終わるまで、戦争は終わりじゃないと思う」と語った。与那原町在住のTさん（1956年生、男性）からは、戦後の生活の糧のため鉄クズを集めるために作業現場付近の茂みに入り、不発弾の信管を外すのに失敗して亡くなったおじさんがいたという話を聴いた。また、同町在住のIさん（1951年生、男性）は「見つかっていない沖縄の人もいっぱいいるから、見つけてあげられると嬉しい。骨が少しでも出れば嬉しいさ」と語った。

以上に述べたような、現場の作業員の呟きと思い、地上に現れた兵士の遺骨の姿、戦後処理の不徹底さ、そして現代日本が向き合うべき課題としての遺骨捜索について、筆者は研究会・学会やシンポジウムなどで「調査・研究の成果」として報告し、文章化もしてきた(16)。しかし、遺骨（死者）と出会って考えたこと、感じたことは、学術的な媒体や表現方法では伝えきれない。そのようなもどかしさは残ったままだった。そのもどかしさも含めて自分の体験を伝える表現の一つとして、また歌を作った。それが次の歌である。

「遺骨捜索ブルース」　作詞・作曲　コールさとう

軍手にスコップ　手グワを持って　野山に分け入る俺たちゃガマフヤー
あなたに会うまでこの手は休めない
家族のもとへ　それ約束さ　俺たちゃプロミス・キーパーズ
あなたに会うまでこの手は休めない
コツコツ　コツコツ　コツコツ　コツコツ
あなたに会うまでこの手は休めない

ショベルを入れて当たりをつけて　一列になって腕振り上げて
ひと掘り　ひと掘り　またひと掘り
コツコツ　コツコツ　コツコツ　コツコツ
あなたに会うまでこの手は休めない

焼けた赤茶の　鉄のかたまり　手榴弾
不気味にくすんだ　薬の小瓶
それもこれも　in　１９４５

茂みの奥で　天を仰いで　手を組むように横たわる人の骨　人の骨
あなたに会うまでこころ休まらない
コツコツ　コツコツ　コツコツ　コツコツ
あなたに会うまでこの手は休めない

コツコツ　コツコツ　コツコツ　コツコツ
いくさ終わるまでこの手は休めない
いくさ終わるまでこころ休まらない
いくさ終わるまでこの手は休めない

近代国家における政治の基本的理念において、死者はすでに主権者であることを退き、地域の死者慣行の中で骨や位牌として扱われ、お盆やお彼岸など祖先祭祀の場に顔を出す（追慕される）だけである。しかし、未収骨の死者たちは、戦後70年余も土中に埋まったままである。そのような彼ら、死者たちと、「こんなことじゃあ、やってられんよ」とブルースを歌いたいが、実際には難しい。それでも遺骨捜索に参加し、遺骨と対面したことをふまえ、そこに横たわる現代日本の政治・社会的課題を自分なりに広く問うことはできるのではないか。それを可能にする表現の一つが音楽、歌ではないか。そう考えての歌作りだった。「故人的なことは政治的なことである」と「はじめに」で述べた。この思考を表現した詞が、「遺骨捜索ブルース」なのである。「コツコツ」と声に出しコール&レスポンスしながら、ぜひ歌ってみて欲しい（本章末のQRコード参照）。

おわりに――パフォーマンス研究としての「歌の人間学」から「歌う人間学」へ――

以上、J・B・ルノアーの「アイゼンハワー・ブルース」から、筆者の「非常勤ブルース」、大学生の「就活ブルース」、社会運動のビラから生まれた新しい詞と歌、さらに死者（遺骨）との関わりから生まれた「遺骨捜索ブルース」まで、「個人的・故人的なことは政治的なことである」という事例を考察してきた。その際、演者と聞き手またはファシリテーターと参加者の間での「やりとり」を、コール&レスポンスとして位置づけ、それが喚起する人間学的な可能性についても述べてきた。また、音楽による表現活動の意味は、このコール&レスポンスを含んだパフォーマンスの作用を通じて形成・増幅されうるという点も指摘してきた[17]。さらにブルース詞作成ワークは、やるせなさを言語化してただカタルシスに浸るのではなく、個人的なことが社会的・政治的でもあるということを認識する重要な実践であるとも述べた。

音楽や歌のパフォーマンスが社会・政治的なものであるとの認識は現在、それらを享受する聴衆・消費者にはすでに共有されていると考えられる。そのパフォーマンスの政治的・社会的意味はまた、それが行われる時、場所、機会によって異なってくる。その意味生成の機制を丁寧に追うことは政治・社会・文化の研究として重要であり、またパフォーマー自身もその意味生成のメカニズムを担うひとりであることを自省する必要がある。これは、ブルース・ワークを実践する筆者自身の課題である。この一連の再帰的営みを、音楽パフォーマンスとその政治性の意味を明らかにしつつ、なお表現としての音楽の可能性を探究する知の運動として位置づけ、ここであらためて「歌う人間学」と言い直そう。実践例を紹介・考察しつつたどり着いたのは、この「歌う人間学」宣言である。

注

（1）J.B. Lenoir, *Vietnam Blues : The Complete L + R Recordings*, Evidence, 1995（CD）.

（2）英米文学者のウェルズ恵子は、ブルースを「人生がうまくいなかい人の嘆き歌」［ウェルズ　2014：153］と説明している。歴史的には、米国の黒人の過酷な生活の中で「うまくいかないこと」を表現した詩や音楽をブルースと呼ぶ。しかしウェルズ恵子の言葉を多くの人間の実状と照らし合わせて考えるならば、人それぞれに大小のブルースの種を抱えて生きていると言える。本章はこのような観点からブルースという表現を捉え、その人間学的な意味を考察する。

（3）1960年代以降の米国における学生運動、フェミニズム運動は、「個人的なことは政治的なこと」（The personal is political）というスローガンを掲げて展開してきた。沖縄戦の戦後補償にほど遠いところに居る死者たちの視点からは、「故人的なことは政治的なこと」という言葉が実質的なスローガンとして意味を持ってくるのである。

（4）「流しの大学講師　非常勤ブルース」（朝日新聞デジタル、2009年2月14日付）（http://www.asahi.com/special/08016/TKY200902130398.html, 2021年6月18日閲覧）。

（5）例えば門倉［2006］、水月［2007］など。

（6）現代のポピュラー音楽で用いられる演奏形式の一つで、演奏者が奏でるフレーズやメロディによる「呼びかけ」に共演者や聴衆が「応答」する音楽形式のこと。コール&レスポンスのルーツのひとつは、アフリカン・アメリカンの労働歌（ワークソング）とされている。ブルース、ソウル、ファンク、ロックやラップまでの広いジャンルにこの形式が用いられる。音楽に限らず、集団によるメッセージの共有や一体感の形成など広くコミュニケーションを深化させる仕掛けとしても、このコール&レスポンスは有効である。

（7）当日配布のプログラムに載せた筆者のメッセージは、以下の通り。コール&レスポンスが「歌の人間学」の基礎であるということを端的に述べた。

僕のシャーマニズム研究と「歌の人間学」ライフワークは、つながっています。死者や誰かの声を聴くシャーマン。声なき声、叫びにさえならない声を聴く耳を、ひとりひとりに育てること。そのために、まず学生や僕自身が何かを発し、それが聴き届けられたという経験をすること。そういうコール&レスポンスの経験あっての、福祉学、平和学、公共学だと考えています。

(8) 出演者は、以下の通り(カッコ内はパフォーマンスの内容。活動は当時のもの)。「月桃の花」歌舞団(エイサー演舞)、五十嵐正史とソウルブラザーズ(生きるために歌うロック)、コールさとう(非常勤ブルース)、愛染恭介(新宿の喫茶ベルク店員・ミュージシャン)、盧佳世(ノカヨ、川崎生まれの歌手)、塚本正治(フォークシンガー、精神障害当事者運動活動者)、寿[kotobuki](平和・多文化共生を歌うデュオ)、カラカサン(日本在住・移住女性支援団体、トークと歌)。

(9) 開発教育協会のウェブサイトでは、開発教育は「共に生きることのできる公正で持続可能な地球社会づくりに参加するための教育」と定義されている。同協会は、現状や課題に関する学習はもちろんだが、何よりも行動へとつなげる環境教育を実践してきている。「知り、考え、行動する」というのが同協会の基本的メッセージである(http://www.dear.or.jp/org/2056/, 2021年8月15日閲覧)。

(10) 詳細は、佐藤・林・平野[2019]を参照。

(11) この「ビラ」を歌うワークショップへの参加者の声をいくつか紹介する。コメントは、ワークショップの終わりに自由記述方式で書いて提出してもらった。

歌うと、当時の人びとの情熱が自分にのりうつる。/ビラをそのまま読むだけではく、歌詞に落とし込む過程があるので、深く考えることができた。/歌詞にすることで、ビラを作った人たちが大切に思う部分をより強く意識した。何よりも、一緒に歌うことが楽しかった。/主張を言葉や音に乗せることで、メッセージを外に出せるパワーを感じることができた。/一体感、達成感があり、楽しく学ぶことができた。自分も伝えたいと思った。/思いを言葉にのせて詞にし、気持ちを歌にするっていいですね。新たなアクションにつながります。音楽のパワーを感じました。/言葉を歌にして、声に出すのは気持ちがいい。自分たちの運動を振り返る良い方法だと思う。/ビラの言葉を簡潔にまとめ直すことで、その社会問題を身近なものとして感じ、自分も積極的に運動に参加したような気になった。/歌詞を作る過程で、ビラに込められた当時の人の思いが生き返ってきたようだった。/声をあげた当時の人たちの運動のおかげで、今の私たちが恩恵を受けていることに気がついた。また、かつて問題になっていたことが、何十年とたった今もなお未解決のままだということが分かった。/いま運動に携わり、学んでいる我々の意識も変えてくれるようなワークショップだった。／自分も関わったアフリカ行動委員会の運動の大きな意義を、再確認できた。

（12）沖縄県保護・援護課（県営平和祈念公園）「沖縄戦の遺骨収集状況」（https://heiwa-irei-okinawa.jp/wp-content/uploads/2021/07/2021071401.pdf, ２０２１年8月15日閲覧）。

（13）沖縄県子ども生活福祉部女性力・平和推進課「「平和の礎」刻銘者数」（https://www.pref.okinawa.jp/site/kodomo/heiwadanjo/heiwa/7623.html, ２０２１年8月15日閲覧）。

（14）佐藤［２０２０］参照。

（15）２０１２年5月の与那原町広報の表紙には、自衛隊による不発弾処理の写真が掲載されている。国道バイパス工事に伴う遺骨捜索作業も記事で取り上げられている。以下参照。与那原町『広報よなばる』no. 429（https://www.town.yonabaru.okinawa.jp/hureai/kouhou/pdf/kouhou2012/1205.pdf, ２０２１年8月15日閲覧）。

（16）たとえば、佐藤［２０１２］参照。

（17）音楽学者のニコラス・クックは、音楽をパフォーマンスとして捉えるならば、その意味がパフォーマー間や彼らと聴衆との間で形成され、またそれは固定されたものではないと指摘する［Clayton : 2003=2011 : 233-234］。これは現代のパフォーマンス研究の基本的パラダイムだが、本稿におけるのブルース・ミュージック解釈や筆者自身によるパフォーマンスについての理解もこのパラダイムに依拠している。

参考文献

〈邦文献〉

門倉貴史［２００６］『ワーキングプア』宝島社.

具志堅隆松［２０１２］『ぼくが遺骨を掘る人「ガマフヤー」になったわけ。――サトウキビの島は戦場だった』合同出版.

ウェルズ恵子［２０１４］『魂をゆさぶる歌に出会う――アメリカ黒人文化のルーツへ』岩波書店.

佐藤壮広［２０１０］「非常勤ブルース　教育の貧困と貧困の教育をつなぐ」、渡邊直樹責任編集『宗教と現代がわかる本』平凡社.

――――［２０１２］「他者の声を聴くワークと共感――歌の人間学の試み」、尾崎真奈美編『ポジティブ心理学再考　3．11からの飛翔』

ナカニシヤ出版．

――［２０２０］「死者と生者をつなぐ事業――沖縄の戦死者遺骨が喚起する社会デザイン」、方法論懇話会編『療法としての歴史〈知〉』森話社．

佐藤壮広・林美帆・平野泉［２０１９］「【実践事例報告】ビラを歌おう！――行動した市民たちの経験を受け継ぐ」『開発教育協会DEAR News』１９４．

平野泉［２０１９］「市民としての記憶を、市民としての活動の中で活かし続けよう」『ネットワーク』（東京ボランティア・市民活動センター）、３６０．

増野亜子［２０１４］『声の世界を旅する』音楽之友社．

水月昭道［２００７］『高学歴ワーキングプア――「フリーター生産工場」としての大学院』光文社．


〈欧文献〉

Clayton, M., Herbert, T. and Middleton, R. eds. [2003] *The Cultural Study of Music: A Critical Introduction*, London: Routledge（若尾裕監訳、卜田隆嗣・田中慎一郎・原真理子・三宅博子訳『音楽のカルチュラル・スタディーズ』、アルテスパブリッシング、２０１１年）．
Lester, J. [1998] *From Slave Ship to Freedom Road*, painted by Brown, L., New York: Dial Books（片岡しのぶ訳［１９９９］『あなたがもし奴隷だったら』あすなろ書房、１９９９年）．
Oliver, P. [1998] *The Story of the Blues*, Chicago: Northeastern University Press（日暮泰文・増田悦左・米口胡訳『ブルースの歴史』土曜社、２０２０年）．

第11章

Are you experienced? 体験としての音楽

——とある授業の実践摘録——

芝崎厚士

はじめに

本章の目的は、これまで筆者が担当してきた授業を事例として、音楽を使用した授業実践がどのような可能性を持ちうるか、またどのような課題を有するかを考察することである。以下、「はじめに」において基本的な問題関心を示し、「1」で授業の基本的な形式と内容を説明し、「2」で受講生の感想をもとに分析を試み、「3」では特定の事例に基づいた考察を展開し、「おわりに」で議論を総括する。

いうまでもなく、音楽を授業で用いるという実践自体は、日本国内においても、また世界においても、大学や高校といった教育機関の別を問わず、過去においても現在においても広く行われている。筆者の試みはその一例に過ぎず、またその中でも紹介に値すると言いうるほどの意義や価値があることを明確な根拠をもとに示すことは困難である。こうした前提を踏まえた上で、あくまで単なる一例、それも数多くの課題や難点を抱えているであろう試みとして分析の俎上に載せることで、こうした授業内実践に関する議論をする際の参考に資する素材を提供して読者諸兄のご批判を仰ぐという意図から、あえて本章を執筆するに至った次第である。

本章における音楽を用いた授業実践は、「音楽」それ自体を教授する授業でもなければ「音楽」を考察の対象とする科目でもない、国際関係論ないしグローバル関係論の基礎を学ぶ1年生向けの授業において、「その場で歌詞（外国語の場合は訳詞も）を見ながら音楽を聴き、その音楽について思ったこと、感じたこと、考えたことを3分間で自由に書き留める」という形式で行っているものである。学生は、何を聴くかを、授業前には知らされず、90分の授業のうち60―70分ほど経過したところで、必要最小限の基本的な情報や背景の説明を受けた上で2曲を聴き、その場で自由に記述する。従って学生はきわめて即興的に、その場で瞬間的に反応することが必要となる。こうした場で音楽を聴かせ、書かせることの意味を考察することが本章の中心的な問題関心であり、ごく一般的に「音楽を聴くことと教育との関係」について持つ含意はこうした範囲から極めて限定的にしか持ち得ないこともまた、改めてお断りしておかなければならない。

その際にキーワードとなるのが「体験」である［芝崎 2019］。その手がかりとして読者に供したいのは、筆者がボブ・ディランについて論じた際に検討した音楽評論家、ポール・ウィリアムズの次のような言葉である。

一幅の名画、そうでなければポラロイド・カメラで撮影した一枚のスナップ写真を見てほしい。その一枚にメッセージは存在するか？　ひとつの歌とは一枚の絵なのだ。人はそれを見る――正確に言えば、人はそれを見、味わい、感じるのだ。人に歌を聞きなさいというのは、ローラー・コースターに乗りなさいといって十セントあげるのと同じだ。体験。ひとつの歌とはひとつの体験なのだ。歌を書く人間も歌を歌う人間もそれぞれなにかを感じている――歌には、同じものを感じてもらいたい、そんな思いがこめられている。だから、ひとはまったくそれがなになのかを知ることがなくてもそれを感じとることができるのである。［Williams 1969：邦訳 90―91］

体験としての音楽という視点から音楽を「体験する」授業実践は、国際関係を学ぶ際に、視覚や聴覚、ここでは特に声や音を通して得られる「体験」から、「国際関係」とは何かを感じ取り、それ以外のさまざまな世界のあり方を考えていく手がかりとするという意味で、単に教科書的な知識、いわば「しつけ」＝disciplineとしての学問の概要を学ぶことともにはたらくことで、より深く国際関係、ひいてはグローバルな世界とわれわれについて感じ取り、考え抜く効果を相乗的にもちうるのではないか。これが、本章が提起する仮説であり、ジミ・ヘンドリックスが自らのバンドをザ・ジミ・ヘンドリックス・エクスペリエンスと名付け、1967年に発表したデビュー・アルバムを*Are you experienced?*と銘打って、同名のタイトル・トラックを収録したことにちなんで本章の題名とした所以でもある。

そしてこうした「体験」は、この世界にはさまざまな現実と向き合ってきた・向き合っている多様な人々の無数の声やメッセージが存在していることを認識し、それらに耳を傾けることのできる「共感」する力や、自分自身もまたその共感の連鎖に参画していくきっかけを受講生に与え、そのような世界のひとびとの、日本国内はもとよりグローバルな共感の連鎖を育む基盤ともなりうるのではないかという試論を最後に示していく。

1　授業内実践の形式と内容

(1)　形　式

本章で扱う授業は、2005年度から2019年度まで青山学院女子短期大学教養科で行った「国際関係論」、および2006年度から現在まで駒澤大学グローバル・メディア・スタディーズ学部で行っている「国際関係とメディア」の2つである（いずれも、2017年度から2018年度前期は、在外研究のため開講せず）。どちらも形式は同一である。それぞれの授業の対象は主に1年生であるが、どちらの授業も2年生以上の学生も履修可能である。授業の人数は少ない時で30人程度、多いときには300人前後である。

青山学院女子短期大学の場合は、前期・後期合わせて1年間の授業で、当初は通年科目であったが後に半期ごととなり、どちらから履修することも可能となった。駒澤大学の場合は後期の半年の科目である。それぞれの授業の目的は、初学者向けに対象としての「国際関係」にかかわる歴史・現状と、学問としての「国際関係研究（国際政治学、国際関係論、国際関係学など）」にかんする基礎的な知識を習得することである。

授業の形式は、大別して（1）通常型（2）映像分析型の2つがある。授業回数的には3分の2が通常型、3分の1が映像分析型である。通常型は、次の4つのパートから構成されている。

Ⅰ　ニュースウォッチ

Ⅱ　リーディング

Ⅲ　メディアウォッチ

Ⅳ　感想・質問

ニュースウォッチは、新聞・ウェブサイトの報道を、5―6分間でその場で読み解き、重要だと思われることや思ったことを書き抜き、その後で解説を聞きながら自分の記述をベースにノートを作っていく時間で、25―30分程度を当てている。リーディングは、ニュースウォッチよりも長い、国際関係・国際関係研究に関する基礎的な知識に関する文章を12―15分程度で読み解き、特に重要な4―5の点に即して内容をまとめ、解説を聞きながらノートを作成する時間で、これにも30―35分程度があてられる。最後のメディアウォッチが音楽を使用した授業実践である。そのあと授業全体に関する感想やコメントを書き、その答案を提出することで出席に代える。答案はすべて手書きで、各自作成したものをPDF化して提出する。オンデマンド授業の際はあらかじめそれぞれのパートを録画して提供する。

このように、授業全体において、学生が主体的に種々の文献や映像、音楽などを読み、見、聴き、さらに筆者の説明を聞きスライドや板書（オンデマンドのさいはタッチペンでの書き込み）を見ながら、「自分なりにまとめたノート」を作成する形式である。制限時間内で能動的に作業することが求められるため、通常の授業よりも集中力が必要となるが、自分なりの読みやまとめを、自分が考えた通りに書くということから、充実感や達成感があるという感想を持つ学生が少なくない。今まで受けた授業の中で一番充実していた、時間があっという間に過ぎたといった感想が毎年見られ、大きな字で「つかれて、つかれて、ためになった！」と大書した例もある。最初のうちはほんのわずかしか書けなかった学生も、慣れてくると、大学の定期試験で使われることの多いＢ４横罫の答案用紙の両面がいっぱいになるほど手書きでの答案を作成するようになり、時には複数枚必要になる学生もいる。「紙」に「手書き」で答案を作成することに対しては、デジタル・ネイティブかつスマホ世代となった学生の中には抵抗を感じる者もいるが、その効用は近年アンデシュ・ハンセンが示した通りである［Hansen：2019：邦訳９７—１１０］。学生たちには以前より手書きの利点について説明しており、また自らの経験からもその効用を実感する者が多い。なお、本授業をワークショップ形式で体験する機会を、２０１2年度の日本国際政治学会および２０１４年度の日本平和学会で設けた。また２０２１年度には「国際関係とメディア」が、駒澤大学の「学生が選ぶベスト・ティーチング賞プラスワン賞」を受賞した。

(2) 方　法

メディアウォッチは、こうしたインテンシヴな講義の最後のパートに設けられている。通常は同じアーティストの2つの曲を聴き、それぞれについて思ったこと、考えたことを自由に、1曲あたり3分間で書くことになる。手順としては、まず、そのアーティストを紹介し、それぞれの曲に関して簡単に説明を加えた上で、1曲ずつ、歌詞を見ながら（外国語の場合は訳詞と原詞の双方を見ながら）聴いていく。

聴き終わった直後に、「はい、では思ったこと・考えたことを自由に書いて下さい」とアナウンスするのがメディアウォッチの際の通例である。体験していただくとわかることではあるが、聴いた直後に感想を書くのは、実はそれほど簡単ではない。そのため、メディアウォッチの最初の回、そしてその後の2、3回特に繰り返し強調するのは「思ったこと・考えたことを自由に書く」とはどういうことであって、どういうことではないのかという点である。具体的には、第一に、聴く音楽の、あるいはそのアーティストの「好き・嫌い」を書くということではないということ。第二に、それが有名であるとか、あるいはこれまで何らかの観点から高く評価されているといった、授業担当者である筆者が事前に紹介するようなその曲に関する既存の価値判断に同調する必要はないということ。第三に、あくまで自分自身がそれを聴いた時に思い浮かんだことや、その曲から得たイメージなどをできるだけ素直に書くということである。

第一の点に関して言及しておかないと、「この手のジャンルは嫌い」「この手のジャンルは聴かないのでよくわからない」「洋楽はふだん聴かないのでよくわからない」「このミュージシャンの見た目が嫌い」といった「拒絶反応」的な感想がまず出てくることになる。第二の点については、たとえば（使用したことはないのだが）ジョン・レノンの「イマジン」についての感想が極めて紋切り型になるといったことが起きる。平和が大切である、戦争はよくない、愛が大事、差別や憎しみはよくない、といったメッセージに単に同調するだけではないような、もちろん同調してはいけないということでもないような受け止め方を求めていく、といえば聞こえは良いが、つい「答え」が存在し「合っていますか」と確認したくなりがちな学生がややもすれば少なからずいることを考えると、そのリミットをはずす必要がある。第三の点は、第二の点にもかかわる。たとえばメッセージは理解できるがこの表現では別な意味にとられてしまうのではないか、あるいはある種の批判が別の誰かをいわれなく傷つけるのではないかといった多様な解釈や、あるいはもっと単純に、自分の中に浮かび上がってきたイメージ、色などをそのまま書いてもかまわない、というメッセージを伝え、また筆者自身の自由な解釈も、それが唯一の正しい答えではないということを断った上で示したりしながら、より自由な解釈をしてもらおうという意図である。

メディアウォッチにおいて重要な要素は「歌詞を目で追いながら聴く」という点である。すべての場合に歌詞を示し、外国語の歌の場合は必ず訳詞も示し、それを参照しながら聴いてもらう。映像の場合は可能なら歌詞の字幕付きで見るか、難しければ別途歌詞を示す。というのも、外国語の歌の場合に、しばしば見られる感想は「洋楽は歌詞がわからないまま雰囲気やメロディーだけで聴いているので、歌詞を読みながら聞いたのは初めてだった」という感想が見られるためである。もちろん初めから歌詞を意識する習慣を持つ学生もいれば、訳詞を示し、それを参照するようにと指示を（学期中にほぼ毎回）出しているにもかかわらず、「英語なのでよくわからなかった」と書いてくる学生もいる。

表11－1　2020年度後期のスケジュール

	Newswatch	本　題	Mediawatch
1		ガイダンス	奥田民生「最後のニュース（井上陽水）」&「息子」
2	R. B. ギンズバーグ逝去	国際関係の歴史 1 -19c	Bob Dylan : Political World (1989) / A Hard Rain's A-Gonna Fall (1962)
3	ベラルーシ独裁	国際関係の歴史 2 20c	高田渡「自衛隊に入ろう」(1969) &「値上げ」(1971) &「銭がなけりゃ」(1970)
4		映像 1 「NHK 特集アジア・太平洋戦争」(1992) をもとに	
5	WFP ノーベル平和賞	主権・国民・国家	Prince: Sign o' the Times (1987) & Baltimore (2015)
6	核兵器禁止条約	平和・戦争・テロリズム	Sting: They Dance Alone (1987) & Children's Crusade (1985)
7		映像 2　映画「ザ・コーポレーション」(2005) をもとに	
8	香港民主化運動	日米安保条約	岡林信康「くそくらえ節」(1969) &「アメリカちゃん」(1969)
9	米大統領選ファクトチェック	貧困と開発	Ani Difranco: Your Next Bold Move (2001) & Subdivision (2001) (Do or Die (2020) / Pray God (2019) も紹介)
11	種苗法改正案とアグリビジネス	環境問題	佐野元春「約束の橋」(1989) &Aimer「ONE」(2017) &「革命造反歌」
12		国際関係の歴史 3 21c	Janelle Monáe : Q.U.E.E.N (2013) & Turntables (2020)
13		リフレクション＋天才バカボン	Patti Smith: Radio Bagdahd (2004) & People Have the Power (1988/2019)

（出所）筆者作成。

メディアウォッチの形式はアーティストについて解説、1曲目の解説、そして聴いては3分間作文のあと短く解説、そして2曲目の解説・視聴・3分間作文という流れになる。曲の長さによって異なるが、短くて20分、長ければ30分くらいの時間である。リーディング、ニュースウォッチとそれなりにインテンシヴな授業で、読んでは書き・解説を聞いてはさらに書き、という流れの中で最後に音楽を聴きながら考えるということで、引き続き息は抜けないものの、活字やスライド（動画・画像など含む）とは違った形で、しかも正解が一つだけしか存在しない答えを探すためにではなく、自分だけが持っている一つの印象や体験について自分の率直な考えを書くという課題であるため、慣れてくると楽しみにする学生も増えていく。

いる）。

(3)　内　容

表11-1は、オンデマンドで開催した2020年度後期の予定である（課題授業日などを除く、純粋な授業の回のみを示している）。

とりあげる選択の基準は、過去から現在までの間に一般的に国際関係や世界政治に直接・間接に関連して発表されたアーティストないしは曲、という程度のゆるやかなものである。アーティストや曲は頻繁に入れ替えることもあれば、継続して扱う場合もある。ニュースウォッチで現在の世界の動きを知りつつ、リーディングで国際関係の歴史を学びながらイシュー別の基本事項をおさえていく授業構成に即して、基本的には過去の作品から徐々に現在に近づいていくことになるので、リアルタイムに発表された作品は相対的に少なめである。またどうしても担当教員自身の好みや「守備範囲」というバイアスを伴っていることも否めない。読者のみなさんも、なぜこのミュージシャンを入れないのか、なぜこの曲であってあの曲ではないのかとご不満にお持ちの方が少なくないことであろう。より幅広い多様な選択肢から選曲していくことは今後も課題である。

具体的な題材は毎回様々であり、何度も取り上げているものもあれば、入れ替え、追加しているものもある。たとえばボブ・ディランはこの他にも別の2曲で構成したセットがあり、年度ごとに入れ替えているし、高田渡は高石ともやのセットと交互に用いることが多い。今年度は取り上げていないが、過去17年ほどの間に複数回とりあげたアーティストとしては、斎藤和義、RCサクセション（Coversそして「コブラの悩み」など）、ボブ・マーリー、スティービー・ワンダー、U2（2019年度は中村哲さんが殺害された時期に合わせて扱った）、ザ・ローリング・ストーンズ、ザ・ビートルズ、ジョン・レノン、ポール・マッカートニー、パール・ジャム、レイジ・アゲンスト・ザ・マシーン、ジャミロクワイ、ビースティー・ボーイズ、ベッシー・スミス、ビリー・ホリディ、ビクトル・ハラ（「自由に生きる権利」）、ビオレータ・パラ（「人生よありがとう」）などがある。

アニ・ディフランコの回のように、代表曲に加えて最近の動きなどを補足的に紹介することも多い。また、ジャネール・モネイの回のようにちょうど新曲が出たのに合わせることもある。最終回はかつてはニール・ヤング（たとえばWho's Gonna Stand Up?（2014）& Rockin' in the Free World（１９８９年、使用するのはWeld（１９９１年）のバージョン））が多かったが、本年度は、ノーベル文学賞コンサートでディランの代わりに歌ったことも紹介しながら、パティ・スミスをとりあげた。同じく、その他に新しい試みとして佐野元春とAimerを比較する回も設けた。これについては後述する。基本的には音源及び歌詞で「音のみ」によるが、第1回の授業で使うことの多い奥田民生、ニール・ヤング、高田渡、高石ともや、ＲＣサクセションなど、ライブやＭＶ映像などを使用することもある。

2　感想に基づく分析

本節では、受講生たちの過去の3分間作文をもとに、こうした形式の授業から学生が何を学び取り、感じ取ったかを紹介し、考察を試みる。授業の答案のストックは前述の通り15年分以上にのぼるが、今回はそのなかからあくまでランダムにピックアップしたものにすぎず、全体を俯瞰した上で言説分析、内容分析などの手法を用いたより本格的な研究は今後の課題としたい。なお、受講生の答案は、確認が取れる限りの範囲において、個人情報が漏洩する可能性があるような形での引用は行わないこと、具体的には（1）手書き答案そのものを直接掲載することはしない（2）引用する際も原文ママではなく、趣旨を損なわない程度に個人情報に配慮して改変するといった条件によってのみ紹介しており、完全な原文のままではないことをお断りしておく。

(1)　一般的な反応

もっとも一般的な反応は、それらの曲やアーティストについてまったく知らないか、曲やアーティストの名前は聞いたことがあっても曲を聴いたことはないといった前提からの感想で、これが多数を占める。たとえば冒頭に「……という名前は聞いたことがあったが、曲を聴いたのは初めてでした」と断った上で、感想を書き始めるパターンである。場合によっては、稀にではあるが自分が好きなミュージシャンの曲が紹介されたことに喜ぶ場合もある。メディアウォッチでとりあげてほしいリクエストも随時受け付けており、古今東西を問わず、メディアウォッチに触発されてさまざまな作品やアーティストを学生たちがあげてくれる。こうした「社会的なメッセージの歌い手」として学生の多くがあげるのは、ディランやレノンといった世代よりもはるかにマイケル・ジャクソンであり、年によって頻度は異なるが「ヒューマン・ネーチャー」や「ヒール・ザ・ワールド」のリクエストは毎年のように見受けられる。中には筆者が一度も耳にしたことのないアーティストの作品もあり、かえってこちらが教えられることも多い。

古い作品では、親族や年上の知人が好きで聴いているのを耳にしたことがあったり、メディアで一部分だけを聴いたことがあるというケースも多い。ボブ・マーリー&ザ・ウェイラーズの「ノー・ウーマン、ノー・クライ」やポール・マッカートニー&スティービー・ワンダーの「エボニー・アンド・アイボリー」などといった特徴的なサビやイントロをどこかで聴いたことがあり、メディアウォッチによってその曲の歌詞や背景を初めて知って、その曲をなぜその知人や親戚が好きなのか、その曲がなぜ有名な曲なのかをはじめて理解できた、という例も複数ある。こうして「聴いたことがない」か「耳にしたことがあるが誰のなんの曲かは知らなかった」「聴いたことがあるがどのようなメッセージの曲か知らなかった」という場合は、単純に知識としてその曲の存在を知り、その曲の背景、その曲のメッセージ、そしてその曲自体を知ることで、比較的素直にその曲を楽しみ、心を動かされたという感想が典型的である。

これに加えて、3分間作文のフォーマットを体験したこと自体についての感想も多い。体験してみるとわかることであるが、いきなり耳にしたことのない曲について説明を受け、その直後に半強制的に聴かされ、聴き終わった瞬間から「思ったことを自由に書きなさい」と言われても、そう簡単に書けるものではない。当初は一言、一行しか書けない学生も多いのである。しかし、慣れてくるにしたがって、また前述のような縛りがなく、「正しい答え」「点数の良い答え」を書くのではなく、自分である意味好きなように深読みしたり、イメージしたりすればよいのだということに気付くと、「歌を聴き、その意味を考えるということを今までしたことがないので、楽しい」「政治的な意味や、訴えがある歌詞は、難しいが、聴いていておもしろい」といった見解が増えてくる。

この延長線上に出てくるのは、ポップ・ミュージックによってこうした社会的な、あるいは政治的なメッセージを込める歌がこんなにたくさんあったし、あるという事実自体への驚き、と形容できるようなコメントである。「現在の日本には、ここまではっきり、世の中を映し出す歌を歌う人がいないと思う。音楽として伝わってくる、語りかけるようなもの（を歌う人がいない）。伝わってくるなという感じがした。英語が理解できると、より深く、自分で考えるものがある」、「詞の内容が心にしみる。歌詞の内容が深く、現在の政治状況をそのまま歌にしたような感じがした。社会派であることが伝わる曲で、多くのテーマを取り入れて使っているのが良かった。政治などにしたしみが少ない人間、特に若者にとってはこのようなメッセージがある曲を聞くことが大切なのかもしれないし、（そうすれば政治などを）理解できるのではと考える」といった表現である。

(2)　さまざまな反応と解釈「自衛隊に入ろう」をめぐって

こうした一般的に共通する反応をある程度抽出することは可能であるが、実際には曲ごとに、アーティストごとに学生の3分間作文の内容は実に様々である。また、曲によっては受け止め方や反応が大きく分かれることも少なくない。たとえば冷戦期の国際関係を学ぶ回に行う題材の一つ、高田渡「自衛隊に入ろう」（1969年）がその例である。ベトナム反戦運動、学生運動などの社会情勢や国際情勢や音源での「シング・アウト」について、あるいは歌詞の中の表現などについても説明し、高田渡本人がその後のこの曲をほとんど歌わなかったことなども補足し、この曲がある種の「褒め殺し」であり、風刺を込めた逆説であるということもあらかじめ述べておく。大別すると、この曲に対する反応は、同じように風刺としてこの曲のメッセージを肯定的に受け取る学生と、むしろ自衛隊に対する当時の偏見を感じて好きになれないという学生の二つに分かれ、時代が下がるにつれて徐々に後者の反応が増えていく傾向が見受けられる。

前者の反応は「ことばのはしばしに毒があって、自衛隊を皮肉っているのがよくわかった。日本にもこんな歌を歌っている人がいたのは知りませんでした。とっても新鮮でした。みんなが一緒に歌っているのをきいて、当時の人々の熱さを感じて鳥肌が立ちました」といったものである。後者はたとえば、「今この歌が世間に流れたとしても、受けないだろうと思う。60年代の自衛隊は世間から批判されていたのだなと強く思いました」、「私の自衛隊に対するイメージは、「立派」で、国のために働いていて、困っている人を助けるというポジティブなものです」といったものである。さらに「長年自衛隊に勤務している知人がいるので、非常に複雑で、いやな気分になりました。自衛隊を嫌ったり、戦いを嫌う人々の気持ちはよくわかります。けれど、国を守っていることには変わりないので、戦争への怒りを自衛隊に向けるのはどうかと思いました」といった趣旨の見解には、改めて深く考えさせられた。

すでにふれたように、メディアウォッチにおいては曲をほめたり「すごい」と思ったりする必要はなく、自分がどう受け止めたかを自由に書くことを推奨している。そうでなければ3分間作文は、単なる同語反復になってしまいかねない。この「自衛隊に入ろう」を聴く体験には、当時の盛り上がりと、現在の自衛隊に対する見方（災害支援や国際貢献の担い手といったさまざまなイメージ）の違いとその違いをもたらした変化を知ることで、国際関係、そして国際関係の中の日本の変容を学ぶ手がかりを得る効果があると考えられる。そのことに気付く学生もおり、前述の「ポジティブなものです」と書いた学生はそのあとに「ただ、デモなどが学生の間で盛んであった60年代という時代背景を考えると、自衛隊なんかに入れば自由もなにもなく、だまされて入り命を無駄にさしだすものだといっているように聞こえる」と書いている。

いうまでもなく、「自衛隊に入ろう」はほかの曲と同様に、当時と現在とでも、また当時の人々の間と現在の人々の間とでも多種多様な解釈が成り立ちうるのであって、まさに「正解」はない。当時このような歌が発表され、一定の人々の間で支持を得たということを知り、そのような歌を実際に聴くことで、今の聞き手自身がどのように考えるか、特に、当時はなぜこの歌が一定の人々の間で評価されたのかを、今の自分自身の自由な受け止め方とは距離を置きながら、過去を過度に称揚し同調するのでもなく、現在の視点から過去を断罪するのでもない形で聴くというレッスンとしてこのメディアウォッチは機能しているように思われる。もちろん、そのためには音楽を体験してもらう前と後に、それぞれの曲に応じた配慮が必要となる。

3　近年の事例より　応援ソングと革命ソング？

(1)　周庭と「不協和音」

2020年度にオンデマンドで試みたのは、「応援ソングと革命ソング」と題するメディアウォッチであった。ことの発端は、香港民主化運動に参加する若者の象徴的な存在の一人である周庭に関する報道であった。彼女は2020年8月に逮捕された際に欅坂46（2020年10月に櫻坂46に改名）の「不協和音」（2017年）の歌詞を思い浮かべ、ある意味で心の支えとしていたと述べたという[(1)]。これまでにも知られているように、周庭は同じく欅坂46の「サイレントマジョリティー」（2016年）を引用したり、香港では『進撃の巨人』のテーマ曲の替え歌が民主化運動のテーマソングの一つとして広まったりするなど、日本のポップ・カルチャーがある種の「支え」になっている面があると言われる[(2)]。

これはたとえば、まったく同一の事例であるとは言えないが「プラハの春」後の1969年10月にマルタ・クビジョバがザ・ビートルズの「ヘイ・ジュード」（1968年）のチェコ語カバーを歌い、人々の支持を得たことを想起させる現象でもある[(3)]。マルタの場合は主体的に原詩を巧みに変えて、そこにチェコの人々が圧政に抵抗し連帯するメッセージを込めたのであるが、周庭の場合は「不協和音」の歌詞をおそらくリリースとほぼ同時に、即座にそのまま受容し、自らの置かれた状況に直接あてはめて、自らを、あるいは連帯する人々を励ますメッセージとして受け止めている。作品を改変するのではなく、ある社会的・文化的文脈で発されたメッセージやイメージを異なる文脈に援用することで、自らを支えようとしたのである。

歌が人々の生を支えるというのはもちろん、普遍的な現象である。日本のポップ・ミュージックではそうした歌を「応援ソング」というジャンルで呼ぶこともある。この回では、文脈が異なっていても、何か逆境や苦しい状況に置かれた人を慰め、癒やし、励まそうとする、またそうした力を持つ歌が、国境を超えて、ひいてはグローバルに異なる逆境や状況に置かれた人々に対して同じように作用するということもあり得るのではないかという問題提起を試みたのである。もちろん、異なる状況にあるそれぞれの人々の差異を不当に無視することはできない。加えて、それぞれの「応援ソング」がもつ固有の「本来の意図」のようなものを追求することも必要ではある。しかし、まずは、こうした解釈が成り立ちうる可能性について、みんなで考えてみる機会を設けてみたのである。

(2)　グローバルな共感の連鎖の可能性

今回は、応援ソングの古典とも言える佐野元春「約束の橋」（１９８９年）とAimer「One」（２０１７年）を比べながら聴き比べてみるメディアウォッチを行った。さらに、学生自身にとっての「応援ソング」的なものがあれば紹介してもらった。学生からは、さまざまな「自分の応援ソング」の紹介やおすすめに加えて、「「応援ソング」に救われた人は、周庭さんをはじめ多くいると思った。「音楽は国境を越える」とよくきくけれど、ある曲が世界中で共感され、大きな活動をしている人を支えているのはすごいことだと思う。どこの国でも、いつの時代も、人々の心を支えたり、勇気づける「応援ソング」の存在は大きいと思った。」「私たちがふだん心励まされている歌は、実はグローバルな面と関係していているかもしれないという先生のことばから、新しい見方がまた一つ増えました。ふだん意識することなしに生活していると視野が狭くなりがちですが、少しの意識をすることで自分の人生も大きく変わるのかなあとも思いました。自分が心の支えにしている曲もそのような面があるかどうか、次に聴くときに意識してみます」といった感想がみられた。

授業の後半部分にさしかかり、60年代から２０１０年代後半まで徐々に聴いてきた蓄積もあることから、この試みはいわば応用編としての色彩を持っている。とはいえ、ここには教育活動が多かれ少なかれ余儀なく抱えてしまう同語反復的な帰結が看取される（こういう風に考えてみましょう→そういう風に考えられた！）し、そう考えなくてもかまわないということをいかに強調しても、どうしてもそうした「素直」なコメントが多くなるのも事実ではある。しかしふだん学生の多くが聴いている「応援ソング」的な要素をもった歌に対して共感をもつ根源にあるものが、実は世界の様々な困難な問題や状況に立ち向かっている人々が抱えているものと、程度の差こそあれ、グローバルに共通点があることを知ることは、香港の人々が日本のポップ・カルチャーを自分の側に引きつけたのと逆に、学生が世界の諸問題を自分に引きつけて理解し、「世界の中の自分」を見つけるきっかけにはなるのではないであろうか。

そして、その先には、いかに各々の状況が異なるものであるのか、自分たちのその時点で持っているリアリティや想像力や先入観が通用しないほど深刻なものであるのかを知らなければならないし、また教えなければならないであろう。その点ではあくまでこうした試みは「入り口」としての効果にとどまる。しかし世界の人々と共感の回路を持ちうることをまず知り、気付くことで、その先にある、多様な差異や自己の想像や想定を超えるようなさまざまな出来事を知り、学び、感じ取る課題に向き合うステップとしてはこうした試みにも一定の意義があると考える。さらに端的に言えば、日本の「応援ソング」が香港に「革命ソング」として聴かれるならば、日本の「応援ソング」は日本社会の「革命ソング」になり得るのか、ならないとしたらそれはなぜなのかという問いも視野に入ってくるのかもしれない。

おわりに

以上のように本章は、メディアウォッチの実践について紹介し、具体的な実例についてもふれながら、その意義や可能性について現時点での簡単な展望を示した。授業自体のより深い掘り下げ、また他の授業実践との比較検討などは今後の課題としたい。加えて筆者は、第10章を執筆されている佐藤壮広さん（山梨学院大学）のお力をお借りして、文献や音楽を分析し最後にその文献に関する歌詞をつくり全員で歌うワークショップの試みも行っており、それらについても検討を試みる予定である。ただし、冒頭でふれたとおり、あくまでこれは無数の試みの一例にすぎず、今後さらに改良を重ねていくこととしたい。

冒頭で紹介したポール・ウィリアムズは、17歳でロック・ジャーナリズムのはしりである『クロウダディ』を創刊したことで知られる。彼は18歳の時にディランを論じた文章の中で、音楽を聴くということは「体験」であり、音を解釈し、説明することにではなく、「理解」することにことの本質があると喝破した［芝崎２０１９］。その「音」を聴いた瞬間に自分に何が起きたかは、たとえそれが十分に解釈、説明できなくても経験によって理解することができるというのである。むしろ解釈や説明は、客観性に向かうものであるが故に「不安定」であるが、理解はむしろ確固たるものだとウィリアムズはいう。「どのみち、きみとぼくとが同じ瞳をとおして物を見ることはないのだから、誰がなにを理解するとしても構うこともないのではないか？　ぼくらは一緒に成長し年を取っていくだけ」［Williams 1969：邦訳 １０５］であり、理解は共存し、相争わないのであって「その歌にこめられたありったけの可能性」［Williams 1969：邦訳 94］を感じ取りさえすればよいというのがウィリアムズの考えである。

筆者のゼミ生の一人は、1年生の時に「国際関係とメディア」でスティービー・ワンダーの「ラブ・イズ・イン・ザ・ニード・オブ・ラブ・トゥディ」（１９７６）のイントロを聴いた瞬間いいようのない感動を覚え、その瞬間に国際関係のゼミに入ることを決めて志望理由書を書き、いわゆる体育会系の部活動と両立させながら優秀な卒業論文を書いて卒業し、社会人として活躍している。彼の中でその時何が起きたのかは筆者にもわからないし、彼自身にも「説明」がつかないかもしれない。しかし音楽という「体験」はおそらくこうしたことを引きおこし得るものなのである。彼はその時確実に何かを「理解」したのであって、その「体験」がさらなる学びを触発したのであった。

もちろん必ずそうなるわけでもなければ、すぐにそうなるとも限らない。少なくとも、授業の中で解釈や説明を修得するパートと、聴くという体験を通して理解し感得する（それはプラスの共感でもあれば「自衛隊に入ろう」の例にあるようにそうではない場合もある）パートをミックスさせることは、知性と感性、カント風に言い直せば感性・悟性・理性を交錯させる形で国際関係を学び、グローバルな共感の連鎖に自己を開披するきっかけとしての効果を持ちうるように思われるのである。

付記　本研究はＪＳＰＳ科研費１８Ｋ０１４８１の助成を受けたものである。また、筆者の授業に出席し、メディアウォッチを「体験」した、青山学院女子短期大学および駒澤大学のすべての受講生に心から感謝の意を表したい。

注

（１）野崎剛「アグネス・チョウはなぜ『不協和音』を拘束中に思い浮かべたのか」(https://wedge.ismedia.jp/articles/-/20465, ２０２０年８月12日閲覧)。

（２）藤田直哉「『進撃の巨人』に自らを重ねる香港人。周庭さんだけじゃない、日本のカルチャーが香港の民主化運動に与える影響」(https://www.huffingtonpost.jp/entry/naoya-fujita_jp_5f47288ac5b6cf66b2b2a678, ２０２０年８月28日閲覧)。

（３）ＮＨＫハイビジョンスペシャル「世紀を刻んだ歌　ヘイ　ジュード～革命のシンボルになった名曲～」（２０００年10月４日放送 (https://www.nhk.or.jp/archives/nhk-archives/past/2014/141214.html, ２０２０年８月12日閲覧)。

参考文献

芝崎厚士［２０１９］「ボブ・ディランという音」『平和学研究』51。

Hansen, A. [2019] *Skärmhjärnan*, Bonnier Fakta : Stockhdm（久山葉子訳『スマホ脳』新潮社、２０２０年）.

Williams, P. [1969] *Outlaw Blues*, E. P. Dutton : California（室矢憲治訳『アウトロー・ブルース』昭文社、１９７２年）.

第12章

ドン・キホーテの風車
——サウンドスケープ論の「近代批判」再考——

半澤朝彦

はじめに

サウンドスケープ（soundscape）は、カナダの作曲家R・マリー・シェーファー（1933—2021）が提唱し1970年代から広まった言葉である。ランドスケープ（landscape）という語から着想され、「音風景」「音景観」などと訳される。エコロジー運動のほか、騒音公害対策や地域振興など行政、政策でも援用される［Schafer 1977］。

本章で検討したいのは、サウンドスケープそのものというより、シェーファーが表明している、ある種の「近代批判」というべき奇妙な歴史観、音楽観である。それは、彼を引用する音楽学者などにも受け入れられ、西洋芸術音楽についての一面的な言説、ステレオタイプを助長している。いわく、西洋音楽の中心は器楽による「絶対音楽」であり「楽譜通り」に演奏される、「楽音」が優先され「非楽音」は排除される、聴衆には厳格な「集中的聴取」が求められる、といったものである。

以下で検討するように、これらの言説は、ごく控え目に言っても一面的に過ぎ、フェアなものではない。シェーファー自身は作曲家であり、西洋芸術音楽の歴史を彼なりに解釈し、それを乗り越えようとしたのだろう。しかし、彼が広めた「集中的聴取」「音の帝国主義」といった否定的概念は、サウンドスケープ論を合理化しようとするあまり、

「音楽の現実」からかけ離れたイメージを拡散している。それは、単に一つの芸術分野への評価を越えて、我々の「近代」理解にかかわる問題なのである。

本書の最後にこうした議論を行うのは、音楽の社会的・政治的な意味を分析し、言語化・言説化する際に留意すべきこと、あるいは責任を明確にしたいからである。「音楽で世界を読み解く」とは、思想やイデオロギーのメガネでもっぱら思弁的に音楽に接近し、外側から分類したりレッテル張りしたりすることではないだろう。重要なのは、トータルな「体験」としての音楽を捉えることではないか。音楽をスタティックな「作品」としてのみ扱うのではなく、一回限りの現象として発せられ、身体で経験する「ミュージキング」として内在的に理解すべき、と言い換えてもよい［Small 1988］。

1　演奏の現場はどこへ？

音楽をあくまで「経験」や「実践」のレベルで捉えるべき、と筆者が改めて感じたのは、「『ボブ・ディランという音』と平和学」という芝崎厚士の論考によってである。芝崎は、傑出したアーティストとしてのボブ・ディランを「平和」や「自由」といった言葉や概念、価値に還元する単純な言説は多いが、「ディランという音そのもの」はブラックボックスだと指摘する。大切なことは、ディランをテキスト（歌詞）で判断するより、生きた「パフォーミング・アーティスト」として捉えることだという。聴き手の「個人的・直感的な理解・体験」、とくに「時が止まる」ような経験、「文明社会が暗黙の裡に前提してきた時間観」から一時的にせよ解放されるような「特別な経験」と位置付けた上で、学知を再構築すべきと論じる［芝崎 2019：37―73］。

パフォーマンスの軽視は、シェーファーの西洋芸術音楽の捉え方についても言える問題である。もちろん、シェーファーが単に紙の上で音符を並べるだけの作曲家であったとは言わない。実際に立ち上がる「音」、それによって生起する「経験」を見据えて作曲していたには違いない。とはいえ、彼の関心の中心はやはり「作品」であって、パフォーマンスそのものではなかったように見える。彼は、「ケージ以後」の世代の作曲家の一人として、「西洋近代音楽の枠組みからの解放」を目指した。彼らが「脱却すべき」と考えた「西洋近代音楽」とは、綿密に設計され構築された音楽作品、あるいは、そうした作品を支える思想やイデオロギーといったものだったのである［鳥越 1995：39］。

西洋芸術音楽の分析では、演奏面の軽視はとりわけ問題である。なぜなら、この分野においては、作曲者と演奏者の分離・分業がきわめて顕著だからである。シンガーソングライターであるボブ・ディランの場合、作曲者と演奏者・歌い手は同一である。他方で、西洋芸術音楽の演奏に従事する人々は、とりわけ一九世紀以降、作曲家とは別個の職業、すなわちプロフェッショナルな「演奏家」という独立した職能集団にかなり明確に分化した(1)。彼らこそが音楽の現場を司り、聴衆と直接コミュニケーションするのである。彼らは、不断のトレーニングや思索、研究、考察を積み重ね、演奏によってその都度、まさに「時が止まる」ような特別な瞬間を作り出そうとする。

ところが、西洋芸術音楽を主たる対象とする音楽学においては、長い間、「作品研究」と「作曲家研究」が圧倒的であった。勢い、演奏者への評価は必然的に軽いものに留まり、演奏者はどちらかといえば「職人」「技術者」として、すでにそこにある「作品」を「再現する」だけの人々、と見做されがちであった。たしかに、有名な演奏家の自伝や評伝は数多く存在する。しかし、それらが音楽学の分析に取り入れられることは、一部の巨匠的な指揮者を除けばけっして多くない。さらに演奏家自身も、自らの個性や表現を押し出すより、あくまでも「作曲家のしもべ」として作曲家の意図をできるだけ忠実に再現することが自らの使命と述べる傾向がある。

西洋芸術音楽の歴史を見ると、演奏家のあり方はきわめて多岐にわたる。音楽プロデューサーの中野雄によれば、「作曲家は楽譜という設計図を書いた建築家、指揮者は現場の総監督、コンサートマスターは大工の棟梁、各パートの首席奏者は屋根を葺き、壁を塗り、土台を作る専門職人集団の親方」に例えられる［中野 2011：12―13］。であるなら、オーケストラにおける首席奏者以外の多くの奏者は、一人一人の職人たちである。さらにそうして建てられた建築物を実際に住んだり使用したりする人々は音楽の聞き手、聴衆にあたる。オーケストラだけでなく、独奏や室内楽、オペラ、宗教音楽など、さまざまな編成、ジャンルを支えているのは実際に音を出す演奏家たちなのである。

それほど多様なパフォーミング・アクターが存在するにもかかわらず、彼らの見解が軽んじられるのはなぜか。一つには、演奏家の社会的地位や言語力、発言力の問題もあっただろう。音楽史を振り返れば、演奏家には西洋史におけるマイノリティであるユダヤ人がきわめて多い。また、他の職業に比べて早くから女性が多かったことも事実である。音楽に関する言説の主導権を握った音楽学者や評論家が圧倒的に男性であったのとは対照的である。面白いことに、演奏家ではあるが実際には一音も出さず演奏をオーガナイズする指揮者は、現在に至るまで男性がほとんどである。

最近では、作品や作曲家研究とは異なる、音楽社会学のアプローチが興隆している。ジェンダーや階級、民族性など、音楽の社会的意味が論じられる機会は増えた。ただ、音楽社会学の問題意識の中心は社会のあり方であり、その中でパフォーマンスへの関心の占める割合はまだ高くはない。バロック、ロココ、ロマン派、新即物主義など、それぞれの時代に特徴的な奏法や演奏習慣があり、パフォーマンス、コミュニケーションとしての演奏様式、社会におけるそれらの意味を視野に入れた考察はあるが、全体としてはまだ技術的、演奏論的な関心に留まっている(2)。

2　シェーファーの歴史観

パフォーマンスの立場からシェーファー批判を試みる前に、まず彼の主著『世界の調律』におけるサウンドスケープ概念、そこから導かれる「西洋近代」に関する彼の理解を整理したい。『世界の調律』は邦訳で500ページを超える大著であり、その前半部分では、神話時代から中世後期の都市の発展、さらに産業革命、電気革命と、20世紀前半に至るサウンドスケープの歴史が論じられている［Schafer 1977：邦訳 32］。

シェーファーによれば、中世から近代にかけて、次のようなサウンドスケープの変容があった。まず、農業生産力が上昇する中で、農村の中心となる製粉所や水車小屋の機械音や作業音が特徴的なサウンドスケープとなった。次第に発展する都市においては、農村より遥かに多くの人々が集住、活動して生じる喧噪、金属加工などの職人が発する作業音、物売りの声など、新しいサウンドスケープが出現した［Schafer 1977：邦訳 138―41］。

とりわけ、人々の時間を管理し共同体の秩序やアイデンティティを形成する教会の鐘の音、また、室内で機械仕掛けの時計が発する音は重要であった。それらは、権威や権力、秩序の概念と結びついたサウンドスケープ、つまり人々が従うべき「聖なる騒音」であった［Schafer 1977：邦訳 177］。共同体秩序の中軸をなす「聖なる騒音」は、近代的な社会秩序や国家形成に大きな役割を果たした［阿部 1987：269―91：1988：笹本 2008：Corbin 1994：角山 1984］。時の鐘や時計は一八世紀のメトロノームの発明につながり、西洋近代音楽の大きな特質である「等拍性」を準備したのである。

次の段階は、18世紀後半以降の産業革命による機械化である。反復的・等拍的な機械音、生身の人間が発生可能なレベルをはるかに超える、大音量かつ持続的な機械音が珍しくなくなっていく。増大する騒音によって「ローファイ」な音環境が支配的となり、サウンドスケープには距離感や立体感が失われていく［Schafer 1977：邦訳 167］。

これらと並行して、労働が機械化されていくことで、「音楽」という概念が以前より明瞭に独立的なものとして立ち現れた。産業革命以前には日常のいたるところに息づいていた労働歌は、人々の生活の中で次第に居場所を失う。音楽はもっぱら娯楽、エンターテインメントとして、あるいは「芸術」として社会から遊離したり神聖視されたりし、それらの内在的論理による独自の発展を始める［松宮 2008］。

20世紀の決定的な変化としては、電気的な録音複製技術がある。複製技術により、一回だけ発せられた音をいつでもどこでも聞くことができるようになった。その結果、音は「コンテクストから切り離され」てオリジナル性を失ってしまう。シェーファーはこれを「音分裂症（schizophonia）と否定的に評する［Schafer 1977：邦訳 203］。

彼は、そうした「音を時間的にも空間的にも分離しようという欲求は、西洋音楽の歴史においてはかなり長い間顕著だった」と述べる［Schafer 1977：邦訳 207］。『世界の調律』には明確に書かれていないが、五線譜の発明、そして印刷技術を用いた楽譜出版や流通も、おそらくこの「分裂症」に至るプロセスということになろう。五線記譜法の登場により、音は一定の永続性やポータビリティを獲得したからである［Goodall 2000］。

さらにシェーファーは、「音の帝国主義的である」と主張する。産業革命によって生まれた様々な近代的な音、すなわち、列車、戦車、戦艦、飛行機、ロケット、スピーカー、ラジオ、電話の音などを列挙し、「産業革命後の音のテリトリーの拡張が、西洋諸国家の帝国主義的な野心」を高め、電気革命は「産業革命の帝国主義的な権力動機を拡張した」と断じている［Schafer 1977：邦訳 208：253］。

「音の帝国主義」は「他者を自らの音で支配しようとする欲求」であり、「〈騒音〉による征服」は、音楽の世界にも見られた。とりわけ、増幅器（電気アンプ）が発明されると、それまで新しい楽器の導入や楽器の改良、人数の増加などで音量を増大させていた「オーケストラの成長は止」まり、アンプによって音量を極大化させたポピュラー音楽が音楽の主役に躍り出た。政治に関しても、シェーファーは、権力が拡声器を効果的に活用し始めたのは、1919年9月にウッドロー・ウィルソンが国際連盟を提起した政治集会においてであった」と特定している［Schafer 1977：邦訳 253］。

3　「絶対音楽」「楽譜主義」など

こうしたシェーファーの歴史観、世界観は、サウンドスケープやメディア史研究においてよく言及される。西洋芸術音楽が形成されたコンテクストとして、音楽学者たちにもしばしば肯定的に引用される。筆者自身、「音分裂症」や「音の帝国主義」といった切り口に魅力を感じなくはない。ただ、それらが「音楽の現場」を無視した観念的・思弁的な空論であっては困る。次に、シェーファーが提起して広まった「絶対音楽」「標題音楽」「楽譜主義」「楽音主義」といった概念を検討する。

シェーファーは西洋芸術音楽を「絶対音楽」と「標題音楽」に二分する。「絶対音楽」は、「外部の環境から切断されており、その最も高度な形式（ソナタ、四重奏曲、交響曲）は屋内の演奏のために考案され」た。修道院や教会、宮殿の広間で涵養され、19世紀から現在にかけてコンサートホールの中で発展した。そこでは、静粛な聴衆による「集中的聴取」という行動様式が成立した［Schafer 1977：邦訳 23―231：渡辺 2012：78］。対位法や動機労作などの技法により構造的に綿密に構築された「絶対音楽」は、努力、全体的視野、計画性といった資質を体現し、進歩、成長、パワー崇拝といった近代主義を称揚すると論じられる。たしかに、曲が進むにつれて盛り上がり「勝利宣言」で締めくくるベートーヴェンの交響曲が、歴史的に特定の時期のメンタリティーの産物なのは間違いなさそうである［岡田 2005：Ch. 4-5；2020：140：片山 2018］。

「標題音楽」に関しても、『世界の調律』は批判的である。シェーファーによれば、ジャヌカン『鳥の歌』からヴィヴァルディ「四季」、メシアン『鳥のカタログ』に至る音楽における自然描写の系譜は、「絵画における風景画の発展と対応」している。それは、文学における「閉ざされた庭園」に相当する「隠喩的な空間」であって、「外部の生活の野蛮さ」を綺麗に捨象したアルカディア的、箱庭的なものである。生気溢れる本来の自然ではなく、「風景に対する都会人の態度」が表れたものと見る［Schafer 1977：邦訳 232―40］。

主に器楽のためのこうした音楽では、そこで使用される楽器も「音楽の帝国主義」の中で発展したという。シェーファーは、「聖なる騒音」を発するオーケストラを「権力的」「帝国主義的」と捉えるアナロジーの延長上で、ピアノという楽器にも批判的な目を向ける［Schafer 1977：邦訳 242―243］。「より大きな攻撃性を象徴」するピアノが繊細なハープシコードにとって代わり、「音量が音質にとって代わった」というわけである。

たしかにピアノは、産業革命による金属加工の技術革新、市民革命による聴衆やアマチュアの拡大の波に乗って興隆した、「近代市民社会」を象徴する楽器といってよい。西原稔は、ピアノと、軍艦、大砲、鉄道といった、産業革命や帝国主義の産物と類似性を語る〔西原 2010〕。岡田暁生も、19世紀における指の強化や反復練習などの身体訓練、試験やコンクールといった競争の激化を詳細に実証した。「指がよく回る」「間違えない」「大きな音を出す」といった資質が重視されるのは、「一九世紀に入って初めて形作られてきた規範」であり、ユーゲント運動など体操運動とのつながりも示唆する〔岡田 2008：4：243〕(3)。

シェーファーは、こうした器楽の隆盛の結果として「楽音」だけが「特権的な地位」を得たとして、そのアンチ・テーゼとしてのサウンドスケープへの注目を促す。そして生活音や自然音といった「非楽音」は「騒音」として音楽の埒外に置かれてきたと指摘する。シェーファーの議論を日本に紹介した鳥越けいこは、自身の実感も交えて次のように嘆く。「アメ横のざわめき、庭の音、街の音にも、コンサートホールでの音楽鑑賞では決して得られない味わいがある、ところが〔東京藝術〕大学時代に先行していた「音楽」の領域では、それらの音はすべて「非楽音」として排除されてしまい、それがとても残念であった」〔鳥越 1997：16〕。

さらにシェーファーは、こうした器楽中心の音楽を支えているのが、楽譜を基本とする「楽譜主義」であると規定する。西洋近代文明を「視覚偏重」とするメディア論のマクルーハンを援用しつつ、鳥越もまた、「西洋近代が確立した『近代科学』が基本としていたのは、対象の『客観的把握』や『要素還元・分析主義』といった発想法だった」とし、楽譜を地図やグラフのように対象を客観視するツールと捉える〔鳥越 1997：18〕。「視覚偏重」の議論はあり得るにしても、岡田の以下のような記述になるとどうだろうか。「クラシック音楽では、工場の労働メニューよろしく、楽器スケジュールはすべて楽譜としてあらかじめ与えられ、最後の最後まで細かく決まっていた。どこで誰が入って何をして、そしてそれからどうなるか、すべて分かっている。」〔岡田 2020：74〕。これは、即興演奏を多用するジャズとの対比を語った一節ではあるが、西洋芸術音楽イコール「楽譜主義」、演奏は「設計図通り」に行われるだけ、という現実離れした理解につながりかねない。

4 「再現芸術」「楽譜主義」なのか？

西洋芸術音楽についての以上のような性格付けは、どこまで妥当なものだろうか。こうした「近代批判」は、どこか「ドン・キホーテの風車」のごとく、実際には蜃気楼に過ぎない「敵」を勝手に想定しているだけではないのか。

20世紀の大ピアニストの一人であるエドヴィン・フィッシャーは、音楽を「再現芸術」と呼ぶことに違和感を表明する。彼によれば、たしかに「われわれ演奏家は再現によって生きている。しかし、この「再」なる言葉を私は好まない。〈中略〉あらゆる『一度かぎりのもの』の、新しくより高い形成へのあらゆる一段階、これのみが人類の精神史に足跡をのこしうるのである」［Fischer 1943：邦訳 17―18］。ピアノの巨匠ウラディミール・ホロヴィッツはさらに明快であり、「演奏は単にもう一度の繰り返しであってはなりません。生きて息づくものでなければなりません」と述べている［大久保 2018：97］。

そもそも演奏という行為は、基本的には楽譜に忠実でありながらも、その上にどれほどのイマジネーションを積み上げられるかで価値が測られる。似たような十六分音符が単純に連続しているだけの楽譜の一節からも、その演奏家が自分の音のパレットに持っている表現を駆使し、何らかのドラマやストーリー、空間的・運動的なイメージを想起させようとする営みである。光と影、色彩感、空気感、風、におい、朝昼晩、四季といった自然にかかわるイメージ、人間の喜怒哀楽、さらに、秩序感、偉大さ、崇高さ、自由、解放感、達成感など、きわめて多岐にわたる感情や造形、サウンドスケープの疑似体験を発生させることこそ、演奏家が常に試みていることである。

楽譜はこうした努力の出発点であり、貴重な設計図ではあるものの、演奏家の注意力や研鑽、個性のかなりの部分は、実は楽譜には表示されていない領域で発揮される。「合理的」な五線記譜法をもってしても、楽譜が多少なりとも客観的に表示できるのは、音の高さと音符や休符の相対的な長さだけである。それらも実は可変的であり、音程に関しては、基準音のA音を440ヘルツで演奏するのと444ヘルツで演奏するのとでは受ける印象はかなり違うし、弦楽器をはじめ多くの楽器や声楽では、機械的ではない、音楽的、和声的に調整された多様な音程が必要である。(4) 音符の長さに至っては、同じ四分音符であっても実際の長さや音の形は音楽的文脈によってまさに千変万化する。

それ以外の重要な音楽の要素、すなわち音量やその増減（の度合い）、音色（倍音構成、和音構成音の音量等の比率、ヴィブラートなどによる調整）、子音と母音の種類や強度などについては、楽譜に一義的な記載はない。たとえばストラヴィンスキーのように演奏を管理したい志向が強い作曲家の楽譜であっても、ごく大まかに、フォルテとかエスプレッシーヴォといった言語や記号、図形で表示するに留まる［猪木 2021：5］。電子楽器を使用するなら音量をデシベルで指定することは可能であろうが、その音量をどの場所でどのくらいの距離でどのような反射音とともに聞くべきかまで指定することは不可能であり、演奏行為や聴取体験は再現不可能、一回限りのものと認めなければならない。同じ曲、同じ楽譜なら同じ音楽、という思い込みはナンセンスである［Harnoncourt 1984a：邦訳 33―41；Kuijken 2013］。

たしかに芸術音楽の演奏の世界には、出来るだけ「楽譜に忠実であるべき」という主張と「楽譜からもっと自由であるべき」という意見の対立、もしくは流行の変遷はある。19世紀のロマン主義的で「恣意的」な演奏スタイルを排したとする「新即物主義」がもてはやされた時期もあった［青柳 2014］。作曲家本人以外の手が入った後世の譜面ではなく、できるだけ原典版を用いて「歴史的に正しい演奏」（historically informed performance）を行おうとする演奏家たちもいる。ただ重要なのは、どのようなアプローチであっても、音楽は演奏家の発意と責任によってその都度その時空で創造される、という基本的な事実である。「工場の労働メニューよろしく」すべてがマニュアル通りに進行するなどというのが本当なら、演奏家の演奏を聞こうとする人などいないだろう。「作曲者の意図を尊重する」という演奏家の努力を、「楽譜主義」なる教条主義に曲解すべきではない。

5 「絶対音楽」は存在するのか？

音楽の実践の観点から見ると、「絶対音楽」という概念自体、かなり意味不明である。シェーファーの定義では、「絶対音楽」は「外部の環境と切断され」、事前に綿密に設計された抽象的な音の構築物ということである。しかし、コンピューターや電子楽器のような機械類に頼らない限り、そのような人工的な代物をどうやって作り上げるのか。演奏は人間の肉体を用いて行う。筋肉、神経、骨格といった身体的条件、さらにアスリート的な不断の訓練が必須であり、あくまで肉体的、人間的なものである。

どのような作品が「絶対音楽」に当たるのか。ヨハン・セバスティアン・バッハの一部の器楽曲や、ある種の20世紀「現代音楽」の作品などでは、作曲者自身が数学的・幾何学的な法則性を意識して作曲したり、楽器特有の音色や奏法などに比較的無関係に「抽象的な」音楽を志向したりしたケースはあるだろう。民謡や民衆的なダンスのリズムなどをあまり使用せず、特定の民族性や地域性を感じさせない音楽が「絶対音楽」だという理解もあろう［猪木 2021：94―105］。しかし、作曲という作業に数学的、音響学的な一面があるとしても、演奏される音楽は、基本的に歌か踊りか色彩その他のイメージ喚起である。(5) 抽象度が極めて高いとされるウィーン楽派のヴェーベルンの「弦楽四重奏のためのバガテル」を「人間の声（歌）のように演奏すべき」とする演奏者もいる。(6)

「絶対音楽」とは、いわゆる「ドイツ音楽」への高い評価を背景に、単にウィーン古典派やドイツロマン派の「国民楽派」やオペラなどストーリー性を持つ作品に対する「優位」を主張するイデオロギーに過ぎないのかもしれない。音楽史家の吉田寛によれば、「絶対音楽」はあくまで一九世紀のドイツという特定の環境の、歴史的に限定されたものである。交響曲を頂点とする器楽偏重、ソナタ形式などの知的構造を重んじる価値観、和声法を「学問」の域に高めようとする情熱などは、あくまで特殊ドイツ的なナショナリズムの発露であった［吉田 2015］。(7) シェーファーは、ドイツナショナリズムやドイツ偏重の旧来の音楽史研究に影響を受け過ぎていただけではないか。

西洋芸術音楽の歴史は、きわめて長く広範囲にわたるものである。ドイツ音楽の影響を受けて交響曲や室内楽がかなり量産された19世紀から20世紀初めの時期ですら、それらよりはるかに多数の聴衆を動員し、社会的にも文化的にも影響力があったのは、無数に近いオペラその他の劇音楽であった。歌詞を伴う宗教音楽や国家、地域、職能などのアイデンティティと結びついた合唱曲などもきわめて盛んに作曲され、演奏されたり歌われたりした。ピアノ音楽にしても、ソナタ形式のような知的な構成を持つ作品は一部であって、サロン音楽や「性格的小品」のような親しみやすい音楽が膨大に作られ消費された。綿密に構成された知的な作品であっても、そこには歌や踊りの要素がふんだんに内在しており、単なる無機的、抽象的なピースの組み合わせではない。

「絶対音楽」と「標題音楽」の区分もあまり意味がないだろう。演奏家は「四季」「田園」「白鳥」といったタイトル付きの作品を演奏する際でも、絵画におけるような写実性、具象性は実現できないし目指してもいない。鳥の声、嵐の音、大砲の音などの文字通りの模倣が求められることは稀にあるが、基本は様式的、象徴的なイメージの喚起である。むしろ演奏家は、聴き手が自由にイマジネーションを羽ばたかせられるよう、「イメージをあまりに具体的に特定したくない」と考えることが多い(8)。一般的には、情景や音響の模倣より作曲者の人生や性格、つまり心象風景に注意を払う(9)。

同様に、「楽音の特権化」という言説も的外れである。「楽音」を否定するなら楽器は不要、声楽家も地声で歌うしかない。現実の演奏では、「楽音」といっても演奏家は何か整った小奇麗な音だけを出している訳ではない。一定の音程を伴うのは母音だけで、さまざまなキャラクターを持った子音や打撃音は当たり前だし、音楽に必須である。演奏家は、そうした多彩な音のヒントを、言語や日常生活における音、豊かな自然のサウンドスケープを経験することで引き出している。彼らが自然のサウンドスケープに耳を傾けるべきなのは当然で、それらを直接に使用しなければ「自然を排除している」と難ずるのは見当はずれである〔伊藤 2021：213―15〕。「楽音」云々の議論は、抽象的な「絶対音楽」が存在するという観念同様、机上の空論といって差し支えないだろう。

おわりに

本章は、もちろんサウンドスケープの考え方自体を否定するものではない。この概念によって、我々が自然の息吹きや人間らしさを再発見し、精神の豊かさを回復したりすることは大切に違いない。また、「政治と音楽」という本書のテーマからしても、作品として形になった音だけに視野を限定すべきではない。

しかし、サウンドスケープを論じるにあたって、「絶対音楽」や「楽音の特権化」といった空虚な概念を作り出し、西洋芸術音楽に実態とずれたレッテル張りを行うなら、それは一種の言葉や概念による暴力である。のみならず、「否定すべき近代」という「怪物」を妄想し、特定の音楽ジャンルを論難して自らのサウンドスケープ論の正当性を補強しようとするなら有害ですらある。「絶対音楽」は、歴史的にはむしろ、絵画や文学に対する器楽音楽の独自性を論じるための概念ではあった［Hanslick 1922］。しかし、サウンドスケープ論においては、それは「克服すべき偏狭な近代」の象徴とされたのである。

「音の帝国主義」が、単に「音量の増大」を意味しているなら、それは現在でもアコースティックが基本の伝統的な芸術音楽ではなく、電気的に増幅されるのが当たり前のポピュラー音楽にこそ当てはまる。真実は、楽器の改良や合奏人数の増大など、芸術音楽の世界で開花した大音量、大音響への欲望が、20世紀における電気的な増幅技術の誕生に支えられたポピュラー音楽に接続していた、ということではないか。むしろ「なぜ芸術音楽はアンプによる増幅に抵抗するのか」という問いこそ重要だろう。

また、メトロノームの発明に始まる「等拍性」、リズムの厳密さへのこだわりについても、西洋芸術音楽がとくに指弾されるいわれはない。理論家には「絶対音楽」の作曲者と目されがちなブラームスは、「僕の身体が機械仕掛けの道具と調子を合わせるなんて、考えたこともない」と語っている［Brown 2016：邦訳 4］。なにより、シェーファーの同調者たちは、ハード・ロックやヘヴィメタル、ＥＤＭなどを想起したことがあるのだろうか。

実際のところ、「絶対音楽」「楽譜主義」といった「近代批判」に忙しいのは、音楽学者、美学者、作曲家の一部だけなのかもしれない(10)。演奏家にしても、聴衆や愛好家にしても、「音楽の現場」を知る人々はほぼこの議論に参加していない。演奏家は聴衆に支持されていればよく、なにより彼らは言葉を弄するより音で表現する人々である。演奏家と作曲家の分業が進みすぎたがゆえに、あくまで設計図を書く役割の作曲家、そして、まさに自身たちこそが「視覚偏重」であることに気付かない、紙の上で概念を操作するばかりの学者や評論家の言説が肥大化した、というのが実態ではないだろうか。

近年、たとえばブラック・ライブズ・マター運動や、グローバルな反人種主義の大きなうねりの中で、西洋芸術音楽に政治的な圧力が増している。たとえば、イギリスのオックスフォード大学の音楽学部のカリキュラムについて、モーツァルトやベートーヴェン、さらに五線記譜法を教えることは「奴隷制時代の価値観」であり「植民地主義」や「白人優位思想」「欧州中心主義」を支えることだ、という批判があるという(11)。筆者は、西洋芸術音楽もいくつもの「ミュージックス」の一つであり、ヒップホップ、ジャズ、ワールドミュージックなどを「音楽学」の教程に含めるのは当然と考える(12)。しかし、改革の名のもとに荒唐無稽で頓珍漢な言説が幅を利かすべきではないだろう。ポピュラー音楽研究の分野では、アドルノによるポピュラー音楽批判への反批判がしばらく盛んであった。同様に、シェーファー的な内容空虚な「近代主義批判」も再検討されるべきではないだろうか。

注

（1）とくにブルジョワ文化が栄えた一九世紀以降はアマチュアの存在も重要であるが、ここではとくに分けて論じない。チャールズ・ローゼンが述べるように、「今日のアマチュア演奏が理想とするものの多くは、プロを基準にしている」からである［Rosen 2002 : v］。

（2）Harnoncourt［1984b］、Burton［2002］などには、演奏様式と時代背景、時代精神についての考察がある。
（3）この時期の身体と民族主義や国家との関係については、福田［2006］参照。
（4）たとえば、Blum［1977：邦訳 110―17］。カザルスの主張も独自の部分があるが、音程の調整は事実上全ての奏者や歌手が行っている。
（5）この点について、カザルス、鈴木秀美、マイスキーという時代も演奏様式も異なるチェロ奏者の音楽観は一致している。バッハの音楽に関して、Corredor［1955：邦訳 40―62］、鈴木［2005：24―37］、伊熊［2005：29―44］を参照。
（6）チェロ奏者苅田正治氏の発言：広島交響楽団ヴァイオリン奏者竹内弦氏への著者によるインタビュー：2020年9月14日。
（7）この点自体は、その他の多くの論者がかねてから指摘していることでもある。たとえば、石井［2004］。
（8）広島交響楽団ヴァイオリン奏者竹内弦氏への著者によるインタビュー：2020年9月14日。
（9）ヴィオラ奏者柘植藍子氏への著者によるインタビュー：2020年9月15日。
（10）渡辺［2012：306］には、著者自身が自分を「いつまでも近代批判にこだわっているオッサン」と自嘲する興味深い箇所がある。
（11）Musical notation branded 'colonialist' by Oxford professors hoping to 'decolonise' the curriculum（https://www.telegraph.co.uk/news/2021/03/27/musical-notations-branded-colonialist-oxford-professors-hoping/，2021年9月29日閲覧）.
（12）西洋中心の「クラシック音楽」という用語は、筆者も本章で使用していない。

参考文献

〈邦文献〉


青柳いづみこ［2014］『どこまでがドビュッシー？ 楽譜の向こう側』岩波書店。

阿部謹也［1987］「中世の音の世界」『よみがえる中世ヨーロッパ』日本エディタースクール出版。

――――［1988］『ハーメルンの笛吹き男――伝説とその世界』平凡社。

石井宏［2004］『反音楽史――さらば、ベートーヴェン』新潮社。

伊熊よし子［2005］『魂のチェリスト、ミッシャ・マイスキー「我が真実」』小学館。

伊藤友計［２０２１］『西洋音楽の正体——調と和声の不思議を探る』講談社。

猪木武徳［２０２１］『社会思想としてのクラシック音楽』新潮社。

大久保賢［２０１８］『演奏行為論——ピアノの流儀』春秋社。

岡田暁生［２００５］『西洋音楽史——クラシックの黄昏』中央公論新社。

———［２００８］『ピアニストになりたい——19世紀もう一つの音楽史』春秋社。

———［２０２０］『音楽の危機——《第九》が歌えなくなった日』中央公論新社。

片山杜秀［２０１８］『ベートーヴェンを聴けば世界史がわかる』文藝春秋。

芝崎厚士［２０１９］「『ボブ・ディランという音』と平和学——ポール・ウィリアムズのディラン論を中心に」日本平和学会編『平和研究』51。

鈴木秀美［２００５］『ガット・カフェ——チェロと音楽をめぐる対話』東京書籍。

角山栄［１９８４］『時計の世界史』中央公論新社。

鳥越けいこ［１９９５］『サウンドスケープ——その思想と実践』鹿島出版会。

中野雄［２０１１］『指揮者の役割——ヨーロッパ三大オーケストラ物語』新潮社。

西原稔［２０１０］『ピアノ大陸ヨーロッパ——19世紀・市民社会とクラシックの誕生』アルテス。

福田宏［２００６］『身体の国民化——多極化するチェコ社会と体操運動』北海道大学出版会。

松宮秀治［２００８］『芸術崇拝の思想——政教分離とヨーロッパの新しい神』白水社。

吉田寛［２０１５］『絶対音楽の美学と分裂する〈ドイツ〉』青弓社。

渡辺裕［２０１２］『聴衆の誕生——ポスト・モダン時代の音楽文化』中央公論新社。

〈欧文献〉
Blum, D. [1977] *Casals and The Art of Interpretation*, London : University of California Press（為本章子訳『カザルス——The Art of Interpretation』音楽之友社、１９９８年）.
Brown, C. et al. [2016]（1 Auflなら２０１５？）*Aufführungspraktische Hinweise zu Johannes Brahms' Kammermusik*, 2 Aufl., Kassel :

Bärenreiter（天崎浩二・福原彰美訳『ブラームスを演奏する』音楽之友社、２０２０年）.

Burton, A. [2002] *A performer's guide to music of the classical period*, London: Associated Board of the Royal Schools of Music（角倉一朗訳『古典派の音楽――歴史的背景と演奏習慣』音楽之友社、２０１４年）.

Corbin, A. [1994] *Les cloches de la terre: paysage sonore et culture sensible dans les campagnes au XIXe siècle*, Paris: Albin Michel.

Corredor, J. M. [1955] *Conversations avec Pablo Casals*, Paris: A. Michel（佐藤良雄訳『カザルスとの対話』白水社、１９６７年）.

Crosby, A. W. [1997] *The measure of reality: quantification and Western society, 1250-1600*, Cambridge; New York: Cambridge University Press（小沢千重子訳『数量化革命：ヨーロッパ覇権をもたらした世界観の誕生』紀伊國屋書店、２００３年）.

Fischer, E. [1943] *Musikalische Betrachtungen*, Potsdam: Offizin Eduard Stichnote（佐野利勝訳『音楽観想』みすず書房、１９９９年）.

Godall, H. [2000] *Big Bangs: The Story of Five Discoveries That Changed Musical History*, London: Chatto & Windus（松村哲哉訳『音楽史を変えた五つの発明』白水社、２０１１年）.

Hanslick, E. [1922] *Vom Musikalisch-Schönen*, Leipzig: Breitkopf & Härtel（渡辺護訳『音楽美論』岩波書店、１９６０年）.

Harnoncourt, N. [1984a] *Der musikalische Dialog: Gedanken zu Monteverdi, Bach und Mozart*, Salzburg: Residenz Verlag（那須田務・本多優之訳『音楽は対話である』アカデミア・ミュージック、１９９２年）.

―――[1984b] *Musik als Klangrede: Wege zu einem neuen Musikverständnis*, 4Aufl., Salzburg und Wien: Residenz Verlag（樋口隆一・許光俊訳『古楽とは何か――言語としての音楽』音楽之友社、１９９７年）.

Kuijken B. [2013] *The Notation Is Not the Music: Reflections on Early Music Practice and Performance*, Bloomington: Indiana University Press（越懸澤麻衣訳『楽譜から音楽へ――バロック音楽の演奏法』道和書院、２０１８年）.

Rosen, C. [2002] *Piano Notes: The World of The Pianist*, New York: Free Press（朝倉和子訳『ピアノ・ノート――演奏家と聴き手のために』みすず書房、２００９年）.

Schafer, R. M. [1977] *The Tuning of The World*, New York: Alfred A. Knopf（鳥越けい子・小川博司・庄野泰子・田中直子・若尾裕訳『世界の調律――サウンドスケープとは何か』平凡社、２００６年）.

Small, C. [1988] *Musicking: The Meanings of Performing and Listening*, Middletown: Wesleyan University Press（野澤豊一・西島千尋訳『ミュージッキング：音楽は〈行為〉である』水声社、２０１１年）.

あとがき

政治外交や国際関係の研究者たちを中心に「政治と音楽」研究会を始めてから、すでに10年以上になる。みんなで本を出そうという話も7、8年前からあった。本書の執筆者の中には、怠惰で無力な私にしびれを切らし、すでに他所からそれぞれ立派なモノグラフを刊行された方も一人や二人ではない。今回、そうした方々も含めて多彩なチャプターやコラムをお寄せいただき、ようやく本書が世に出ることになった。

なかなかこの論集が出せなかった言い訳になるが、多少の言いたいことはある。何と言っても、政治や国際関係の専門家の世界では、文化という領域そのものにプライオリティが与えられていない。音楽に至ってはほぼ認識がない。「音楽なんて単なる趣味だろう」と信じて疑わない人たちが政策や外交を語っている業界である。あるいは、特殊な才能や知識がなければ迂闊に発言できないと過剰に構え、「自分には音楽は分からない」と頭から敬遠する人も少なくない。プライベートで話せば、実は音楽の愛好家はかなり多い。しかし、自分の思い入れ、楽しみの領分に政治の話を絡ませたくない人が半分、実は自分の研究でも音楽を扱ってみたいが先行研究が見当たらずどうすればよいか分からない、指導教授や同僚から「楽しそうなテーマ」にうつつを抜かしていると批判されたり、研究仲間から軽く見られたりしないか恐れている人が半分である。もしそうした「かくれキリシタン」が一斉に蜂起すれば、「政治と音楽」研究の将来は明るい。しかし、その条件は長いこと十分になかった。

幸いなことに、この10年で状況はかなり好転した。いまや、誰もが文化を語ろうとし始めているのである。冷戦時代のような明快な対立図式が世界から消えて久しい。ますます混沌とする昨今の国際関係の中で、既存の価値観を前提に政治制度や国際関係理論をいくら詰めても現実を説明できない。制度や理論の前提となる考え方や信念、感覚やイメージは文化の領域に属する。政治や国際関係を語るからこそ、文化についての考察が必要なのである。実際に大学で教鞭をとっていて感じることだが、時代の風のなせる業か、若者はますます文化について知りたがっている。ハイポリティックスだけの講義が立派で本格的だと信じている教授たちは、時代に取り残されつつある。「公私の区別」を所与と思い込んでいるからである。さらにいえば、政治学や国際関係で新たに研究職や大学教員の職を得ようとする際、文化について語れる人は以前より有利になりつつある。この傾向は米欧などではさらに顕著で、旧態依然の外交史や理論だけでは学界で注目されず就職も不利になっている。

こうした変化に呼応するように、他の学問分野や社会全体にも新しい潮流がはっきりと見えている。音楽を対象とする音楽学やポピュラー音楽学、そして広く愛好家や一般読者向けの音楽関連書籍の刊行状況などを見ると、「政治と音楽」に追い風となるような著作が続々と登場している。とくに、「芸術」として超然と振舞っていたはずの西洋クラシックとその周辺には大きな変化がある。新書などで最近広く読まれている、片山杜秀、渡辺裕、岡田暁生、中川右介、辻田真佐憲の各氏など著名な学者・ライターの著作は、音楽を自律的な「作品」としてだけでなく、社会や政治の文脈で読み解く面白さを説いている。人々は、音楽を無菌室の細工物としてではなく、人間社会の歴史の中で捉えることが面白いと感じ始めているのである。

一方、ポピュラー音楽研究は「大衆社会の音楽」についての学問なので、「政治と音楽」はデフォルトであった。ただ、ここ数十年の一見平穏な日本社会では音楽がかなり非政治化している。人によっては「パンとサーカス」状態というかもしれないが、だからこそ、たとえば２０１６年のフジロックフェスティバルでの「音楽に政治を持ち込むな」騒動は、政治と音楽の深い関係を人々に再認識させたのである。

こうした状況であるから、行動が遅かった自戒も込めて言えば、もはや「政治と音楽」をやらない言い訳は成り立たない。「かくれキリシタン」もぜひ決起して欲しい。本書の事例や仮説は、まったくの氷山の一角である。このエリアには、学際的にアプローチすべきテーマも数多くある。「政治と音楽」研究会は、政治学や国際関係の研究者を初期のメンバーとしつつも、次第に分野横断的になってきている。本書の執筆者の多くは国際政治学、国際関係史、国際法、平和学、地域研究の専門家であるが、佐藤壮広氏は文化人類学・現象学、福田義昭氏はアラブ文学、井手上和代氏はアフリカ経済が専門である。学際的な広がりは、コロナ禍でのオンライン研究会の開催によってさらに容易になった。音楽に大きなダメージを与えたパンデミックの奇禍でもある。

この10年間あまり、「政治と音楽」研究会のメンバーは、日本国際政治学会、日本政治学会、日本比較政治学会、日本平和学会、政治経済学・経済史学会、現代史研究会、世界政治研究会、世界歴史家会議などで、音楽に関連するセッションを企画した。それぞれの機会にご参加いただき、貴重なコメントや批判、感想を頂戴した皆様に深く感謝している。一つだけ具体的なポイントを挙げるなら、２０１１年の日本国際政治学会の際、戦後日本の国際政治学の世界で国際交流や国際文化論など「文化の砦」を死守してこられた平野健一郎先生に頂いた「音楽は政治の独立変数なのか」という問いがある。本書が「はじめに」の冒頭から「パワー、パワー」と連呼しているのはこの時の「宿題」が頭から離れなかったためでもある。音楽には、ただ社会や政治のあり方が反映しているだけではなく、政治を動かす主体的な力がある。さもなければ、政治学や国際関係論の論点とは認められないのではないか。そんな懸念や心配は何年も消えなかった。本書ではその答えを一応示せたのではないかと思っている。

「政治と音楽」研究会がこの10年間に主催した何回かの「ミニシンポジウム」では、「アラブの春」と音楽について池内恵氏と酒井啓子氏、丸山眞男と音楽について奥波一秀氏、ソビエト連邦における政治と音楽について梅津紀雄氏、米軍の日本占領とジャズについて東谷護氏に貴重なご報告やコメントを頂いた。これらについては、本書ではほとんど扱うことができていない。まだ、やることはいくらでもある。

私自身は、井上貴子、小野塚知二、枡田大知彦の各氏が運営する「音楽と社会フォーラム」が非常に勉強になっている。音楽のジャンルの間には、いまだに内容的にも人的ネットワークの上でもかなり深い溝が存在する。ワールドミュージック、西洋クラシック音楽、ポピュラー音楽、その他を横断する議論が行われるこのフォーラムのような存在は、今後もっと普通になって欲しい。「五感の国際関係論」と題したゼミの歴代学生からも、音楽の様々なジャンルばかりか、音楽以外の幅広い文化と政治社会についての自由なディスカッションを通じて、たくさんのインスピレーションをもらった。そして、私が企画する明治学院コンサートシリーズは、彼らと音楽家、研究者の交流の場ともなっている。すでに110回を超えたこのシリーズの再開が待ち遠しい。

本書出版に至るまでのプロセスで、明治学院大学国際学部付属研究所からは研究会開催などさまざまな援助を頂いた。最後に、執筆者を代表して、このテーマに深い関心を寄せて下さり、編集プロセスで忍耐強く的確なサポートを頂いた晃洋書房の丸井清泰氏に心からお礼申し上げたい。

半澤朝彦

2022年2月

人名索引

〈ア　行〉

〈カ　行〉

〈サ　行〉

〈タ　行〉

〈ナ　行〉

〈ハ　行〉

〈マ　行〉

〈ヤ　行〉

〈ラ・ワ行〉

事項索引

〈カ　行〉

〈サ　行〉

〈タ　行〉

〈ナ　行〉

〈ハ　行〉

〈マ　行〉

井手上 和代（いでうえ　かずよ）**［コラム6］**

神戸大学大学院国際協力研究科博士後期課程修了，博士（学術）

現在，明治学院大学国際学部専任講師

主要業績

“Export-Led Industrialisation from Within : The Role of Mauritian Sugar Planters and Multi-Ethnic and International Collaboration”（Motoki Takahashi, Shuichi Oyama, Germano Mwabu eds., *Development and Subsistence in Globalising Africa : Beyond the Dichotomy*, Langaa RPCIG, 2021）

「モーリシャスにおける製糖業資本と工業化の関係――製糖業資本の所有支配形態と工業部門への投資に着目して」（『社会システム研究』41号，43-70，2020年）

池内　恵（いけうち　さとし）**［コラム7］**

東京大学大学院総合文化研究科博士後期課程単位取得満期退学

現在，東京大学先端科学技術研究センター教授（グローバルセキュリティ・宗教分野）

主要業績

『シーア派とスンニ派』（新潮社，2018年）

『増補新版　イスラーム世界の論じ方』（中央公論新社，2016年；旧版2008年）

『現代アラブの社会思想　終末論とイスラーム主義』（講談社，2002年）

佐藤壮広（さとう　たけひろ）**［第10章］**

立教大学大学院文学研究科組織神学専攻博士後期課程満期退学，修士（文学）

現在，山梨学院大学学習・教育開発センター特任准教授

主要業績

『療法としての歴史〈知〉』（共著，森話社，2020年）

『年表でわかる現代の社会と宗教』（共著，平凡社，2018年）

『沖縄民俗辞典』（共編著，吉川弘文館，2008年）

芝崎厚士（しばさき　あつし）**［第11章］**

東京大学大学院総合文化研究科博士課程単位取得退学，博士（学術）

現在，駒澤大学グローバル・メディア・スタディーズ学部教授，国際日本文化研究センター客員教授

主要業績

『国際文化交流と近現代日本――グローバル文化交流研究のために』（有信堂高文社，2020年）

「日本の国際関係研究における「固有の課題」と「共有の方法」――国際文化交渉論の視点から」（『国際政治』200，2020年）

『国際関係の思想史――グローバル関係研究のために』（岩波書店，2015年）

辻田 真佐憲（つじた　まさのり）［コラム3］
慶應義塾大学文学部卒業
評論家・近現代史研究者
主要業績
『超空気支配社会』（文藝春秋，2021年）
『防衛省の研究——歴代幹部でたどる戦後日本の国防史』（朝日新聞出版，2021年）
『新プロパガンダ論』（共著，ゲンロン，2021年）

五野井 郁夫（ごのい　いくお）［第7章］
東京大学大学院総合文化研究科国際社会科学専攻博士後期課程修了，博士（学術）
現在，高千穂大学経営学部教授
主要業績
「ハッシュタグと〈現われ〉の政治　空間の秩序を変える直接民主主義について」（『現代思想』48（13），2020年）
『リベラル再起動のために』（毎日新聞出版，2016年）
『国際政治哲学』（編著，ナカニシヤ出版，2011年）

前田 幸男（まえだ　ゆきお）［第8章］
国際基督教大学大学院行政学研究科博士後期課程満期退学，博士（学術）
現在，創価大学法学部教授，国際基督教大学社会科学研究所研究員
主要業績
『批判的安全保障論——アプローチとイシューを理解する』（編著，法律文化社，2022年）
「ノン・ヒューマンとのデモクラシー序説——ヒトの声だけを拾えば済む時代の終焉へ」（『年報政治学』2021-Ⅱ，2021年）
リチャード・フォーク『パワー・シフト——新しい世界秩序に向かって』（共訳，岩波書店，2020年）

細田 晴子（ほそだ　はるこ）［第9章］
スペイン国立マドリード・コンプルテンセ大学現代史研究科博士課程修了，博士（歴史学）
現在，日本大学商学部教授
主要業績
「フランコ独裁とサッカーという磁場——現在に繋がるローカルでグローバルなサッカー」（福田宏・後藤絵美編『グローバル関係 第五巻「見えない関係性」をみせる』岩波書店，2020年）
Castro and Franco: The Backstage of Cold War Diplomacy（Routledge, 2019）
『カザルスと国際政治——カタルーニャの大地から世界へ』（吉田書店，2013年）

井上 実佳（いのうえ　みか）［コラム5］
津田塾大学大学院国際関係学研究科後期博士課程単位取得満期退学，修士（国際関係学）
現在，東洋学園大学グローバル・コミュニケーション学部教授
主要業績
『国際平和活動の理論と実践——南スーダンにおける試練』（共著，法律文化社，2020年）
「国際平和活動の歴史と変遷」（上杉勇司・藤重博美編『国際平和協力入門——国際社会への貢献と日本の課題』ミネルヴァ書房，2018年）

浜 由樹子（はま　ゆきこ）［コラム２］
津田塾大学大学院国際関係学研究科後期博士課程単位取得後退学，博士（国際関係学）
現在，静岡県立大学国際関係学部准教授
主要業績
「米ソ映画にみる『文化冷戦』――立体的冷戦史理解と『和解』のための問題提起として」（IICS Monograph Series No.30 津田塾大学国際関係研究所，2017年）
“Eurasianism Goes Japanese : Toward a Global History of a Russian Intellectual Movement” （Mark Bassin et. al. eds., *Between Europe and Asia : The Origins, Theories, and Legacies of Russian Eurasianism*, University of Pittsburgh Press, 2015）
『ユーラシア主義とは何か』（成文社，2010年）

齋 藤 嘉 臣（さいとう　よしおみ）［第４章］
神戸大学大学院法学研究科博士課程後期課程修了，博士（政治学）
現在，京都大学大学院人間・環境学研究科准教授
主要業績
『ジャズ・アンバサダーズ――「アメリカ」の音楽外交史』（講談社メチエ，2017年）
『文化浸透の冷戦史――イギリスのプロパガンダと演劇性』（勁草書房，2013年）
『冷戦変容とイギリス外交――デタントをめぐる欧州国際政治，1964-1975年』（ミネルヴァ書房，2006年）

福 田 義 昭（ふくだ　よしあき）［第５章］
大阪外国語大学大学院言語社会研究科博士後期課程修了，博士（言語文化学）
現在，大阪大学大学院人文学研究科准教授
主要業績
『昭和文学のなかの在日ムスリム』（東洋大学アジア文化研究所，2020年）
『例文で学ぶアラビア語単語集』（共著，大修館書店，2019年）
「現代エジプト小説における祖国像《断章》」（岡真理編著『ワタン（祖国）とは何か――中東現代文学における Watan/Homeland 表象』京都大学大学院人間・環境学研究科，2019年）

阿 部 浩 己（あべ　こうき）［補論，コラム４］
早稲田大学大学院法学研究科博士後期課程修了，博士（法学）
現在，明治学院大学国際学部教授
主要業績
『国際法を物語るⅠ～Ⅳ』（朝陽会，2018-2021年）
『国際法の人権化』（信山社，2014年）
『国際法の暴力を超えて』（岩波書店，2010年）

山 本 尚 志（やまもと　たかし）［第６章］
上智大学文学研究科史学専攻博士後期課程単位取得退学，修士（文学）
現在，拓殖大学商学部非常勤講師
主要業績
「『猶太人対策要綱』の諸起源について」（『ユダヤ・イスラエル研究』第26号，2012年）
『レオニード・クロイツァー――その生涯と芸術』（音楽之友社，2006年）
『日本を愛したユダヤ人ピアニスト――レオ・シロタ』（毎日新聞社，2004年）

《執筆者紹介》（執筆順，＊は編著者）

＊半 澤 朝 彦 （はんざわ　あさひこ）［はじめに，コラム４，第12章，あとがき］
英国オックスフォード大学博士（D. Phil in modern history）
現在，明治学院大学国際学部教授
主要業績
「グローバル・ヒストリーと新しい音楽学」（『国際学研究』（明治学院大学）51，2017年）
「液状化する帝国史研究」（木畑洋一・後藤春美編『帝国の長い影』ミネルヴァ書房，2011年）
『グローバル・ガヴァナンスの歴史的変容――国連と国際政治史』（緒方貞子と共編著，ミネルヴァ書房，2006年）

大 中　　真 （おおなか　まこと）［第１章］
学習院大学大学院政治学研究科博士後期課程修了，博士（政治学）
一橋大学大学院法学研究科博士後期課程修了，博士（法学）
現在，桜美林大学リベラルアーツ学群教授
主要業績
『マーティン・ワイトの国際理論――英国学派における国際法史の伝統』（国際書院，2020年）
C. H. アレクサンドロヴィッチ『グローバル・ヒストリーと国際法』（共訳，日本経済評論社，2020年）
『エストニア国家の形成――小国の独立過程と国際関係』（彩流社，2003年）

等 松 春 夫 （とうまつ　はるお）［第２章］
オックスフォード大学大学院社会科学研究科博士課程修了，D. Phil.（Politics/International Relations）
現在，防衛大学校国際関係学科教授，国際日本文化研究センター客員教授
主要業績
H. P. ウィルモット『大いなる聖戦――第二次世界大戦全史』（監訳，国書刊行会，2018年）
『日本帝国と委任統治』（名古屋大学出版会，2011年）
A Gathering Darkness : The Coming of the War to Asia and the Pacific 1921-1942（Scholarly Resources, 2004）

芝 崎 祐 典 （しばざき　ゆうすけ）［第３章］
東京大学大学院総合文化研究科博士課程修了，博士（学術）
現在，中央大学大学院法学研究科非常勤講師
主要業績
R. J. エヴァンズ『エリック・ホブズボーム』（共訳，岩波書店，2021年）
「ドイツにおける『モダンアート』とアメリカの占領政策」（『成城大学共通教育論集』12，2020年）
『権力と音楽』（吉田書店，2019年）

福 田　　宏 （ふくだ　ひろし）［コラム１］
北海道大学大学院法学研究科博士後期課程単位取得退学，博士（法学）
現在，成城大学法学部准教授
主要業績
『「みえない関係性」をみせる』（叢書グローバル関係学　第５巻）（共編著，岩波書店，2020年）
「『国民楽派』再考に向けて――ドヴォジャークにおける社会進化論とオリエンタリズム」（『東欧史研究』39号，2017年）
『身体の国民化――多極化するチェコ社会と体操運動』（北海道大学出版会，2006年）

政治と音楽
——国際関係を動かす“ソフトパワー”——

2022年4月20日　初版第1刷発行　　＊定価はカバーに表示してあります

編著者　半澤朝彦©
発行者　萩原淳平
印刷者　藤森英夫

発行所　株式会社　晃洋書房
〒615-0026　京都市右京区西院北矢掛町7番地
電話　075(312)0788番(代)
振替口座　01040-6-32280

装丁　㈱クオリアデザイン事務所　印刷・製本　亜細亜印刷㈱
ISBN978-4-7710-3595-9